高等学校本科专业设置预测系统项目研究丛书

主编⊙黄　崴

高校本科专业设置利益相关者共同治理模式研究

贾汇亮　著

广东高等教育出版社
Guangdong Higher Education Press
·广州·

图书在版编目（CIP）数据

高校本科专业设置利益相关者共同治理模式研究/贾汇亮著．—广州：广东高等教育出版社，2015.4
ISBN 978－7－5361－5277－9

Ⅰ.①高…　Ⅱ.①贾…　Ⅲ.①高等学校－专业设置－研究－中国　Ⅳ.①G649.28

中国版本图书馆 CIP 数据核字（2014）第 308655 号

出版发行	广东高等教育出版社 地址：广州市天河区林和西横路 邮政编码：510500　电话：（020）87554152 http://www.gdgjs.com.cn
印　　刷	佛山市浩文彩色印刷有限公司
开　　本	787 毫米×1092 毫米　1/16
印　　张	17.25
字　　数	338 千
版　　次	2015 年 4 月第 1 版
印　　次	2015 年 4 月第 1 次印刷
定　　价	45.00 元

总 序

本丛书是教育部、财政部批准立项的“高等学校本科专业设置预测系统项目”中山大学研究小组（以下简称“本项目组”）开展研究的主要成果。

一、项目概况

经过2007年的招标、评审、遴选等程序，教育部办公厅于2008年1月4日印发《教育部财政部关于批准“高等学校本科专业设置预测系统项目”建设项目的通知》（教高函〔2007〕26号），批准“高等学校本科专业设置预测系统项目”由同济大学牵头，同济大学、中山大学共同承担，分别成立两个研究小组开展本项目研究。中山大学研究小组组长由黄崴教授担任，负责建立基于全国范围的、以泛珠江三角洲为实验区域的可支撑本科专业设置预测的基础数据库和进行人才需求预测研究。为有效整合研究力量，协同开展本项目研究，中山大学项目组报经教育部高教司同意，请中山大学教育技术研究所所长郭清顺研究员和数学与计算科学学院院长姚正安教授担任本项目组副组长。

本项目研究依托的中山大学为本项目研究提供了强有力的人才、条件和技术等方面的支撑。本项目组整合了中山大学教育科学研究所、中山大学教育技术研究所、中山大学数学与计算科学学院、中山大学网络与信息技术中心、中山大学岭南学院等机构的有关教育学、信息技术、统计分析、数学预测、软件开发、智能系统、经济学等领域的10多位优秀专家和50多位博士后、博士生、硕士生，建立了跨学科研究团队。

从2008—2013年本项目研究历经6年时间，在理论研究与信息采集、数据分析与数据库建设、数学模型与系统研发、本科专业设置预测分析等诸多方面进行了深入研究，共完成重要研究报告70余篇，建立了以广东为例的高校本科专业设置预测系统数据库，研发出高校本科专业设置预测系统。该系统具备了区域预测、全国预测的功能，完成了高校本科专业设置预测技术实现，达成了本项目的目标与任务。如果区域宏观数据、人才供求数据充足可靠，可为广东省或其他省高校本科专业设置与优化提供预测数据支持；如果全国的宏观数据和人才供求数据可靠，可为全国高校本科专业设置与优化提供数据支持。

本项目组对高校本科专业设置理论模型、高校本科专业设置数学模型、高校本科专业设置管理机制、高校本科专业设置标准、高校本科专业教学质量标准、高校本科专业课程标准、高校本科专业毕业生就业与专业设置的关系、高校本科学生学习质量、高校本科专业教学有效性、区域高校本科专业布局结构优化调整等一系列重要问题展开了深入理论研究与实证分析，运用时间序列法、灰色理论、神经网络、支持向量机、组合模型、特征选择法以及其他有关预测技术方法对高校人才培养需求与供给以及有关专业设置进行个案预测研究，形成了系列论文和专著，为高校本科专业设置预测系统建设提供了科学依据和技术支撑。现有研究成果主要包括基础研究、模型研究、应用研究以及研制出了可运行的高校本科专业设置预测系统平台。

二、研究过程

（一）理论探索与设计分析阶段

2008 年 1 月本项目研究开始启动，项目组深入开展理论研究，完成了顶层设计和需求分析，对影响高校本科专业设置的因素进行了分析与提炼，研制了数据库的基本设计，采集和跟踪广东省高校学科专业数据，开始建立宏观数据库、人才需求数据库、高校毕业生与就业数据库，开展数学模型研发，初步形成预测系统的数据库和信息基础，形成研究思路和实施方案。2008 年 10 月教育部高教司在同济大学组织了整个项目研究的中期检查，本项目组与同济大学项目组一同进行了中期汇报。专家评审组充分肯定了本项目组的阶段性研究成果。根据专家组的建议，本项目组将着力开展以广东省为例的高校本科专业设置预测系统的研究。

（二）模型开发与系统研制阶段

在完成基本数据采集、需求分析和数据库与数学模型的基本研究基础上，本项目组对高校本科专业设置预测系统的数据库和数学模型进行了开发，初步研发出预测模型，建立了系统平台。同时着手对系统平台进行实践验证和个案研究，面向高校教师、学科专家、在校大学生、往届毕业生、用人单位等进行人才培养与需求分析，形成电子信息类、农学类和艺术类等专业人才需求预测研究以及香港和广东地区高校专业设置影响因素分析等成果，并为预测系统提供了实证素材。

（三）技术实现与系统运用阶段

本项目最终形成了以广东省为例的高校本科专业设置预测系统平台，完成了本科专业设置预测系统从模型到技术的实现。截至 2014 年 11 月，共召开项目研讨会议 120 多次，发放调查问卷 8 000 多份，数据库涵盖从 2001 年至2014年的行业人才需求、高校人才供给和宏观经济等数据。本项目组基于现有数据开展专业、区域案例研究与预测，通过预测系统试运行对预测效果进行评估，于2013年4月发布了“2014—2017年广东高校本科专业设置预测分析报告”。

三、研究内容

（一）基础研究

基础研究方面主要包括数据库建设与理论研究，在系统采集本科人才供需数据、分析人才供需影响因素信息的基础上，开发高校本科专业设置预测项目分析与技术路线，为预测研究提供研发基础。基于人才需求数据库、高校人才培养数据库、高校专业设置预测数据库建设和我们所建立的海量数据分析和预测数学模型，建立了高校本科专业设置预测系统平台。系统初步建成后，本项目开始根据数据信息对系统进行调适和改进，通过矫正研究方法和技术路线改进高校本科专业设置预测系统。

（二）模型研究

模型研究方面主要运用数学模型对数据信息进行预测分析，探索广东省本科人才供需规律。通过各种数据分析、数据挖掘方法的研究，对相关的算法及数学模型（例如时间序列模型、模糊聚类分析模型、SVM的组合预测模型等）进行了优化，使回归预测的性能得到了显著提升，并结合项目的实际问题提出了各种不同的解决方案。本项目通过多年的探索与实验，建立了由网站平台子系统、数据库子系统、预测子系统等构成的预测系统，实现用户接入以及信息服务，实现数据采集和保存、支持数据查询以及BP、SVM的前向算法等功能，根据参数训练结果对规则化的输入数据做运算，得到确定的预测结果，为解决实际问题提供了很大的参考价值。

（三）应用研究

本项目建立了科学的、可应用的高校本科专业设置预测系统，能在有效数据的支持下进行学科专业人才供需预测，为广东省高校进行前瞻性的调整专业结构、优化专业布局提供依据。同时，本项目从专业个案和区域高校研究的视角，在实证基础上阐述专业变迁的路线及影响因素，探究专业发展可能存在的问题，探索学科专业协调发展机制和实践验证。在全国范围内，本项目已经完成了公共事业管理、行政管理本科专业设置与调整的发展研究报告；在区域范围内，完成了广东省高校电子信息类、先进制造业、农学、工商管理类、纺织服装类本科专业设置与调整等研究报告。这些研究成果旨在系统分析广东省高校本科专业人才培养的规模、结构、质量、变化趋势，研究和发布高校人才供给信息和分析报告，并根据不同行业、不同专业人才供给进行短期、中期和长期预测，为政府、高校调整学科专业设置提供依据。

四、成果评价

为检查本项目最终研究成果的有效性，报经教育部高教司同意，中山大学于2011 年12 月11 日组织召开了本项目结题成果研讨会。教育部高教司副司长刘贵芹先生，第三届教育部学科发展与专业设置专家委员会主任委员、中山大学原校长黄达人教授，广东省教育厅副巡视员胡振敏先生，中山大学副校长陈春声教授，北京邮电大学原副校长、教育部学科发展与专业设置专家委员会委员张英海教授，东南大学副校长、教育部学科发展与专业设置专家委员会委员郑家茂教授，广东外语外贸大学校长、教育部学科发展与专业设置专家委员会委员仲伟合教授，华南理工大学党委副书记张振刚教授，清华大学教育研究院副院长袁本涛教授，中国人民大学教育学院党委书记秦惠民教授，北京师范大学教育学部副部长毛亚庆教授，浙江大学软件学院副院长陈德人教授，武汉大学教育科学学院程斯辉教授，华南师范大学教育科学学院院长卢晓中教授，沈阳师范大学教育经济与管理研究所所长孙绵涛教授，广东省教育厅科研处处长杨军先生，中山大学教务处处长邓少芝教授、社科处处长李仲飞教授，本项目组黄崴教授、郭清顺教授、姚正安教授及本项目组全体成员参加了研讨会。黄崴教授代表本项目组对项目研究成果做了总体汇报，郭清顺教授、姚正安教授分别做了专题汇报，柳谦做了预测系统实操演示和补充发言。

在听取本项目组汇报后，与会教育部高教司领导、教育部学科发展与专业设置专家和教育学科专家对有关问题进行了咨询，查阅了研究成果资料，并进行了一天的深入研讨，对项目研究成果给予了充分肯定。刘贵芹副司长认为："本项目组在理论上搞清了高校本科专业设置的理论问题，提出了本科专业设置预测的路线图，建立了立足广东的高校本科专业设置预测系统，项目研究取得了明显的成功，达到了国内领先水平"；黄达人教授认为："本项目把教育学、数学、计算机三方面的专家紧密结合在一起，这种团队合作形式很好，研究的成果值得充分肯定"；张英海教授认为："本项目已经完成了当时项目设定的目标，从理论研究、模型构建直到平台构建，最后就预测的每一个专业输出了所希望得到的数据，这个成果是巨大的"；郑家茂教授认为："申报的时候大家都担心太难，做不下去，而中山大学通过团队整合，不管在理论基础研究方面还是系统建设方面均取得了重要突破，所建立的系统涵括了众多因素，科技进步、人的发展等，更加欣赏利用众多因素来做预测”；仲伟合教授认为：“本预测系统具有很强的应用性，这个系统对学校新招生、设置新专业都有指导作用，对学校申报专业一级学科、二级学科有具体的指导意义”；陈德人教授认为：“预测系统框架已经出来，是一个非常难研究的项目，本身定位高，但项目组通过艰苦的努力达到了预期目标”；陈春声教授认为：“这个项目非常有价值，许多大学增设一些新学科专业或新学院都是靠‘拍脑袋’，本预测系统可以为学科专业设置提供依据”；张振刚教授认为：“本项目组做了大量的研究，取得了很好的成果，这些成果对政府决策有重要意义，对于学校设置学科和确定招生规模以及学生进行专业选择和学校报考有指导价值，成果的水平很高，具有系统性、学术性和操作性，在全国领先”；胡振敏副巡视员认为：“本项目研究意义重大，对广东高校学科专业设置优化有重要意义”；秦惠民教授认为：“这个项目的意义重大，传统上设置专业一般是按照传统惯例和经验，缺少科学上定量研究和数据支撑说明到底应该设置什么学科专业，本项目经过4年的工作，目前我们看到有理论、系统和平台，成效显著”；袁本涛教授认为：“这个项目研究很好，成果丰富，我国高校学科专业设置很少是通过预测来设置，供给和需求往往是脱节的，有了这个系统就可以为专业设置提供依据”；孙绵涛教授认为：“本项目以社会人才供求关系的预测为中心，利用多学科力量，以广东省为例，从宏观的角度对高校本科专业设置进行了富有成效的研究，取得了预期的丰硕成果，在理论和实践上具有广泛的应用价值，具有创新性、领先性”；程斯辉教授认为：“项目研究成果具有先进性、全面性、开拓性、操作性，极具理论价值和应用价值”；卢晓中教授、史秋衡教授也都充分肯定了研究成果的意义和成效。

郑家茂教授在总结与会专家意见基础上，代表专家组做了总结发言，认为，本项目开展了跨学科研究，理论基础扎实，顶层设计合理，需求分析符合时代发展要求，是一项系统性、创新性研究成果，在全国处于领先地位；在项目系统开发上，本项目使用了多个数学算法与数据模型，具有数学意义；建立以广东省为例的高校本科专业设置预测模型和系统平台，并对系统平台进行实践验证和个案研究，形成电子信息类、农学类和艺术类等专业人才需求预测研究报告；对高校本科专业设置模式、专业设置标准、专业教学质量标准、专业课程标准、教师教学有效性标准、学生学习质量标准以及从毕业生就业角度优化专业设置等一系列问题进行深入系统研究，为本项目的深化和延展提供了扎实的理论基础；研发的高校本科专业设置预测系统具备了区域预测、全国预测的功能，如全国或区域有关数据充分可靠，该系统可为国家或区域高等教育主管部门、高等学校优化本科专业设置提供有效的预测数据支持，可为行业企业等用人部门提供重要的参考，可为学生报考学科专业提供重要指导。

五、展望与鸣谢

本项目组虽然取得了一系列重要研究成果，完成了项目研究任务，建立了高校本科专业设置预测系统，基本达成项目的预期目标，但囿于项目涉及问题的复杂性和影响预测因素的多样性以及各种不可预测因素，在一定程度上影响到本项目研究成果的进一步完善及付诸实际运行。

根据专家的意见，项目主持人将继续带领团队深化本课题的研究：一是持续采集广东省高校本科专业培养数据、毕业生就业数据、行业企业用人数据以及经济、科技和社会发展数据并不断提高各类数据的精确性和准确性，进一步开展对全国同类数据的采集，充实并完善预测系统数据库；二是需要继续加强研究团队和预测队伍建设，加强政府、高校、用人单位之间的沟通交流，保证项目研究具备实用性和创新性价值；三是希望教育部、财政部继续支持本项目研究，建立以中山大学为依托的全国性高校本科专业发展预测与评估研究基地，继续开展有关研究，持续采集有关数据，加强数据库建设，不断改进预测系统，开展预测工作，为我国高校本科专业设置优化、高中毕业生报考专业、本科毕业生就业、行业企业用人提供有效的数据依据和指引。

本项目组衷心感谢教育部高教司刘贵芹副司长、宋毅副巡视员、李智处长对本项目研究的大力支持！诚挚感谢黄达人教授（第三届教育部学科发展与专业设置专家委员会主任委员、中山大学原校长）、陈春声教授（中山大学党委常务副书记、副校长）、张英海教授（北京邮电大学原副校长、教育部学科发展与专业设置专家委员会委员）、郑家茂教授（东南大学副校长、教育部学科发展与专业设置专家委员会委员）、叶取源教授（上海交通大学原副校长、教育部学科发展与专业设置专家委员会委员）、齐二石教授（天津大学管理学院院长、教育部学科发展与专业设置专家委员会委员）、陈德人教授（浙江大学软件学院副院长、教育部学科发展与专业设置专家委员会委员）的大力指导！

特别鸣谢郭清顺研究员、姚正安教授、陈小娟博士、贾汇亮博士、柳谦博士生、道焰副研究员、刘铁副教授、牛端副教授、于慧博士、王世伟博士、陶圣琴博士、姜阳硕士、陈武林博士、孟卫青博士、冯成志博士、张伟坤博士生、肖敏慧博士生、曾庆君硕士、詹立硕士、王旭升硕士、戚丽硕士、王蓓硕士、徐敏硕士、姚瑶硕士、李岸芩硕士、宋岩硕士、许皓硕士、刘庆吉硕士、詹仲全硕士、楚寒露硕士、郝艳硕士、吴映渠硕士、钟云辉硕士、李俊衡硕士、柳蕴桐硕士、王元元硕士、胡雪花硕士、钟韵鸣硕士、余

伟兴硕士 、朱玉凤硕士、郭丹凤硕士、何炜硕士、吕崴硕士、龚伟硕士、王和勇硕士、潘荣硕士、胡菲硕士、林舜铭硕士、庄耿洪硕士、侯凤勤硕士、肖利民硕士、方晓维硕士、郑礼琳硕士、万伟硕士、李浩新硕士、曾路明硕士、白琼硕士、李剑硕士、廖丽舒等各位老师、同学在6年中风雨同舟、协同攻关所做的卓越贡献！在这里还一并感谢为课题研究提供各种帮助的其他专家、同学和朋友！

黄　崴
2014年12月于中山大学

内容简介

本书是基于大学治理理论系统分析高校本科专业设置改革的著作，为推进高校专业设置改革提供了新的视角和努力方向。在倡导“大学治理”的今天，建立“管办评”分离的大学治理结构是近年来高等教育管理改革的核心问题。与传统意义上的“管理”不同，大学治理注重治理主体的多元化，强调不同利益主体之间的平等沟通、协商和合作，建立“共同治理模式”，在权利平等和权力制衡中实现持续优化发展。我国高校本科专业设置改革一直存在“权力一元”视角的改革困境，在没有形成权力多元制衡的情况下，权力无论掌握在谁的手中，都可能被滥用，进而导致一系列问题的出现。因此，打破政府的权力垄断，形成多元权力主体制衡机制应该是高校本科专业设置改革努力的方向。借鉴大学治理理论，建立高校本科专业设置利益相关者共同治理模式是深化高校本科专业设置改革的有效途径。

本书共分六章，分别探讨了国内外高校本科专业设置研究概况，高校本科专业设置中的主要利益相关者，我国高校本科专业设置改革历史进程中的利益主体关系，部分发达国家高校本科专业设置中利益主体行为分析，我国高校本科专业设置改革中利益主体行为诉求分析以及高校本科专业设置利益相关者共同治理模式构建。

本书认为政府、高校、社会力量和学生是高校本科专业设置改革的核心利益相关者。其中，政府要运用间接手段对高校本科专业设置进行宏观调控；高校要在充分的市场竞争环境中自主设置专业；社会应在政府大力扶持下有序参与高校本科专业设置；学生通过自主选择专业激发高校专业设置活力。具体来说，政府不能再把自己作为高校本科专业设置权力的唯一来源，要根据新公共管理的基本原则实现职能转换，实现从“无限无效”到“有限有效”的转变。在下放高校本科专业设置权力的同时，充分利用法律、财政等间接手段做好宏观调控工作。高校在履行本科专业设置自主权的同时，要加强自我约束机制建设，保证本科专业设置质量。社会应该有参与高校本科专业设置的机会，不断加强高校人才培养与社会人才需求的联系。大学生专业选择权作为大学生的一项基本权力也应该越来越受重视。赋予大学生专业选择权既可以保障学生作为大学生、消费者、契约主体的基本权力，也可以促使高校提高本科教学质量、增加专业设置活力，进而保障学生学习质量。

高校本科专业设置利益相关者共同治理模式的目标是通过各利益相关者平等参与形成共同治理格局，在权力制衡过程中实现有序竞争和良性发展。利益相关者共同治理模式可以避免权力来源单一的情况，形成权力制衡机制，建构合理的高校本科专业设置权力结构，让主要的利益相关者的权力能够在高校本科专业设置中充分表达，有平等博弈的机会。从高校本科专业设置来看，政府、高校、社会力量和学生都有自己不同的利益追求。如果利益相关者没有平等博弈的机会，高校本科专业设置可能出现掌握权力或拥有信息优势的一方在追逐自身利益时，弃其他利益相关者于不顾的情况。保障利益相关者平等博弈可以对个体的行为进行有效的约束，从而避免其中一方过于强调自身的利益，进而实现高校本科专业设置的整体优化。要实现利益相关者的平等博弈，需要建立完全竞争的市场环境。首先，要建立高校教育服务市场分层机制，调控高等教育结构，让每一类高等教育结构参与同一层次高校的竞争，保证竞争的公平性。其次，要大力推进高校本科专业设置信息化建设，增加信息的透明度，保障市场竞争的有效性。再次，让社会力量有序参与专业设置，通过人才市场的及时反馈引导合理竞争。最后，保障学生的专业选择权，通过消费者的选择激发竞争活力。

综上所述，高校本科专业设置改革的关键不是管理权力属于谁、权力是否应该下放等问题，这些问题都停留在问题的表面。我们应该更深入地思考，高校本科专业设置中权力有哪些，应该由谁来实施的问题。如果仅在行政权力一元化的体系中思考权力属于谁的问题，高校本科专业设置的问题永远都解决不了，因为现代社会政治、经济的多元化趋势表明，高校本科专业设置的权力应该是多元的、是社会化的。政府、高校、社会力量和学生是高校本科专业设置改革的核心利益相关者。而利益相关者共同治理模式是推进高校本科专业设置管理社会化的重要途径。

目录 MULU

第一章　导论

高校本科专业设置是高校人才培养的基本依据，深刻影响着高校人才培养的规格与质量。2012 年 9 月，教育部印发了《普通高等学校本科专业目录（2012 年）》和《普通高等学校本科专业设置管理规定》两个重要文件，目的是进一步规范高校本科专业设置与管理，落实和扩大高校专业设置自主权。不可否认，在保障高校专业设置自主权的同时，规范专业设置管理，是解决当前高校本科专业设置问题的路径之一。但是，我国高校本科专业设置改革一直在政府规范管理和高校自主设置两者之间摇摆，并没有取得实质性进展。造成这种困局的关键原因，是我们始终在“权力一元”的思维框架下思考高校本科专业设置权力应该是掌握在政府手里还是高校手里，而实际上缺乏其他权力主体参与的高校本科专业设置权力，无论是在政府手中还是在高校手中都有被滥用的可能。因此，本书认为高校本科专业设置改革必须在“权力多元”的思维框架下，建立高校本科专业设置利益相关者共同治理模式。

一、选题缘由

高校本科专业设置是我国高校人才培养的基本依据，深刻影响着高校人才培养的规格与质量，直接影响毕业生就业。所以，长期以来，高校本科专业设置一直是我国高等教育研究的一个重要领域。从历史趋势来看，高校本科专业设置研究呈现逐年递增的基本趋势。尤其是最近几年，随着高等教育招生规模的逐步扩大，大学生就业已经成为一个社会问题，在这种情况下，高校本科专业设置重新成为一个热点研究问题。

（一）研究缘起

1. 建立健全我国高校本科专业设置与优化机制，提高我国高校本科专业设置的合理性和有效性，是当前我国高等教育发展必须解决的重大问题

（1）日益严峻的本科毕业生就业问题。在高校大规模扩招的背景下，大学生就业难成为社会广泛关注的重大问题。“毕业就失业”的现象严重考验着高等教育的地位和政府的执政智慧。因此，无论是高等教育内部还是政府都想找到一条解决这个棘手问题的途径。

（2）令人担忧的高校本科专业设置质量。我国高等教育发展已经从规模

扩张转移到质量提升上来，但是不少高校的专业设置和结构不尽合理，人才培养的质量不尽如人意，人才培养模式、教学内容和方法还比较落后。这种状况已经严重影响了高等教育质量的提升。

（3）没有活力的高校本科专业设置管理机制。随着人才市场机制的形成，高校本科专业设置要面向人才市场灵活调整，以增强人才培养的社会适应性，而实际上“行政主导”的高校本科专业设置模式缺乏面向市场的灵活性，需要进行改革。

2. 我国高等教育发展正处于快速变革时期，高校本科专业设置面临很多新问题需要解决

当前，我国高等教育发展正处于快速变革的时代，问题不断涌现，挑战越来越严峻。高校本科专业设置也面临着诸多的新问题。

（1）我国高等教育发展仅用短短几年的时间就迈入了大众化时代，在某些省份高等教育普及化已经触手可及。在大量大学毕业生进入人才市场的情况下，传统精英教育模式下的专业和课程使得大学生就业越来越困难。在某些地方甚至出现了大学毕业生为了就业重返技校读书的事情。①

（2）我国社会经济发展已经进入了快速调整期，产业升级改造速度明显加快，相应地社会人才需求变化也在加速。以珠江三角洲地区为例，在金融危机的冲击下，传统的来料加工外向型的经济增长模式已经没有多少生存的空间，于是广东省提出了“腾笼换鸟”的经济发展模式，要求大力发展高新技术产业，逐步摆脱对外部市场的过度依赖。这种调整直接影响到了珠江三角洲地区社会人才需求的变化。而在“行政主导”下、按照学科专业目录设置专业的模式已经远远跟不上人才市场需求变化的趋势，这导致了高校人才培养与社会人才需求的脱节。人才培养的周期性导致大学专业设置变化的速度永远跟不上社会人才需求变化的速度，大学毕业生在进入人才市场后经常面临所学与所用不对口的情形。

（3）高等教育早已从国家福利转化为个人主体选择的消费行为。个人的教育消费应该保障消费主体的选择权，而现在的高校本科专业设置机制剥夺了大学生的选择权，在高考填报志愿时，一旦选择了就基本没有调整的机会。尽管有些高校在录取时承诺可以转专业，但实际上转专业的条件和限制非常多，进入高校后真正能够转专业的比例非常低。

（4）高等教育发展与社会的联系越来越密切，尤其在人才培养方面，高校必须根据社会人才需求来设置相应的专业和课程。而在现实中，高校本科

---

① 大学生毕业后再读技校，扬言“大学白读了”［EB/OL］.［2009-10-21］http://kids.youth.cn/xzbb/jskx/200909/t20090914_1022673.htm.

专业设置还仅仅局限于政府与高校两者之间，一些影响高校人才培养的机构或组织没有获得相应的参与权。这也是影响高校人才培养与社会人才需求不衔接的重要原因。这些问题的出现为高校本科专业设置改革提供了很好的机遇。加强高校本科专业设置问题的研究，是把问题转化为机遇的关键。

3. 高校本科专业设置改革遇到的阻力需要突破

根据前文的分析可以得出，面对新的形势，我国高校本科专业设置必须改革，但是任何改革都会面对一定的阻力。

（1）从高校本科专业设置管理体制来看，我国还是行政主导的高校本科专业设置管理体制。虽然这种体制的灵活性、适应性等都被很多学者不断诟病，但它依然有非常强劲的生命力，主要原因就是政府的执政思维还没有根本转变，总是希望通过政府制定规则的方式来取代社会和市场当中的自由博弈。于是政府对高校的规制越来越多，体现在高校本科专业设置上就是统一的专业目录、苛刻的专业申报程序、严格审核的专业招生人数等等。在这种执政思维下，高校本科专业设置陷入了一个悖论：社会反映的高校本科专业设置的问题越多，政府就越是强调政府统一管理调控的重要性。而实际上，高校本科专业设置出现问题的根源就是政府过多地干预了高校在专业设置方面的自主权。

（2）从高校内部来看，条块分割的高校专业设置归属，已经严重影响了高校人才培养的质量。我国高校的专业往往都是囿于院系的人员来设置的，全校教师共同合作，课程共享的理想状态远未达成。这种现象严重影响了人才培养的质量。首先，专业课程开设局限于院系内部的教师，造成教师会依附于具体的专业。在很多高校，年轻教师成了“万金油”，即使自己没有前期研究的课程，都要开设专业课。而学校内部一些真正有研究的人不能来开这些课程①，造成了人力资源的严重浪费。举个例子，管理学这门课程是很多专业的基础课程，如公共事业管理、工商管理、行政管理等，但在很多高校，专业属于哪个院系，哪个院系就有教师开设这门课程。其次，专业综合很难达成，造成本科教育缺乏跨学科的广度，难以提高人才培养质量。

（3）市场机制在我国高校本科专业设置中还没有发挥其应有的作用。具体体现在以下一些方面。第一，高校本科专业设置中的市场机制是以学生为中介来发挥作用的，而学生对专业质量的判断往往受高校本科专业设置方面的信息不透明、不对称的限制。第二，学生的专业选择权没有得到保障。在高等教育市场尚处于“卖方市场”，没有相关的制度法令保障学生选择权利

---

① 不来开课的原因是多方面的，有学校管理方面的原因，也有课酬在不同的院系不一致等方面的原因。

的情况下，学生处于弱势地位，很难有与高校平等博弈的机会。这种状况也会影响到大学生批判思维的发展。

(4) 社会（用人单位）在高校本科专业设置中没有表达自己意见的渠道。这主要表现在以下两个方面：一是高校法人治理结构没有形成；二是社会中介机构不够发达。上述阻力的形成有文化、制度以及管理机制等多方面的原因，必须通过研究寻求具体的解决之道。

4. 当前研究存在一些误区需要澄清

从现有研究来看，如何调整和优化高校本科专业设置机制，加强高校人才培养与社会人才需求的衔接，是迫切需要解决的问题。归纳众多的研究，不难发现，“下放高校本科专业设置权力，让高校面向人才市场自主设置专业”成为众多学者支持的观点。但这种观点存在两个误区。

(1) 在权力一元的逻辑思维下，指出我国高校本科专业设置存在的主要问题是权力集中在政府手中，所以应该把高校本科专业设置的权力从政府下放到高校，让高校面向市场自主设置专业。其实，在没有形成权力立体多元机制的情况下，单元的权力无论掌握在谁的手中，都有可能被滥用，进而引发一系列的问题。高校作为高等教育市场的竞争主体，在没有其他权力主体约束的情况下，可能会从自身利益最大化的角度来行使权力。

(2) 在高估市场作用的前提下，认为市场机制是解决高校本科专业设置的问题的关键。其实，在市场经济非常发达的美国，都已经开始反思市场的作用，注重开发并挖掘社会力量的作用。因此，本研究认为高校本科专业设置是一个关系众多利益主体的公共事务，任何一个利益主体独自掌控高校本科专业设置的权力，都不利于高校本科专业设置的良性发展。分析上面提到的问题和阻力，不难发现，每一个问题和阻力的背后都有一个利益相关者。而利益相关者的错位、缺位、不到位恰恰是导致问题和阻力出现的根本原因。高校本科专业设置改革的关键是理顺与高校本科专业设置有利益关联的各类主体的关系，让各类主体都能发挥应有的职能，形成相互约束的动态机制。

（二）研究意义

“大学专业是课程的一种组织形式”①，当“专业与培养人的活动相联系时，往往成为一种培养人才的基本单位”②。可见，在我国，高校专业是联系高校与社会的桥梁，直接关系到高校学科专业的发展趋势，以及社会人才需

---

① 潘懋元，王伟廉．高等教育学［M］．福州：福建教育出版社，1995：128.

② 赵文华．论作为一种专业组织的高等教育系统［J］．高等教育研究，2000（3）.

求能否得到满足。正是因为高校本科专业设置非常重要，对这个问题的研究从来没有间断过，尤其是1999年我国高等教育扩招以来，高校本科专业设置的研究呈现出放量增长的态势。可见，本研究本身是对高校本科专业设置研究的丰富和扩展。另外，由于本研究从利益相关者共同治理的角度来研究这个问题，所以还具有一些具体意义。

1．理论意义

（1）突破仅从政府和高校双方关系的角度研究高校本科专业设置管理机制的局限。在众多的研究中，高校本科专业设置的管理体制问题成为讨论的热点问题，但是众多的研究者基本停留在如何在政府和高校之间分配高校本科专业设置的权力问题，忽视了在新的高等教育发展背景下，高校本科专业设置的权力主体在不断丰富和演变之中。

（2）突破仅从技术角度研究高校人才培养与社会人才需求衔接的局限。从现有研究来看，高校专业设置如何更好地适应人才市场的需求是一个研究热点，在对口抑或适应的讨论过程中，到现在还没有一个公认的最优选择，因为无论是对口还是适应，都有不可回避的缺点。于是，政府和一些研究机构试图通过技术的手段来解决高校本科专业设置的问题，提出了通过未来社会人才需求预测来设置高校专业设置的设想。这种做法有一定的合理性，但是人才需求与人才培养并不是简单的对应关系，其中存在的误差很难估计。在这方面的研究中，主体作用被忽视了。举例来说，作为毕业后要进入人才市场的大学生，他们对社会人才需求的信息更敏感，如果赋予他们一定的教育选择权，将有利于高校人才培养与社会人才需求的衔接。

（3）从利益相关者关系的角度系统分析高校本科专业设置的流程，可为高校本科专业设置改革提供基本的思路。当前，很多研究者把高校本科专业设置改革寄托在市场机制的建立上，而实际上，市场机制要真正发挥作用是有许多前提的。本研究认为，在市场经济条件下，高校本科专业设置利益主体关系的状况是市场机制能否发挥应有作用的重要前提。没有利益相关者的共同参与，市场机制同样也面对很多问题，比如市场主体的理性经济人行为、政府或高校与市场的勾结等。所以，本研究有利于突破市场机制崇拜，通过分析高校本科专业设置中各利益主体的职能、角色与定位，为建构高校本科专业设置管理体制，推动高校本科专业设置改革提供一定的理论基础。

2．实践意义

我国高校本科专业设置改革正处于关键时期，普遍认为，我国“行政主导”的本科专业设置体制必须改革，但是对如何改革的一些具体问题还缺乏深入的研究。比如：①政府在高校本科专业设置中的主导、控制地位是否需要改变，怎么改变？②高校自主设置专业能否解决高校本科专业设置的问题？如何才能使高校在权力自主的同时受到有效的约束，从而避免权力的滥用？③社会（用人单位）在高校本科专业设置中是否需要发挥作用，怎么发挥作用？④学生的选择权如何在高校本科专业设置中得到体现？⑤如何理顺各利益相关者的关系？这五个问题是高校本科专业设置改革过程中必须回答的问题，如果能够很好地解决这五个问题，高校本科专业设置改革就有了大致的原则和方向。本研究可以推动这些问题的解决，为高校本科专业设置管理体制改革提供理想的路径选择。

二、文献综述

（一）国外研究及实践概况

由于各国高等教育管理体制的不同，高校专业设置模式和机制也不尽相同。根据前期研究来看，国外学科专业设置的模式主要有三类：①以美国为代表的“市场主导、高校自主”模式；②以日本为代表的“政府主导”模式；③以法国为代表的欧洲模式。目前，这三种模式都在改革和演进的过程中，其中美国主要在强化州级政府对学科专业设置的管理，强调基本规则的制定；日本正通过国立大学法人化改革，试图增加高等教育活性，以回应社会需求，满足学生需要；法国一直试图通过赋予高校自主权，以推进高校自主，强化高校之间的竞争。整体来看，国外学科专业设置的研究与实践主要集中在以下几个方面：

第一，高校自治与高校专业设置。高校自治是许多国家高等教育的传统。高校自治主要体现在高校拥有办学自主权，专业设置是办学自主权的重要内容。所以，英、美、日、德等国家高校的专业名称没有统一规定，各大学可根据社会人才需求自行设置专业，不同学科相互搭配。[①] 美国不同院校的同一专业或相近专业的课程设置各有侧重，除专业核心课程之外，学生对课程有很大的选择权，因而不同学校同一专业的毕业生，甚至同一校同一专业的毕业生，其知识结构也有差别。[②] 英国各个大学也是自主设置专业，但国家通过拨款委员会以及质量控制标准对高等教育专业的招生、培养以及毕业等进行监督和控制。日本从 2003 年以来实施高校法人治理，强调高校自主权，专业设置也主要由学校定。即使在一直秉持中央集权制传统的法国，也一直试图通过高校管理体制改革赋予高校本科办学自主权，以满足日益多样化的高等教育需求。

---

① Katkin W. The Boyer Commission Report and Its Impact on Undergraduate Research [J]. New Directions for the Teaching and Learning, 2003 (93): 19 - 38.

② 卢晓东. 中美大学本科专业设置比较 [J]. 比较教育研究, 2001 (2).

第二，劳动力市场与高校专业设置。国外非常重视专业设置与劳动力市场的衔接。以美国为例，作为一个市场经济国家，其高等教育规模与结构的形成、发展、变化的过程，是一个与其市场经济相互作用的动态过程。由于科学技术的突飞猛进和经济的发展，劳动力市场的需求结构又总是处于不停的变化之中，所以与此相适应，美国的大学和高等教育机构都在不断地进行科技发展和经济发展以及人才需求情况的预测，并据此来调整自己的办学方针和专业设置，以满足未来劳动力市场对人才的需求，使得他们的毕业生能够在劳动力市场上找到工作。① 国外学者也非常注重劳动力市场与高校专业设置方面的研究，研究成果很多，其中著名的理论有三个：人力资本理论、筛选理论和劳动力市场分割理论。在三种基本理论的基础上，衍生出众多理论模型来分析高校人才培养与劳动力市场的关系，这些理论模型主要涉及三个方面的要素：人才供给、人才需求和劳动力市场。人才供给方面主要包括高校毕业生的数量、质量、结构、求职意愿等因素；人才需求方面主要包括社会经济发展、产业结构变化等对人才数量、质量、结构的影响以及人力资源需求方的行为；劳动力市场方面主要包括制度、管理、服务等影响高校毕业生就业的因素。国外很多学者围绕这三个方面的要素进行了研究，其中，Blaug M 认为，大学毕业生失业现象的存在是大学毕业生们不愿降低工资的结果。② Carnoy C 则把大学毕业生的就业难问题归因于劳动力市场的需求方，为降低人力资源成本，劳动力市场的需求方需要大学生失业的存在。③Pryor F 从教育系统内部找原因，认为是教育质量和专业结构满足不了社会对人才的需求。④ 还有学者认为，教育只是一种筛选装置，随着教育供给的增加，会有越来越多的大学毕业生被筛选下来，他们要么处于失业状态，要么只能从事以前只需中学毕业生就能胜任的工作。⑤

为了增强高校人才培养与社会人才需求的对接，国外高校一般比较重视社会人士参与高校本科专业设置决策。从理论上来说，吸纳高校毕业生就业

① 王义道，闵维方，史宁旭．美国高等教育的现状与发展趋势——美国大学访问见闻与思考［J］．比较教育研究，1996（1）：13－18．

② Blaug M，Layard R，Woodhall M. The Causes of Graduate Unemployment in India［M］. London：Allen Lane，1969.

③ Carnoy C. Education and Employment：A Critical Appraisal［M］. Paris：International Institute for Educational Planning，1977.

④ Pryor F，Schaffer D. Wages and the University Educated：A Paradox Resolved［J］. Monthly Labor Review，1997（120）：7.

⑤ Gray J，Chapman R. Conflicting Signals：The Labor Market for College Educated Workers［J］. Journal of Economic Issues，1999，33（9）.

的社会（用人单位）对高校人才培养最有发言权。

第三，注重专业特色与交叉专业建设。国外高校通常采用减少拨款、减少人员编制、减少招生人数、减少研究项目等措施让没有发展前途的学科专业慢慢死亡或转型。[①] 比如，美国麻省理工学院一直致力于理工专业的建设，形成了以理工为特色的专业体系，在全美大学排名中，把很多综合性大学远远抛在后面。同时，产业结构日益复杂化，多种学科交叉已经是科学技术发展的必然趋势，为适应这些变化，很多高校都致力于发展多学科交叉专业。[②] 比如，美国麻省理工学院开设了语言学、政治学与通讯、电子学结合的“多媒体技术与新闻传播”、经济学和数学交叉的“工程（计算机）——经济联合”等专业。[③] 美国伯克利大学在专业设置上注重打破系、教研室等科层体制，建立跨科系的专业。[④]

注重专业特色建设有以下两个方面的原因：首先，随着社会经济的发展，高等教育需求的多样化趋势越来越明显。发展特色专业有利于满足学生的个性教育需求，从而在高等教育市场竞争中找到差异优势。其次，每所高校形成自己的专业特色有助于形成立体的高校人才培养体系，满足社会人才需求的多样性，同时也可以避免专业设置雷同与同质化的恶性竞争。而注重交叉专业建设则有利于打破专业界限，培养具备综合素质与能力的人才，既可以回应社会人才需求的综合化趋势，也可以增强毕业生的职场适应性。

第四，就业和社会评价与高校专业设置。西方发达国家的大学一方面重视学术研究，另一方面非常重视与社会的联系及毕业生就业的问题。如美国后期成立的州立大学和社区学院大都把大学毕业生迅速找到工作作为自己的办学目标。在德国、澳大利亚，技术性本科院校（也称为应用性本科院校）的办学目标也是保障大学生就业。这一点在注重培养应用型人才的高等教育职业教育领域就更为明显。比如，德国高等职业教育的专业建设都是由企业直接参与、校企合作共同完成的。通过社会有关方面和行业的参与，根据市场需求设置专业，为地方区域经济发展服务。[⑤] 另外，国外许多大学和学生都很重视社会或中介机构对高校中开设的专业的水平评估。这些评价直接影

---

①④ 田长霖. 21 世纪高等教育的改革与发展——美国伯克利大学校长田长霖博士在北京大学和“面向 21 世纪教育”国际学术报告会上的讲话（摘要）[J]. 世界教育信息，1997（1）.

② Minnis M, John-Steiner V. The Challenge of Integration in Interdisciplinary Education [J]. New Directions for Teaching and Learning, 2005, 102: 45 – 61.

③ 汪佩伟. 重点理工科大学文科发展思路刍议 [J]. 高等教育研究，1998（3）.

⑤ 赵婷婷，杜晓丽. 德国高职教育的专业设置 [J]. 机械职业教育，2005（1）.

响到专业设置以及学生对专业的报考。在美国，社会中介结构非常发达，几乎每一个专业都会有一些权威的评估机构，通过了这些中介组织的评估，就意味着专业的质量比较高，所以，美国很多高校都主动要求一些权威评估机构进行评估，以获得社会的认可。

第五，人才需求预测与高校专业设置。为保证高校人才培养与劳动力市场的一致，国外学者一直在尝试各种不同的方法，其中根据社会人才需求预测的情况来确定高校人才培养的规模、结构与质量的影响最大。人才需求预测对许多国家的高等教育规划产生过重要的影响。在本质上，人力需求预测的目标就是要协调目前的教育供给，以使将来一定教育程度的劳动供给与劳动力市场的需求相匹配。① 尽管，对这项研究有不同的看法，但是，这项研究和实践在很多国家还在不断推进和完善之中。所以，通过科学有效的人才需求预测，调整高校专业设置，是保证高校人才培养与市场人才需求衔接的重要机制之一。

总之，国外高校专业设置与调整无论是在理论上还是在实践上，都特别重视高校的自主权，而高校在设置和调整专业的时候主要依据社会人才需求或人才市场的供需变化。政府主管部门主要是综合运用法律、经济、评估等间接手段引导高校专业设置，监控培养质量，促使高校人才培养为社会经济发展服务。

（二）国内高校本科专业设置研究概述

我国高校本科专业设置管理模式可以归纳为“行政主导”模式。最近几年，我国高校本科专业设置研究的目标就是分析“行政主导”模式的弊端，找到符合我国国情的高校本科专业设置改革路径。

1. 整体概况

（1）研究的时间分布。

在中国期刊网以“专业设置”为题名精确检索（检索时间 2009 年 6 月），共检索到文献 1 203 篇，其中博士论文 2 篇，硕士论文 23 篇，学术论文 1 178 篇。从文献的时间分布来看，除 1983 年的数据②外，整体呈现逐年递增的趋势（见表 1 - 1），说明专业设置研究在我国越来越受到重视，这在一定程度上也能说明专业设置对学校的发展、对学生的成长越来越重要。在人才严重短缺，国家包毕业生分配的时代，专业的重要性没有体现出来。而在高校扩招与大学生就业制度变化之后，专业的重要性开始显现，最突出的

---

① Johnes, Geraint. The Economics of Education [M]. New York: St. Martin's Press, 1993.

② 根据文献检索的情况推断，在 1983 年，《高等工程教育研究》推出了一系列专业设置方面的论文，数据的异常可能与此相关。

体现就是1999年前后，专业设置研究的成果呈现出放量增长的态势。

表1－1 以“专业设置”为题名检索到的文献的时间分布

年份	1980	1981	1982	1983	1984	1985	1986	1987	1988	1989
篇数	1	4	3	30	3	18	17	16	13	18
年份	1990	1991	1992	1993	1994	1995	1996	1997	1998	1999
篇数	14	12	6	25	44	35	34	34	44	44
年份	2000	2001	2002	2003	2004	2005	2006	2007	2008	
篇数	46	60	69	70	84	73	99	133	154	

为进一步缩小检索范围切合研究主题，在中国期刊网以“本科专业设置”为题名精确检索，共检索到文献55篇，把非研究性文章排除后，还剩40篇，其中硕士论文4篇，学术论文36篇。从时间分布来看（见表1－2），20世纪90年代之前高校本科专业设置的研究非常少，从1979年到1989年只有2篇研究文献，其中1篇关于地质类大学本科专业设置，1篇关于本科专业设置要适应社会主义建设实际需要。1998年前后高校本科专业设置研究迎来了一次小高峰，主要原因是1998年的本科专业设置目录调整使得高校本科专业设置成为热点研究问题。2004年之后，高校本科专业设置研究逐步进入了高潮，成为大家普遍关心的焦点问题。2004年，高校扩招后的第一届本科大学生毕业，就业形势比较严峻。以前因为招生规模小，大学生就业顺利而掩盖的高校本科专业设置问题充分暴露了出来。如何设置高校本科专业，如何实现专业与就业的衔接等问题成为众多学者关注的焦点。直到现在，高校本科专业设置如何与社会人才需求互动、高校本科专业设置与人才培养的定位、高校本科专业设置管理制度改革等，仍然是备受关注的、有争议的话题。

表1－2 以“本科专业设置”为题名检索到的文献的时间分布

年份	1984	1989	1991	1996	1997	1998	1999	2001
篇数	1	1	1	3	1	2	2	1
年份	2002	2003	2004	2005	2006	2007	2008	
篇数	1	1	1	4	7	2	12	

（2）研究的分类。

通过梳理以“专业设置”为题名检索的文献，不难发现高校本科专业设置研究主要可以归为以下几种类别：①高校本科专业设置的基本问题研究，主要包括历史分析、比较研究、管理体制改革研究、专业设置的影响因素研究等内容。②区域高校本科专业设置研究。主要是针对某一个省（市）高校本科专业设置的概况、问题、调整等方面进行研究。这一类研究主要从地域产业结构调整对人才需求的变化出发，研究高校本科专业设置如何适应区域人才需求的变化。③某一所（类）高校本科专业设置研究。这类研究基本是高校为了自身学科专业调整的需求或进行人才培养模式改革而开展的研究。④某一类别本科专业设置的现状、问题及对策研究。这一类研究以医学类和工程类专业为主，大都是参照国外知名高校的经验，并结合我国的状况，进行比较研究。从本次检索到的文献来看，针对某一类别本科专业设置的研究最多，有22篇，占55%；其次是高校本科专业设置基本问题研究，有12篇，占30%；另外两种类型的研究合计6篇，占15%（见表1－3）。

表1－3 高校本科专业设置研究分类表

研究类别	数量	百分比	主要文献
基本问题研究	12	30%	1. 本科专业设置要适应社会主义建设的实际需要［梁森，中国高教研究，1989（2）］； 2. 我国普通高校本科专业设置的适度规模及其结构优化初探［教育发展研究，1996（5）］； 3. 中美大学本科专业设置比较［卢晓东，比较教育研究，2001（2）］； 4. 普通高校本科专业设置问题探讨［周亚夫，西南民族大学学报（人文社科版），2005（11）］； 5. 我国大学本科专业设置与调整的历史演变和现实思考［汪晓村，高等教育研究，2006（11）］； 6. 试论我国高校本科专业设置改革［刘楚佳，广州大学学报（社会科学版），2006（9）］； 7. 我国高校本科专业设置改革探讨［刘楚佳，高等理科教育，2007（4）］； 8. 我国高校本科专业设置改革探讨［刘楚佳，广州城市职业学院学报，2007（2）］； 9. 本科专业设置与发展的历史考察与趋势分析［马飙，扬州大学学报（高教研究版），2008（6）］； 10. 高校本科专业设置与社会需求互动关系的研究（许霞，北京邮电大学硕士学位论文，2008）； 11. 本科专业设置应与社会需求相适应［杨立军，教育发展研究，2008（17）］； 12. 调整和改进高等学校本科的专业设置与专业结构［赵本全，河海大学硕士学位论文，2005］

（续上表）

研究类别	数量	百分比	主要文献
区域高校本科专业设置研究	2	5%	1. 高等教育大众化阶段江苏高校本科专业的设置与发展［马飙，徐州师范大学学报（哲学社会科学版），2008（6）］； 2. 辽宁省普通高校本科专业设置情况分析［王少媛，辽宁教育研究，2008（3）］
某一所（类）高校本科专业研究	4	10%	1. 对我院本科专业设置及调整思路的思考［费烨，华北水利水电学院学报（社学科学版），1998（1）］； 2. 民办高校本科专业设置问题探析［覃美琼，中国高等教育，2006（23）］； 3. 独立学院本科专业设置问题及成因分析［徐淑兰，中国大学教学，2008（6）］； 4. 优化地方院校本科专业设置的原则、依据与对策建议［包镕，高等农业教育，2008（3）］
某一类别本科专业设置研究	22	55%	1. 地质类大学本科专业设置问题的探讨［胡家杰，地质科技情报，1984（1）］； 2. 关于妇幼卫生本科专业设置的意见［郑凯航，中国妇幼保健，1991（3）］； 3. 高等林科教育本科专业设置的国际比较及我国的问题分析［程东升，中国林业教育，1996（1）］； 4. 有关国家的水产类本科专业设置和调整的比较研究［乐美龙，上海水产大学学报，1996（4）］； 5. 地质类本科专业设置和人才培养［薛平，中国地质教育，1997（1）］； 6. 国外农科本科专业设置和调整情况与分析［王汉忠，高等农业教育，1998（12）］； 7. 我国普通高等医药教育本科专业设置情况的回顾及思考［彭厚鹏，中国高等医学教育，1999（5）］； 8. 新中国高校体育本科专业设置的变迁与启示［王健，上海体育学院学报，1999（4）］；

（续上表）

研究类别	数量	百分比	主要文献
某一类别本科专业设置研究	22	55%	9. 信息科技发展对光学工程类本科专业设置的影响［刘向东，光电子技术与信息，2002（5）］； 10. 关于材料类本科专业设置演化的思考［徐德龙，西安建筑科技大学学报（社会科学版），2003（1）］； 11. 中国高等学校体育本科专业设置的回顾与展望［吴燕，山西师大体育学院学报，2004（4）］； 12. 高师体育院校本科专业设置现状分析与初步构想［周占军，山西师大体育学院学报，2005（3）］； 13. 高等医药院校专业建设原则的思考——江苏省医学本科专业设置分析与探讨［唐文，医学与哲学（人文社会医学版），2006（11）］； 14. 四川省普通高校体育本科专业设置现状的调查与分析［杨鸣亮，成都体育学院学报，2006（4）］； 15. 高师体育院校本科专业设置的现状及其优化的研究［周占军，北京体育大学硕士学位论文，2005］； 16. 从含地质类专业高等院校的本科专业设置看我国地质人才培养的趋势［张静，中国地质教育，2006（1）］； 17. 艺术学（艺术教育）本科专业设置——浅议实施综合艺术课程的治本之策［钟宏桃，艺术教育，2007（11）］； 18. 论我国高校“人文教育”本科专业设置之必要性［周兰桂，湖南人文科技学院学报，2008（4）］； 19. 我国体育经济本科专业设置与人才培养目标研究［侯晋龙，军事体育进修学院学报，2008（4）］； 20. 构建我国护理学本科专业设置标准的研究［尹自芳，护理研究，2008（13）］； 21. 我国护理学本科专业设置标准构建的研究［尹自芳，解放军护理杂志，2008（8）］； 22. 我国护理学本科专业设置标准的研究与构建［尹自芳，第二军医大学硕士学位论文，2006］

（3）研究的重点内容。

第一，全国统一设置专业并使其与社会需求相适应的研究。这是我国高校本科专业设置与调整一直坚持的思想和原则。在计划经济时代，高校招生、培养、毕业生就业等都由国家“包”起来，所以，高校本科专业设置完全是在政府主导下进行的。从1985年开始，社会用人制度改革逐步深入，国家包分配的就业格局开始出现变化，毕业生自谋职业，社会用人单位逐步有了用人自主权，国家按计划培养人才、分配人才的高校本科专业设置模式已经不再适应形势发展的需要。于是，国家开始注重制定统一的本科专业设置目录，通过目录实现对高校本科专业设置的控制。随着我国社会主义市场经济体制的逐步确立，国家于2001年提出了建立适应市场经济体制的专业设置调整机制，在拓宽专业口径的时候注意专业设置的灵活性，赋予一些教育部直属重点大学根据专业目录自主设置专业的权力（教育部掌握审批权）。国内一些学者对此进行了专门研究，提出了两种主要观点：一种是对口，认为学科专业设置应该增强职业针对性，并与就业紧密相关；另一种是适应，认为学科专业设置应该拓宽口径，增强专业的适应性。① 无论是对口还是适应，本质上都是强调政府统一调控。以政府为主导的专业设置机制使得专业设置比较规范，各个高校的同类专业的名称、课程、内容和教学要求基本上一致，但其明显的缺点是专业设置行政化、统一化，调整缓慢，具有浓厚的计划时代的色彩。这些年毕业生就业难与这种大一统的专业设置模式有一定关系。

第二，高校自主设置专业的研究。在大学生就业难、高校缺乏自主设置专业的权力、市场调节机制失灵的背景下，改革高校本科专业设置模式，在政府宏观调控下，赋予高校主动适应社会人才需求，自主设置专业的权力成为大家的共识。② 但简单地赋予高校自主设置专业的权力并不能从根本上解决高校人才培养与社会人才需求脱节的问题。目前，有些高校不顾人才市场的需求因人设置专业，追逐经济利益设置专业；不考虑自身的培养能力与办学条件盲目扩招，开设不具备培养条件的新本科专业等不良现象还在一定程度上存在着。也就是说，目前的研究只是看到了赋予高校办学自主权的正面效果，没有看到缺乏约束的高校可能会从“理性经济人”的角度，追逐高校本科专业设置的经济效益，具体体现为什么专业办学成本低就办什么专业。因此，高校自主设置专业也需要一定的约束机制。

---

① 谢维和. 对口与适应——高校人才培养与劳动力市场的两种关系模式［J］. 北京：北京大学教育评论，2004（4）；赵婷婷，吴蕾蕾，樊文强. 大学本科学科专业设置与就业的相关性分析——对本科毕业生的网上调查［J］. 清华大学教育研究，2005（1）.

② 阳荣威. 高校本科专业设置与调控研究［D］. 上海：华东师范大学，2006；林蕙青，高等学校学科专业结构调整研究［D］. 厦门：厦门大学，2006；汪晓村. 论高校学科专业设置的理念与机制［M］. 北京：科学出版社，2008：前言.

第三，以社会人才需求或人才市场需求预测为基础设置专业的研究。这种观点强调专业设置要以社会人才需求为依据，专业设置需在人才需求预测的基础上进行。这方面的研究很多，有国家宏观人才需求预测研究，也有某个区域、某个行业或某个专业人才需求预测的研究。[①] 但根据人才需求来设置专业存在着两个难题：一是社会人才需求具有短期性和变动性的特点，而高校开设专业具有长期性和稳定性的特点，高校本科专业不可能完全按照人才市场变化设置专业、培养人才；二是社会人才需求预测也是一种对未来人才需求的一种推测，这种预测存在着误差或不准确性。建立在预测基础上的专业设置也有其误差。

第四，根据毕业生就业率状况设置和调整本科专业的研究。该观点既是理论观点，也是一种政策实践。在理论上，有学者根据毕业生就业率来预测未来人才的需求以及专业设置；[②] 在实践上，教育部、大多数省市以及高等院校会对就业率低的专业停止招生或减少其招生数量。每年各高校都有不同专业的就业情况统计，只要根据统计数据调整专业设置就可以了。这种观点和做法看似操作简单，直观明了，但也存在着缺陷。一方面，现在的毕业生就业率反映的是现在的就业市场，而现在的毕业生是四年前设置的专业所招收的学生。这就意味着，本年就业率高的专业未必四年后就业率还高。另一方面，一些高校的就业率统计弄虚作假也会影响对专业设置调整的判断。2009 年，“被就业”一词风靡网络，充分暴露了就业统计数据造假的真相。

总之，我国高校本科专业设置研究一直试图通过各种努力解决高校人才培养与社会人才需求脱节的问题。有的研究从管理体制的角度切入；有的研究从市场作用的机制入手；有的研究则寄希望于技术手段的运用。但在没有认识到高校本科专业设置是一个公共领域，权力来源多元化的情况下，很多研究成果并不能切实解决问题。

2．高校本科专业设置研究的主要成果及存在问题

（1）主要成果概述。

第一，分析了我国高校本科专业设置的体制障碍，提出了下放高校本科专业设置权力，赋予高校自主设置权力的观点。从高校本科专业设置的历程来看，我国高校专业设置和调整是以政府为主导，实行全国统一的专业目

---

① 夏子贵，罗洪铁．专业变革：跨世纪人才培养的宏伟工程［M］．成都：四川教育出版社，1997；张宝蓉．台湾高等学校专业设置与调整研究［D］．厦门：厦门大学，2007.

② 刘大为．对“十五”期间高校毕业生就业工作的回顾与思考［J］．中国高等教育，2006（3/4）．

录，专业目录外的新增专业实行主管部门审定，高校缺乏专业设置权，许多专业不能根据社会经济发展的要求及时做出调整。高校本科专业设置具有僵化性、盲目性、随意性和滞后性等特点。为从根本上改变这种状况，众多学者提出了改革高校专业设置体制，赋予高校自主设置专业权力的改革构想。阳荣威博士在系统分析我国专业设置与调控问题的基础上，认为“高等学校的专业是以培养各级各类专业人才为己任，并适应社会对不同层次人才在质量、数量上的具体要求”，并提出了“有政府调控的市场协调与高校自主模式”①。林蕙青博士也指出：“学科专业结构及其调整的关键是要适应社会发展的要求，而且这种适应不是被动的、消极的适应，而是积极的、主动的适应。”因此，“必须建立高等学校主动适应社会发展的观念和机制，变政府的直接行政干预为宏观调控，扩大高等学校在学科专业设置和调整方面的自主权”②。这些研究呼应了长期以来我国高校本科专业设置改革的政策方向，产生了一些积极的效果。其实，早在1999年实施的《高等教育法》就明确规定：“高等学校依法自主设置和调整学科、专业。”另外，教育部在2001年颁布的《关于做好普通高等学校本科学科专业结构调整工作的若干原则意见》中明确指出：“国家在建立和完善本科专业评估、提供招生就业信息服务和宏观调控制度的基础上，进一步扩大高等学校学科专业设置自主权。高等学校可根据《高等学校本科专业设置》规定，在《普通高等学校本科专业目录》外设置社会发展急需、已具备培养条件的本科专业。北京大学、清华大学等若干所国家重点建设高等学校，经教育部批准，可组织设置本科专业。”

第二，分析了高校本科专业设置的影响因素，提出了高校本科专业设置的一些基本原则。关于这个问题，王善迈先生曾指出，人才需求具有多样性、多变性……而人才的培养和供给具有相对稳定性……这表明人才需求与人才培养具有非对称性。这就要求高等教育一方面需要面向劳动力市场和社会需求；另一方面，又必须考虑教育的自身特点和条件。③ 通过王善迈先生的观点，不难得出，高校本科专业设置受两方面的制约，一是人才市场需求，二是高校自身状况。但在后期的研究中，我们忽视了高校自身情况对高校本科专业设置的影响，侧重于从社会人才需求的角度来分析高校本科专业设置。比如，张宝蓉博士指出：“高校毕业生就业难问题只是一种表象，其

① 阳荣威. 高校本科专业设置与调控研究［D］. 上海：华东师范大学，2006.

② 林蕙青. 高等学校学科专业结构调整研究［D］. 厦门：厦门大学，2006.

③ 王善迈. 劳动力市场与高等教育体制改革［J］. 上海高教研究，1997（2）：8－10.

背后隐藏着一个更为深层次的问题，即高等学校专业设置与调整是否和劳动力市场的变化需求相吻合。”① 这种研究取向得到重视与我国日益严峻的大学生就业状况有密切的关系。在把社会人才预测作为主要影响因素的研究中，劳动力市场与大学生就业的关系成为主要的研究对象。但是，高校自身培养能力对高校本科专业设置的影响被人为地忽视了。

第三，分析了高校本科专业设置与大学生就业关系，从专业设置角度提出了促进大学生就业的一些措施。本科专业设置是影响高校人才培养的关键因素，如何通过本科专业设置改革加强高校人才培养与劳动力市场和大学生就业的联系，是国内学者普遍关心的问题。国内学者从理论和实证两方面做了深入的研究。谢维和先生提出了两种关系模式：对口与适应。② 所谓对口，指的是高等学校的人才培养与劳动力市场中各种工作岗位之间直接的结合或对接机制；所谓适应，则是指高等学校人才培养与劳动力市场之间，相对而言一种更加宽泛和间接的结合或对接机制。王伟廉先生提出了高校本科专业设置“宽口径、窄方向”的思路。“宽口径”侧重的是专业转移的宽度和适应性，“窄方向”则面对市场的直接需要。③ 文东茅先生将1998年教育部国家教育发展研究中心“高校毕业生就业行为与意识研究”课题组的调查数据与2003年北京大学“高等教育规模扩展与劳动力市场”课题组调查数据进行了对比分析，发现与1998年相比，2003年本专科毕业生中认为自己存在教育不足现象的比例由15.2%上升到17.3%，上升了2.1个百分点，认为自己存在教育过度现象的比例由16.6%上升到19.5%，上升了2.9个百分点，而认为自己受教育程度符合工作要求的比例有所下降，降低了5.1个百分点。④ 这是一种有趣的变化趋势，认为自己教育不足与认为自己教育过度的比例都在上升，而认为自己受教育程度符合工作要求的比例却在下降，这种变化趋势表明高校在人才培养方面做了很多努力，开设了很多课程（教育过度），但是课程内容与职业的联系不够紧密（教育不足），于是认为自己受教育程度符合工作要求的比例在下降。这种趋势在一定程度上反映了高校本科专业设置与社会职业的脱节。赵婷婷等人通过网络调查，重点分析了不同

---

① 张宝蓉．台湾高等学校专业设置与调整研究［D］．厦门：厦门大学，2007.

② 谢维和．毕业生就业与高等教育发展：多学科的视野［J］．北京：北京大学教育评论，2004（4）：9－11.

③ 王伟廉，等．高等学校教学改革的理论研究［M］．昆明：云南教育出版社，1993.

④ 文东茅．我国高校扩招对毕业生就业影响的实证分析［J］．高等教育研究，2005（4）．

学科专业毕业生所学专业与所从事工作的相关性、所学专业知识技能在工作中的适用程度等问题。① 调查结果显示，超过半数的大学毕业生认为“所学专业与工作岗位相关”这一点重要或者非常重要，并且大部分毕业生（41.9%）所学专业与实际所从事工作相关程度高或很高。因为大部分用人单位都希望接收专业对口的学生，以便他们能够较快承担起实际工作。在所学专业知识技能的适用性问题上，大约3/4的毕业生认为，在所从事的工作中，他们比较少地用到本科所学习的专业知识、技能。调查数据表明：一方面，大学中的专业口径过窄，严重限制了学生的全面发展；另一方面，尽管是窄口径专业，但职业针对性较差，使得学生在本科期间学习的知识技能，在未来的工作中无用武之地。这确实对我们的学科专业设置提出了严峻的挑战。

（2）存在问题分析。

从现有研究文献来看，虽然我国高校本科专业设置研究取得了一些成就，但还是存在一些问题。

第一，对问题的研究不够深入。从高校本科专业设置管理体制来看，很多研究分析了政府主导的高校本科专业设置的缺陷，提出了赋予高校自主设置本科专业权力的改革思路。但对高校自主设置专业如何运作缺乏深入的研究，好像只要把专业设置的权力给予高校就能解决问题了。高校自主设置专业难道就是高校想设什么专业就设什么专业？高校自主设置专业后，政府就可以袖手旁观吗？在高校内部，自主设置专业的权力如何分配、如何实施？如何监督高校自主设置专业的合理性？这些问题都需要深入研究并做出回答。从高校本科专业设置与人才市场的适应研究来看，很多学者提出了高校人才培养应面向市场的观点，但是对于如何面向市场的问题并没有进行深入研究。

第二，研究有一定的局限性。从现有研究来看，高校本科专业设置研究的局限性很大，需要进一步扩大研究视野。比如，高校本科专业设置管理体制的研究，很多学者关注的是政府与高校的权力划分问题，很少有人关注社会用人单位以及学生在高校本科专业设置中需要发挥什么作用以及如何发挥作用的问题。另外，很多研究都是从高校或大学生的角度出发的，没有从社会用人单位的角度进行充分的研究。很多研究要么从高校学科专业调整的角度入手，提出一些理论性的原则；要么从大学生就业的调查入手，分析大学生就业的情况，研究视野还有待扩展。

---

① 赵婷婷，吴蕾蕾，樊文强．大学本科学科专业设置与就业的相关性分析——对本科毕业生的网上调查［J］．清华大学教育研究，2005（1）：97－103.

第三，研究方法有待改进。从目前研究来看，高校本科专业设置研究主要采取理论研究、调查研究以及案例研究等方式。而高校本科专业设置研究涉及众多的影响因素，需要综合运用各种研究方法，尤其是数理统计分析的方法。比如，高校本科专业设置的调整要基于未来人才需求预测，而人才需求预测的研究需要综合运用各种研究方法才能有效实施。

3．高校本科专业设置研究的展望

（1）高校专业设置主体关系需要深入研究。

高校本科专业设置过程中涉及众多的利益主体，如何处理各利益主体的关系是高校本科专业设置改革必须面对的问题。从现有研究来看，政府与高校、高校（人才培养）与市场（人才需求）之间的关系是研究的焦点问题。但是这些研究基本上是孤立地看政府与高校以及高校与市场的关系，没有系统整合地分析政府、高校与市场之间的关系。另外，学生作为高校本科专业设置的利益主体，他们的主体权益如何保障还没有得到足够的重视。也就是说，从利益主体关系的角度来看，高校本科专业设置有如下特征：①高校本科专业设置的过程涉及众多的主体利益，在高校本科专业设置的过程中不时有博弈现象出现，其中最明显的是政府与高校之间的博弈；②在高校本科专业设置的过程中一些主体的利益被忽视了，没有在高校本科专业设置中发挥应有的作用，比如学生在专业学习过程中的选择权、社会的参与权等。因此，高校本科专业设置研究需要认真分析政府、高校、社会以及学生之间的关系，为高校本科专业设置改革奠定利益相关者协调机制。目前高校本科专业设置迫切需要解决的问题就是参与高校本科专业设置的利益相关者有哪些，它们各自发挥了什么作用，有哪些重要的利益相关者被遗漏了，需要通过什么机制发挥他们在高校本科专业设置中的作用。在初步确定高校本科专业设置的利益相关者后，各利益相关者在高校本科专业设置中的地位、作用及职能是什么，如何协调各类利益相关者的关系等问题也有待深入研究。

（2）高校专业设置的依据需要深入研究。

目前，我国高校本科专业设置的依据还不是很清晰，导致高校本科专业设置标准的不明确，进而在专业设置的申报与审批过程中，缺乏申报规则与审批标准。从近几年教育部本科专业设置申报、审批的情况来看，高校申报专业通过审批的比例是非常高的，当然也有很少一部分申报专业没有获得审批。尽管教育部每年都会通报本科专业申报、审批的情况，但是对于一个专业通过审批和未通过审批的原因，基本没有明确的说明。这导致高校本科专业设置的申报、审批过程不是很严肃，高校投机行为越来越严重。具体表现就是不管有没有条件办这个专业都要去申报，追求专业设置的大而全。于是，不少高校开设了很多尚不具备培养条件的专业，导致大学生培养质量的下滑。比如在很多学校的学科专业结构调整中，教育管理系升格为公共管理学院，开办管理科学专业；地理学系升格为旅游学院，开办旅游管理专业等现象大量存在。在师资储备和办学条件还不具备的情况下，这些专业就匆匆开办，一些年轻教师成了万金油，什么课程都能开，教育学毕业的开设旅游管理学课程、管理学毕业的开设金融学课程，可想而知学生的培养质量。

要避免上述现象的出现，就要充分深入地研究高校本科专业设置的依据，提出高校本科专业设置的明确标准，然后严格按照既定的标准审批高校专业申报，对不符合标准就申报专业的高校进行必要的处罚。从目前研究来看，高校本科专业设置的依据主要有两种观点，其一是以社会人才需求为依据。这种观点认为高校本科专业设置应以社会人才需求预测为依据，也就是说社会有没有某一方面的人才需求是高校是否设置某一专业的依据。这种观点的主要问题是如果高校缺乏某一专业人才培养的能力，盲目地根据社会人才需求来设置专业，在不能保证人才培养质量的情况下，高校人才培养是无效的。道理其实很简单，如果我们仅仅把目光聚焦于高校人才培养的数量和结构，而不关注人才培养的质量对大学生就业的影响，就有可能忽视高校自身状况也是高校本科专业设置的重要影响因素。而实际上，大学生就业难很大一部分是高校人才培养的质量引起的。因为，在人才市场上，大量毕业生找不到工作与用人单位招聘不到合适的员工是同时并存的。其二是以高校人才培养能力为依据。这种观点认为高校能够开设一个专业的依据是是否具备师资队伍、办学条件、学科基础等条件。这种忽视人才市场需求，只是囿于高校内部的本科专业设置观点显然也不符合我国高等教育大规模发展的趋势。因此，在高校本科专业设置上必须继续深化研究，为高校本科专业设置研制具体的标准。

（3）高校专业设置与课程建设的关系有待研究。

在我国，专业作为人才培养的基本单位，都与课程体系有密切的关系。也可以这么说，专业人才培养的质量与专业课程建设是密切相关的。但在本科专业设置研究中，课程设置的问题从来没有得到应有的重视，问题诸多。

第一，课程建设落后。专业设置的精髓是一个专业到底开设哪些课程，课程要达到的目标和要求是什么，通过某一课程学生要达到的素质与能力要求是什么，等等。从目前的高校专业设置过程来看，很多高校把主要的心思放到了如何获得更多的专业上，而不是如何对已有专业进行调整和发展。于是，很多高校的专业因循守旧，年复一年，没有什么新的发展和变化。体现在课程建设上，主要表现为教材落后，课程体系不符合社会经济发展的新要求。另外，专业是高校人才培养的基本单位，专业课程是人才素质与能力的重要载体。无论专业的名字多么响亮，课程以及课程实施的质量是决定人才培养质量的关键因素。从目前来看，专业名称的重要性远远大于专业课程设置的重要性。这种本末倒置的做法使得高校人才培养的质量不容乐观。

第二，专业课程设置的随意性很大。很多学校还没有打破学科壁垒，不同的专业隶属于不同的院系。由于受教师的限制，很多专业课程设置不是根据人才培养的需要，而是根据系内教师的情况来开设。系内教师能开的课程就开，不能开的就不开，或以其他课程代替。

第三，专业课程实施的质量参差不齐。高校课程实施不像中小学有一个标准的课程大纲，有统一的评价考核。高校课程实施的特点是教考统一，教师讲什么，就考什么。也就是说教师拥有课程实施的自主权。这就意味着同一门课程，不同教师上课的差异就非常大，因为不同教师的旨趣、前期研究基础等都有很大差异。

第四，课程体系不合理。目前我国高校课程设置一般包括公共必修课、公共选修课、专业必修课、专业选修课等四个模块。公共必修课面向全体学生开设，主要包括英语、思政类课程；公共选修课也是面向所有学生开设，教师自愿开设，学生根据自己的兴趣选修课程；专业必修课主要包括专业基础课程、专业核心课程等，是掌握一个专业知识与能力的核心部分；专业选修课是围绕专业必修课开设的专业拓展课程。目前存在的主要问题有如下几个：①选修课的比例非常低，这与专业的归属有很大的关系；②课程内容重复现象比较严重。以公共事业管理（教育管理方向为例），管理哲学、管理学、教育管理学、教育行政学、学校管理学等课程都有部分内容重复，如果在课程实施的过程中不注意协调，内容重复将不可避免。

第五，不同层次的学校，其课程设置基本一致，没什么差异。我国高等教育发展已经出现了明显的分层趋势，但是不同层次、不同培养目标的高校在课程设置上竟然没有明显的差异。笔者按照高校的常设专业，分别找到了一般本科院校、“211 工程”院校、“985 工程”院校的课程设置，基本都是大同小异，没有根本的差别。

面对上述问题，高校本科专业设置研究必须转向如何提升专业设置的质量上来，其中课程设置是专业设置质量的关键点。在高等教育发展理念不断变化的今天，不同层次高校的课程设置方向，通识教育取向下的专业课程设置，应用性本科专业的课程设置，学生课程选择权，如何提高课程质量等等问题，都亟待研究和解决。

（三）国内高校本科专业设置利益主体关系研究概述

根据文献检索的情况，专门系统研究高校本科专业设置利益相关者关系的文献还不是很多，但在研究高校学科专业设置与调整问题时，相关主体的关系是不能回避的一个问题。因此，在高校专业设置范畴内，政府与高校关系的研究，高校与市场关系的研究，政府、高校与市场关系的研究都曾有人涉及过，但基本还是局限于政府、高校、市场三者之间进行分析。

（1）关于政府与高校关系的研究。20 世纪 80 年代以来，治理理论所倡导的“把公共事物的管理权限和责任，从传统的政府垄断中解放出来”的公共行政改革席卷全球。与之相适应，在高等教育领域，“为了改革高等教育体系，教育部和省级教育行政部门应当迅速转变角色，从对正规高等教育体系的高度管制转向确保整个体系的质量和公平性”，“将教育主管部门的角色由教育提供者转换为教育质量的保证者，给予高等教育机构更大的自主权”。① 但是，我国高校本科专业设置和调整基本是在政府主导下，以学科专业发展的逻辑为本进行的。很多人认为，这种“行政主导”的高校本科专业设置模式已经不适应我国高等教育发展的形式。主要体现在三个方面：①教育部编制的统一的专业目录既不能充分反映社会的需要，也不符合学科之间相互渗透的趋势，更不适应高校的具体情况。②社会职业的更新速度很快，每次费事耗力地编制出统一的专业目录后，很快就过时了，又得重新调整。③统一的专业目录导致各个学校之间的专业设置越来越一致，缺乏特色，最终造成我国高等教育所培养人才的单一与结构重复。在高校本科人才培养与人才市场的联系日益密切的情况下，下放高校本科专业设置权成为呼声最高的解决途径。②

关于这个问题，林蕙青在其博士论文《高等学校学科专业结构调整研究》中明确提出：要想真正解决高等学校学科专业结构调整这一领域存在的问题，必须建立高等学校主动适应社会发展的观念和机制，变政府的直接行政干预为宏观调控，扩大高等学校在学科专业设置和调整方面的自主权。只有这样，我国高等学校才能真正发挥办学的积极性，办出特色，办出水平。③

对于政府与高校关系的研究，一致的研究结论是：政府要逐步下放高校本科专业设置的权力，让高校能够自主设置专业。但是，我们必须清醒地认识到，在提出政府下放专业设置权力给高校的同时，一个问题就不可避免地出现了。那就是“下放权力”是不是就能解决高校本科专业设置的问题。高校在获得专业设置的权力后，如何去运作还需要进一步的研究。因为，高校

---

① 卡尔·J. 达尔曼，让－艾立克·奥波特，等. 中国与知识经济：把握 21 世纪［M］. 北京：北京大学出版社，2000：76－83.

② 刘楚佳. 我国高校本科专业设置改革探讨［J］. 广州城市职业学院学报，2007（8）：45－49.

③ 林蕙青. 高等学校学科专业结构调整研究［D］. 厦门：厦门大学，2006.

自主设置专业并不能解决高校本科专业设置中的全部问题。

（2）关于高校与（人才）市场关系的研究。郝克明、汪永铨是较早研究高校本科专业设置的学者，他们在其主编的《中国高等教育结构研究》①一书中，比较详细地调查了当时经济社会发展对不同专业岗位专门人才的数量需要、知识和能力结构需要的变化情况，为科学制定专门人才培养结构提供了事实依据，也为高等学校学科专业设置与调整提供了依据。夏子贵、罗洪铁是比较系统研究高校本科专业设置的两位学者，他们在《专业变革：跨世纪人才培养的宏伟工程》② 一书中明确指出：高等学校的专业设置受多种因素的影响和制约，其中最为根本的是经济与社会发展对人才提出的要求，高等教育要适应经济和社会发展的需要，就必须分析这些要求的时代特点，并以此不断调整学科专业的设置。林蕙青博士在其博士论文《高等学校学科专业结构调整研究》③ 中也指出：学科专业结构及其调整的关键是要适应社会发展的要求，而且这种适应不是被动的、消极的适应，而是积极的、主动的适应，既要发挥高等学校满足社会需要的功能，更要发挥它引领和促进社会发展的作用。张宝蓉博士则指出：高校毕业生就业难问题只是一种表象，其背后隐藏着一个更为深层次的问题，即高等学校专业设置与调整是否和劳动力市场的变化需求相吻合的问题。其博士论文以台湾地区高校本科专业设置调整为研究对象，得出了如下研究结论：劳动力市场的需求变化是台湾高等学校专业设置与调整的主要动力；高等学校专业设置与调整主要是受劳动力市场对高级劳动力的需求推动而形成；人力规划是台湾高等学校专业设置与调整的重要依据；高等学校根据毕业生在劳动力市场的就业情形和求学者的升学意向，适时调整专业及招生人数。相比较而言，台湾地区的私立高校、技职院校对劳动力市场的反应更为敏感。从管理体制上看，台湾地区高等学校专业设置管理模式是一种典型的“政府”主导下的“市场匹配”模式。④

汪晓村教授在其专著《论高校学科专业设置的理念与机制》⑤ 中指出：高校学科专业人才培养方面必须适应社会、经济发展的需要，服务于社会。一方面高校必须根据国民经济发展、社会发展的需要，合理地调整专业结

① 郝克明，汪永铨．中国高等教育结构研究［M］．北京：人民教育出版社，1988.

② 夏子贵，罗洪铁．专业变革：跨世纪人才培养的宏伟工程［M］．成都：四川教育出版社，1997.

③ 林蕙青．高等学校学科专业结构调整研究［D］．厦门：厦门大学，2006.

④ 张宝蓉．台湾高等学校专业设置与调整研究［D］．厦门：厦门大学，2007.

⑤ 汪晓村．论高校学科专业设置的理念与机制［M］．北京：科学出版社，2008.

构；另一方面是根据社会经济发展提出的不同层次专业人才的需求，合理培养不同层次的专业人才，从而使专业人才的结构、层次与社会经济发展需求相符合。为了达到上述目的，高校本科专业设置要主动适应社会经济发展的需要。

综合上述主要文献的观点不难看出，很多学者得出的研究结论是：高校要面向人才市场和社会人才需求设置专业，为社会经济发展提供人力资源储备。这个结论告诉我们，为保证高校有效设置专业和培养人才，保证满足社会人才的有效需求，促进高校毕业生有效就业，高校专业设置应充分考虑社会的人才需求，并以人才需求为依据。但是仅仅关注社会人才需求还不够。因为，高校专业设置还要考虑高校是否具备开设这个专业的条件。如果只按照人才需求的情况来设置专业，而不考虑高校的培养能力，就不能从根本上解决高校人才培养与社会人才需求脱节的问题。如近年来在我国高等教育大规模扩招背景下，大多数高校开设了很多尚不具备培养条件的专业，导致大学生培养质量下滑，这也是当前大学毕业生就业难的原因之一。

（3）关于政府与市场关系的研究。我国高等教育在政治、经济体制改革的推动下，早已卷入了市场化的浪潮。高等教育作为一种准公共产品，随着市场的介入，国家全面垄断的局面已经不存在了。可以说在高等教育领域，市场的作用正在逐步显现，高校本科专业设置中市场因素也在发挥越来越强大的作用。这就要求，我们必须打破政府对高校本科专业设置的完全垄断，将市场机制引入到高校本科专业设置，通过市场竞争推进高校本科专业设置与调整。陈晓宇博士曾明确提出，在市场经济条件下，高等教育和其他社会系统之间的供给和需求关系可以通过市场直接发生，而不再依靠政府作为中介。① 这就意味着，在人才市场初步建立的情况下，政府要转变执政思维，变直接干预为宏观调控，要充分发挥市场在高校本科专业设置中的资源配置作用，促使高校人才培养与社会人才需求相适应。

（4）关于政府、市场与高校关系的系统研究。阳荣威博士分析过政府、市场和高校在高校本科专业设置中的关系。他指出：在我国专业设置和调控的历史进程中，政府的力量、高校的力量、市场的力量，这三种调控力量，始终很难出现一个比较合理均衡的态势，有时甚至出现一种力量独大的局面，我们没有把一个长期的、可持续发展的专业设置与调控作为一个系统工程来设计我们高等学校专业改革的制度和政策。我们总是在一段时间里，让一种力量压倒其他力量，这样做的后果是一旦我们的专业设置出现了偏差，等我们要纠偏的时候才发现付出的代价已经很高。在分析了政府和市场在本

① 陈晓宇．中国高等教育成本补偿［D］．北京：北京大学，1998：46.

科专业设置中的优势和劣势，考察了学校本身的力量在专业设置与调控中的功能后，阳荣威提出了“有政府调控的市场协调与高校自主模式”，其内涵是：政府为实现社会与教育发展目标，主要采取间接的调控手段，为市场秩序和环境提供充分的保证，使宏观专业结构的协调在市场的引导与高等学校自主条件下实现。①

（5）对相关研究的评价。综合上述主要文献的观点不难看出，我国高校本科专业设置调整的努力方向就是如何使高校本科专业设置与社会人才需要衔接，这一点获得相关研究者的普遍支持。为了达到这一目标，研究者也提出了一些具体的策略，其中如何正确处理政府、高校与市场的关系，建立政府宏观调控、高校自主设置、市场自发调节的高校本科专业设置机制成为众多研究者关注的重要策略，得出了一些有价值的结论。但是也存在一些问题：

第一，忽视了反馈调节机制的建立。无论是政府教育行政部门还是高等院校掌控高校本科专业设置的权力，都会从理性经济人的角度出发来考虑问题，对政府教育行政部门来说，为了管理的便利，会倾向于对全国高校本科专业设置进行统一规划；对高校来说，在高校本科专业设置中，可能会做出“逐利性”的选择，具体体现就是哪些专业办学成本低就办哪些专业或者哪些专业热门就办哪些专业。所以，无论哪种主体关系模式，都是设立相应的反馈调节机制。

第二，主体考虑不全面。首先，学生作为接受高等教育的对象，在本科专业设置中没有参与的机会。如何通过机制的调整，在高校本科专业设置中反映学生的需求，是需要认真研究的问题。其次，社会力量对高校本科专业设置的影响越来越大。所以，高校本科专业设置应系统考虑社会主体的影响，其中社会主体包含市场主体、利益集团、社区、媒体等。最典型的社会力量就是各种中介组织。现在各种教育中介机构越来越多，对高校本科专业设置的影响越来越大，在高校本科专业设置中如何发挥各种教育中介机构的作用，也需要认真研究。

第三，把市场作为高校本科专业设置的主体不是很妥当。市场只是一种外部环境，市场机制要发挥作用还要靠市场主体的行为机制。因此，笼统地讨论市场作用如何发挥没有具体的意义，而是应该在分析高校本科专业设置市场特殊性的基础上，具体分析如何通过市场主体的行为有效发挥市场的作用。

---

① 阳荣威．高校本科专业设置与调控研究［D］．上海：华东师范大学，2006．

三、本书的主要观点

本书从利益相关者共同治理的视角对我国高校本科专业设置进行了研究。毋庸置疑，高校毕业生就业难引起了社会各阶层对高校专业设置的广泛关注。但是在分析高校本科专业设置存在的问题并给出解决方案的时候，研究已有两种误区。其一是在权力一元的逻辑思维下，指出我国高校本科专业设置存在的主要问题是权力集中在政府手中，所以应该把高校本科专业设置的权力从政府下放到高校，让高校面向市场自主设置专业。其实，在没有形成权力立体多元机制的情况下，单元的权力无论掌握在谁的手中，都有可能被滥用，进而引发一系列的问题。高校作为高等教育市场的竞争主体，在没有其他权力主体约束的情况下，同样会从自身利益最大化的角度来行使权力。其二是在高估市场作用的前提下，认为市场机制是解决高校本科专业设置问题的关键。其实，即使在市场经济非常发达的美国，都已经开始反思市场的作用，注重开发社会力量的作用。因此，本研究认为高校本科专业设置是一个关系众多利益主体的公共事务，任何一个利益主体独自掌控高校本科专业设置的权力，都不利于高校本科专业设置的良性发展。

基于以上原因，本书按照以下逻辑思路展开研究：第一步，通过理论研究、实证研究等方式找出高校本科专业设置的主要利益相关者（利益主体），主要包括政府、高校、社会力量和学生；第二步，从利益主体关系的角度分析我国高校本科专业设置的历史、现状及存在的问题；第三步，对部分发达国家高校本科专业设置的模式进行归纳，并分析利益主体在这些国家高校本科专业设置中的行为；第四步，分析我国高校本科专业设置中利益相关者的行为诉求；第五步，在前面研究的基础上，根据其他国家高校本科专业设置改革的经验以及我国高校本科专业设置的特殊性，提出高校本科专业设置利益相关者共同治理模式。

本书的主要观点如下：

（1）在权力一元的视角下，不可能找到解决高校本科专业设置问题的路径。高校本科专业设置的权力应该是多元的、相互制约的。如果固守权力一元的原则，无论权力掌握在谁的手中，都不利于高校本科专业设置的发展。很多人认为高校自主设置专业是解决问题的良方。而实际上，研究发现当前高校本科专业设置存在的最大问题是高校在本科专业设置方面有限的权力被滥用，缺乏其他利益主体的有效监督。从理论上来说，高校自主设置专业是尊重学校办学自主权的重要体现，但是，高校自主设置专业的前提是其他利益相关者也有表达自己权力的机会，从而形成有效的制衡机制。

（2）寄希望于通过市场机制解决高校本科专业设置的问题，在我国是行不通的。信息透明的完全竞争的市场环境是市场机制发挥作用的前提，但是我国高校本科专业设置的市场是不完全竞争的市场，原因主要有以下几点：①信息不对称，不透明。学生不可能获得足够的信息做出理性选择。②在高等教育还处于卖方市场的情况下，学生作为高等教育的消费者不可能通过消费选择促进不同高校本科专业设置的竞争。③高校本科专业设置中的市场有其特殊性，最明显的就是市场交换的产品——专业的质量判断具有间接性和模糊性。学生作为高等教育市场和人才市场的主体，是联系高校本科专业设置与社会人才需求的中介，学生对专业质量的判断必须要等到大学毕业后到人才市场去检验，并不能在交易过程中马上判断专业的质量。另外，专业质量的判断标准不可能是明确的，不仅高等教育的消费者——学生不能准确判断专业质量，恐怕高等教育服务的提供者——高校和教师也不能准确把握专业质量。在这种情况下，市场作用必然会大打折扣。

（3）高校本科专业设置与社会人才需求不对接的关键原因是高校内部专业组织机构不合理。在没有外部利益主体的制衡和市场竞争的压力下，高校专业设置内部管理机制没有改革的动力。从现实情况来看，一方面在传统管理体制的约束下，高校专业设置的组织管理形式没有实现有效的变革；而另一方面，面对高等教育的市场竞争，市场机制在高等教育发展中已经开始发挥越来越大的影响。于是，造成了我国高校本科专业中的众多矛盾。最明显的一个就是在市场条件下，高校本科专业设置必须具有一定的活力，以便及时响应社会人才需求的变化，但是传统的条块分割的专业设置机制已经严重束缚了高校本科专业设置的灵活性。另外，在市场经济条件下，社会人才需求的综合化趋势非常明显，但是在我国高校内部还是按学科设置院系，专业综合面临众多障碍。因此，建立利益相关者共同治理模式，通过多元权力制衡促进高校内部组织结构改革是加强高校人才培养与社会人才需求相联系的重要途径。

（4）国外高校学科专业设置改革的趋势是大致相同的。其共同的目标就是在加强政府宏观调控的同时推进高校自主、社会参与、学生选择。这四个方面必须是齐头并进的，单独强调哪一个目标都不利于高校学科专业设置的发展。高校自主的目的是激发高校之间的竞争，增加高等教育活力，促使高校发展特色，形成个性，满足多样化的高等教育需求；社会参与的目标是促进高校学科专业发展与社会的联系；学生选择的目的是通过市场选择激发高校竞争，充分发挥市场的作用，同时也是尊重学生学习自主权的重要体现。

在以上观点的支撑下，本书认为，高校本科专业设置的改善要依赖两个方面：一是多元立体权力结构的形成。高校本科专业设置改革必须从单一的权力下放给谁的改革思路中解脱出来，重新构想有哪些利益主体应该参与高校本科专业设置，他们在本科专业设置中应具有的权力是什么。二是不能过于迷信市场的力量，要发挥社会的作用。在政府和市场两元格局中，可能会出现权力与市场的合谋，各取其利，置社会公序良俗于不顾，政府不能维持正义与秩序，市场不能提供信用与美德的局面。高校本科专业设置出现问题的根源是我们忽视了社会的参与权和消费者的选择权，只关注了政府的管制权和高校的专业自主权，从而形成了权力的异化和对市场的过度迷信。其实只要社会有足够的参与空间和权力，消费者的权利得到保障，它们既会修正政府和高校的权力行为，也会修正市场。高校本科专业设置需要政府提供竞争秩序，需要市场增加竞争活力，但是政府和市场也不能吞没了社会和个人，毕竟高校本科专业设置最终的服务对象是社会和个人。综上所述，高校本科专业设置的制度化和规范化，需要理顺权力主体关系，使每一类权力主体都有准确的角色定位，然后实现利益相关者共同治理，保证高校本科专业设置的良性运作。

第二章　高校本科专业设置中的主要利益相关者

改进高校本科专业设置不是纯粹的技术问题，还需要研究参与高校本科专业设置的利益相关者的行为及他们之间的关系。而分析主体行为及关系的前提就是确定有哪些利益主体应该参与高校本科专业设置。

一、基本概念界定

（一）高校本科专业设置

高校专业是高校根据人类知识的学科分类和社会分工的行业和职业类别而设置的人才培养基本单元。从高校内部来看，“大学专业是课程的一种组织形式”[①]，当“专业与培养人的活动相联系时，往往成为一种培养人才的基本单位”[②]。在西方高等教育中，大学专业一词是指大小不同的专门“领域”，大体相当于《国际教育标准分类》中的课程计划和主修课程。[③] 高校专业设置可分为宏观和微观两个层面。从宏观层面来说，高校专业设置是国家控制高等教育规模、保持高等教育合理结构、控制高等教育专业质量的重要手段，主要是指国家对高校专业设置的宏观管理，具体包括根据全国高校专业布点情况以及对市场人才需求的宏观预测对专业设置进行宏观调控。比如，对一些增长速度过快、布点密度过大、人才培养过剩的专业进行适当的控制；对另一些与市场人才需求联系不大，而对于我国的基础研究、文化传承有重要影响的投入大、产出少的冷门、边缘专业进行扶持和保护等。从微观层面来说，高校专业设置是现代大学的立学之本、教学之范，关系着人才培养的规划和目标、学科组织与建设等一系列重要的问题，主要是指“学校在学科专业内容和制度方面的建设，包括学科专业名称、内涵、培养目标、

---

① 潘懋元，王伟廉．高等教育学［M］．福州：福建教育出版社，1995：128.

② 赵文华．论作为一种专业组织的高等教育系统［J］．高等教育研究，2000（3）.

③ 汪晓村，等．我国大学专业设置与调整的历史演变和现实思考［J］．高等教育研究，2006（11）.

培养计划、课程设置等"①。本书所指的高校本科专业设置是把本科专业设置作为一个系统整体来看，包括专业申报、审批、设置、实施、反馈调节等过程，既不同于一般意义上的宏观层面的高校本科专业设置，也不同于微观层面的高校本科专业设置。或者说本书中的高校本科专业设置是一个过程性的概念，是从利益相关者共同参与的过程来认识高校本科专业设置的。

（二）利益（相关者）主体及主体关系

利益相关者，是指能够影响一个组织目标的实现，或者受到一个组织实现其目标过程影响的所有个体和群体。② 从哲学上来看，主体是相对于客体而言的，具有主观能动性和社会历史性的个人或组织。主体是实践活动和认识活动的承担者；客体是主体实践活动和认识活动指向的对象。主体进行实践活动和认识活动的目的是把自己的目的、计划、愿望变为同主体相对立的客观实在即客体。在经济学上，主体是指对某种服务的生产和需求所能够产生的功能（或功用）有着自我预期的社会组织和个人。③ 本书所指的主体主要是从经济学的角度来认定的，即对高校本科专业设置有自我预期的社会组织和个人，具体包括政府、高校、社会用人单位、中介机构、学生等。当众多的主体对高校本科专业设置都有自我预期，并且各种期望不可能同时满足的时候，为了更好地平衡各类主体的利益关系，保证高校本科专业设置能够良性有序地发展，最大限度地满足各类主体的需求，实现共赢，各类主体之间的关系就需要妥善处理。因此，本书所指的主体关系是主体利益关系，是高校本科专业设置各利益主体为达到各自利益的最大化，通过建立一种有效的机制，调整自己的角色和职能，推动高校本科专业设置不断发展的动态关系。本书认为高校本科专业设置的核心利益相关者就是高校本科专业设置的利益主体，为了行文的方便，本书中利益相关者与利益主体的指向是一致的。

二、高校本科专业设置利益相关者的内涵

本书分析高校本科专业设置利益相关者是从当前我国高等教育发展的背景出发的。我国高等教育发展到现在已经初步具有了市场化的特征。在强调

---

① 赵婷婷，吴蕾蕾，樊文强．大学本科学科专业设置与就业的相关性分析——对本科毕业生的网上调查［J］．清华大学教育研究，2005（2）．

② Freeman R E. Strategic Management：A Stakeholder Approach. Boston MA：Pitman，1984.

③ 马永霞．冲突与整合：高等教育供求主体利益分析［M］．北京：高等教育出版社，2006：22.

自主、选择、竞争的市场理念下，高校本科专业设置利益相关者的内涵就被大大丰富了。具体来说，就是利益主体不再仅仅局限于对高校本科专业设置有管理支配权的政府和高校，而是与高校本科专业设置有利益关系的个人或组织。简单来说：高校本科专业设置利益相关者是指与高校本科专业设置有一定的利益关系，通过各种途径参与高校本科专业设置的组织与实施，并按照一定的标准对高校本科专业设置进行价值判断的个人或组织。这个定义包含两方面的含义。

（一）与高校本科专业设置有利益关系

高校本科专业设置作为高校人才培养的重要基础，涉及众多主体的利益。在高等教育走向市场化的今天，高等教育服务逐步走向了开放、多元。参与到高等教育过程中的个人和组织都有自己的利益需求，都希望最大限度地满足自己的利益，高校本科专业设置当然也不例外。高等教育机构具有人才培养、从事社会研究、进行社会服务等多方面的功能。因为高校本科专业设置与人才培养有密切的关系。所以，为了便于问题的讨论，本文在研究高校本科专业设置这个问题时，主要把高校看作人才培养的机构。我们知道，高等教育最基本的功能就是为社会培养大规模的、掌握系统知识与技能的高级人才。随着我国从计划经济向市场经济的转型，我国高校人才培养所涉及的利益主体的诉求逐步显现了出来，具体表现在高校本科专业设置中的各种利益主体关系的复杂化。

在计划经济条件下，政府首先制订国家的社会经济发展计划，然后根据社会经济发展计划来确定人才需求计划。政府计划部门据此制订高等教育事业发展计划和高等院校的招生计划。高等学校不是自主地而是必须根据政府有关部门的计划要求来确定自己的工作计划、课程设置计划和教学计划。经过计划培养过程，国家再制订高等院校毕业生分配计划。用人单位根据国家计划接受统一分配的学生。[①] 在这个过程中国家利益是基础性的，其他利益主体都要服从国家利益，在国家利益满足的过程中，其他主体利益也能够得到基本满足。比如，在国家包分配年代的大学生，学什么专业远没有那么重要，因为毕业后国家总会根据你的专业把你分配到需要你的地方去。因此，在计划经济时代，高校没有自主办学的权力，只要根据政府的人才需求计划设置相应的专业，完成人才培养的任务就可以了；学生也不能根据自己的爱好和特长选择自己喜欢的专业；社会用人单位也只能被动地接受政府分配来的大学生，不管是否符合自己的用人需求。在这种体制下，政府是一切利益

① 闵维方．高等教育运行机制研究［M］．北京：人民教育出版社，2002：2.

的集合与化身，集办学者和管理者于一身，其他利益主体的诉求都没有表达的机会。

随着我国改革开放政策的实施以及市场经济的建立，计划经济时代的高校人才培养格局已经发生了很大的变化，高校本科专业设置改革势在必行。市场经济最基本的特征就是按照市场规律进行人力、物力、财力等各方面资源的配置。因此，在市场经济条件下，高校人才培养的逻辑起点不再是政府的人才需求计划，而是反映社会经济发展客观需要的劳动力市场的需求与供给，特别是与高校人才培养密切相关的高级专门人才的需求状况与供给状况。与市场经济体制改革相适应，我国高校人才培养也逐步进入了市场化时代，最突出的特征有如下几个：①高等教育全面进入“收费”时代。②“双向选择”的就业机制。高校毕业生都要面向人才市场自主择业，社会用人单位根据自己的实际需求选择人才。③高校之间逐步有了竞争的关系。当大学生需要支付一定的成本来读书的时候，高等学校与大学生之间就是一种平等主体之间的交易关系，当读什么专业与其未来的就业和人生发展有密切的关系的时候，学生就应该成为高校本科专业设置的利益主体之一。同样，社会用人单位要想不断发展必须有充足优质的人力资源保障，当规定高校人才培养规格的本科专业设置直接决定了社会用人单位能够招聘到适合的人才时，社会用人单位也应该成为高校本科专业设置的利益主体之一。还有，在市场经济条件下，高校之间也逐步打破了无竞争的共存方式，高校作为高级人才培养的重要机构，也需要通过自主发展走上特色发展的道路。在本科专业设置方面，各高校也在不遗余力地发展优势专业和特色专业，以提高人才培养的水平，提高自身的社会声誉。在这种情况下，高校也是高校本科专业设置的利益主体之一。当然，在分析高校本科专业设置主体的时候，我们既要抛弃计划经济体制下的思维模式，也不能简单追求市场经济的“自由放任”。我们必须明确，市场经济条件下的高校本科专业设置也需要政府的调控，因此，政府也是高校本科专业设置的利益主体之一。当然，在市场经济条件下，政府不是唯一的主体并且政府发挥作用的方式也需要做出调整。

（二）对高校本科专业设置产生价值影响

根据哲学上主体的定义：主体是相对于客体而言的，具有主观能动性和社会历史性的个人或组织，主体是实践活动和认识活动的承担者。所以，分析高校本科专业设置的主体仅仅存在利益关系还不够，主体必须是能够通过各种途径对高校本科专业设置产生影响的个人或组织。从我国高校本科专业设置的机制来看，能够对高校本科专业设置产生影响的有政府、高校、学生、社会用人单位以及社会中介组织等。

首先，我国高校本科专业设置采取的是“高校申报、政府审批”的模式。在这个过程中，高校和政府显然对高校本科专业设置有重大的影响。

其次，在高校本科专业设置实施过程中，学生的选择权对以后高校本科专业设置的调整也有影响。填报志愿时，总是有些专业冷门，没有学生愿意读；有些专业热门，大家一窝蜂来读。其实学生对专业的选择既是人才市场供求关系的直观反映，也是相关专业办学质量的检验。在学生进入高校，就读一个专业之后，总有一些学生想调整专业，调整到他们认为就业前景更好的专业。

最后，社会力量也是影响高校本科专业设置的重要力量。①社会（用人单位）在人才选拔过程中的专业倾向也会影响高校本科专业设置。因为社会用人单位的选择直接决定不同专业学生的就业机会、待遇水平等，这些都是学生选择专业的强烈信号，会通过学生对专业的选择间接影响到高校本科专业设置。②我国越来越多的中介组织逐步成长了起来，对高校本科专业设置的影响也越来越大。尤其是各种研究大学排名的中介组织每年发布的大学排行榜以及专业排行榜对社会的影响越来越大。尽管很多人质疑各种大学排行榜的科学性和合理性，但是大学和专业排行榜对高校声誉以及学生高考填报志愿的影响却越来越大。[①] 有些机构，在进行大学排名之后，还直接向家长和考生推荐报考专业（见表 2 – 1）[②]。这种状况至少说明了一点，高校本科专业设置不能忽视社会中介组织的力量。③随着我国高等教育管理体制改革以及现代大学制度的建立，越来越多的社会人士将有参与高校管理的机会，他们也会对高校本科专业设置产生影响。可见，社会对高校本科专业设置的影响必将越来越大。

表 2 – 1　中国校友会网 2008 年中国大学排行榜 30 强推荐报考专业

名次	学校名称	所在省市	推荐高考考生报考专业
1	北京大学	北京	数学、物理、光学、文学、哲学
2	清华大学	北京	机械工程、水利、力学、核科学、精密仪器
3	复旦大学	上海	数学、物理、文学、新闻学、哲学

① 在民间比较有影响力的是武书连任组长的“中国大学评价”课题组每年发布的中国大学及各专业排行榜；在学术界比较有影响力的是上海交通大学高等教育研究院所做的世界大学学术排行榜。

② 中国校友会网大学评价课题组每年都会推出推荐报考专业［EB/OL］.［2009 – 11 – 23］. http://bbs.fuyang.com/thread-164082-1-1.html.

（续上表）

名次	学校名称	所在省市	推荐高考考生报考专业
4	浙江大学	浙江	数学、控制科学、动力工程、机械工程、物理
5	南京大学	江苏	物理、声学、气象学、地质学、文学
6	上海交通大学	上海	船舶工程、力学、金属材料、机械工程
7	武汉大学	湖北	测绘科学、水利工程、法学、哲学
8	吉林大学	吉林	化学、车辆工程、地质资源、法学
9	中国人民大学	北京	法学、新闻学、哲学、文学
10	四川大学	四川	材料科学、核技术与应用、数学、文学
11	华中科技大学	湖北	机械设计、光学、热能工程
12	中山大学	广东	数学、哲学、文学
13	南开大学	天津	数学、光学、化学
14	北京师范大学	北京	教育学、文学、地理学
15	中国科技大学	安徽	物理学、力学、核科学与技术
16	西安交通大学	陕西	机械工程、控制工程、核科学与技术
	中南大学	湖南	金属材料、交通运输、遗传医学
18	哈尔滨工业大学	黑龙江	金属材料、物理电子、航空宇航科学
19	山东大学	山东	数学、材料、文学
20	厦门大学	福建	化学、海洋科学、教育学
21	北京航空航天大学	北京	材料专业、航空宇航科学、电子信息
22	天津大学	天津	化学工程、光电子、水利工程
23	同济大学	上海	土木建筑、海洋专业
24	中国农业大学	北京	农业工程、农产品加工
25	华东师范大学	上海	教育学、数学
26	东南大学	江苏	建筑设计、交通运输
27	西北工业大学	陕西	材料专业、航空宇航科学、水声工程
28	大连理工大学	辽宁	化学工程、水利工程
29	东北大学	辽宁	材料冶金、机电工程
30	北京理工大学	北京	机电工程、光学、航空宇航科学

三、高校本科专业设置利益相关者的确定

通过高校本科专业设置主体内涵的分析，我们可以确定单纯地把高校本科专业设置看作是政府或高校的事情都不利于高校本科专业设置的良性发展。因为无论任何组织在独自做出决策的时候，都会从有利于自己的角度去考虑问题。既然高校本科专业设置涉及众多的利益相关者，那么高校本科专业设置就应该是利益相关者共同治理的过程。本书将以利益相关者理论为基础分析高校本科专业设置中的利益主体。

（一）利益相关者理论概述

1．利益相关者理论的产生与发展

利益相关者理论于20世纪60年代诞生于企业管理领域。该理论产生的一个重要背景是传统企业管理理论过分强调股东利益，而忽视了其他影响组织发展的利益主体。与传统的股东至上的企业理论主要区别在于，利益相关者理论认为任何一个公司的发展都离不开各种利益相关者的投入或参与，比如股东、债权人、雇员、消费者、供应商等。企业不仅要为股东利益服务，同时也要保护其他利益相关者的利益。[①] 从产生到现在，利益相关者理论经历了三个发展阶段：

第一阶段，狭义的利益相关者概念。1963年，美国上演了一部名叫“股东”（shareholder）的戏，斯坦福研究院学者深受启发，利用了另一个与之相对的词“利益相关者”（stakeholder）来表示与企业有密切关系的人。[②] 一般认为，是斯坦福研究院的学者第一次对利益相关者下了定义。他们从狭义的角度对利益相关者下的定义是：存在这样一些利益群体，如果没有他们的支持，企业就无法生存。该定义对利益相关者界定的唯一依据，是某一群体对于企业的生存是否有重要影响。这个定义在今天看来，是不全面的，它只考虑到利益相关者对企业单方面的影响，并且利益相关者的范围仅限于影响企业生存的一小部分。虽然这种界定方法是从非常狭义的角度来看待利益相关者的，但是它毕竟使人们认识到，企业存在的目的并非仅为股东服务，在企业的周围还存在许多关乎企业生存的利益群体。

第二阶段，广义的利益相关者概念。进入20世纪80年代，美国经济学家弗里曼在进行了详细的研究后给利益相关者下的定义是：能够影响一个组

---

① 谢霓泓．利益相关者研究的回顾与思考［J］．会计之友，2009（4）．

② 洪彩真．利益相关者理论及其在高等教育中的应用之展望［J］．广东工业大学学报：社会科学版，2008（1）．

织目标的实现或者能够被组织实现目标过程影响的个人或群体。① 这个定义提出了一个普遍的利益相关者概念，不仅将影响企业目标的个人和群体视为利益相关者，同时还将企业目标实现过程中受影响的个人和群体也看作利益相关者，大大扩展了利益相关者的内涵。按此逻辑，随着现代经济的发展，企业生产经营活动可能影响每一个人、每一个团体、每一个地区，包括竞争者、恐怖主义者，甚至植被和无名的海洋生物等每一个生物都将是企业的利益相关者。② 但这个概念因为涉及的利益相关者太多，研究的局限性很大，不可能产生令人信服的结论。

第三阶段，具体化的利益相关者概念。进入 20 世纪 90 年代，人们发现无论是狭义的利益相关者概念还是广义的利益相关者概念，都面临利益相关者标准不明确，很难清晰界定利益相关者的问题。为了便于分析利益相关者，克拉克森认为“利益相关者是在企业中投入了一些实物资本、人力资本、财务资本或一些有价值的东西，并由此而承担了某些形式的风险；或者说，他们因企业活动而承受风险”③。这种观点与古老的利益相关者概念类似，根据《牛津词典》的记载，早在 1708 年，利益相关者一词便作为词条被收录其中，表示人们在某一活动或某企业中“下注”（have a stake），在企业运营过程中抽头或赔本。④

按利益相关者概念的发展阶段，可以得出，人们对利益相关者的认识经历了一个从相对狭窄到不断宽泛，再到具体化的过程。如果忽视利益相关者概念的时间发展阶段，我们可以把利益相关者的概念按照利益相关者的界定范围分成三个类别：第一类是最宽泛的定义，即凡是能影响企业活动或被企业活动所影响的人或团体都是利益相关者。股东、债权人、雇员、供应商、消费者、政府部门、相关的社会组织和社会团体、周边的社会成员等，全部纳入此范围。第二类定义稍窄些，即凡是与企业有直接关系的人或团体才是利益相关者。该定义排除了政府部门、社会组织及社会团体、社会成员等。第三类定义最窄，即只有在企业中下了“赌注”的人或团体才是利益相关者。这一定义直接与主流经济学中的“资产专用性”概念相沟通，用主流经

① Freeman R E. Strategic Management: A Stakeholder Approach [M]. Boston MA: Pitman, 1984: 231.

② Steerberg, Elaine. The Defects of Stakeholder Theory [J]. Scholarly Research and Theory Papers, 1997, 5 (1): 3-10.

③ 付俊文，赵红. 利益相关者理论综述 [J]. 首都经济贸易大学学报，2006 (2).

④ Clarke T. The Stakeholder Corporation: A Business Philosophy for the Information Age [J]. Long Range Planning, 1998, 31 (2): 182-194.

济学的语言重新表述，就是只有在企业中投入了专用性资产的人或团体才是利益相关者。[①]

2. 利益相关者的确定方式

利益相关者理论要解决的关键问题是“利益相关者”的界定，如果没有明确的概念界定，该理论就很难有明确的研究范围和研究对象，理论的可操作性就不是很强。而如果简单地将所有的利益相关者看成一个整体来进行研究，也无法得出令人信服的结论。常用的利益相关者确定方法主要有两种：多维细分法和米切尔评分法。当然，中国的一些学者也尝试用多维细分法和米切尔评分法相结合的方式来确定利益相关者。

（1）多维细分法。这种方法是很多学者采用的方法。其中有代表性的观点主要有如下一些：弗里曼（Freeman，1984）认为，利益相关者由于所拥有的资源不同，对企业产生不同影响。他从三个方面对利益相关者进行了细分：持有公司股票的一类人，如董事会成员、经理人员等，称为所有权利益相关者；与公司有经济往来的相关群体，如员工、债权人、内部服务机构、雇员、消费者、供应商、竞争者、地方社区、管理结构等称为经济依赖性利益相关者；与公司在社会利益上有关系的利益相关者，如政府机关、媒体以及特殊群体，称为社会利益相关者。[②] 弗雷德里克（Frederick，1988）从利益相关者对企业产生影响的方式来划分，将其分为直接的和间接的利益相关者。直接的利益相关者就是直接与企业发生市场交易关系的利益相关者，主要包括：股东、企业员工、债权人、供应商、零售商、消费商、竞争者等；间接的利益相关者是与企业发生非市场关系的利益相关者，如中央政府、地方政府、外国政府、社会活动团体、媒体、一般公众等。[③] Charkham（1992）按照相关群体是否与企业存在合同关系，将利益相关者分为：契约型利益相关者和公众型利益相关者两种。其中契约型利益相关者主要包括股东、雇员、顾客、分销商、供应商、贷款人等；公众型利益相关者主要包括消费者、监管者、政府部门、压力集团、媒体、当地社区等。[④] 克拉克森（Clarkson，1995）从相关群体承担风险的方式把利益相关者分为主动的利益相关者和被动的利益相关者；从相关群体与组织利害关系的程度把利益相关

① 杨瑞龙. 企业的利益相关者理论以及应用［M］. 北京：经济科学出版社，2001：112.

② Freeman R E. Strategic Management：A Stakeholder Approach［M］. Boston MA：Pitman，1984：231.

③ 付俊文，赵红. 利益相关者理论综述［J］. 首都经济贸易大学学报，2006（2）.

④ Charkham J. Corporate Governance：Lessons from Abroad［J］. European Business Journal，1992，4（2）：8－16.

者分为首要的利益相关者和次要的利益相关者。从而把利益相关者分成了四类：①首要的主动利益相关者，主要包括股东、投资者、雇员、顾客、供应商等；②首要的被动利益相关者；③次要的主动利益相关者；④次要的被动利益相关者。[①] Wheeler（1998）从相关群体是否具备社会性以及与企业的关系是否直接由真实的人来建立两个角度，比较全面地将利益相关者分为四类：①主要的社会性利益相关者，他们具备社会性和直接参与性两个特征；②次要的社会利益相关者，他们通过社会性的活动与企业形成间接关系，如政府、社会团体、竞争对手等；③主要的非社会利益相关者，他们对企业有直接的影响，但却不作用于具体的人，如自然环境等；④次要的非社会利益相关者，他们不与企业有直接的联系，也不作用于具体的人，如环境保护组织、爱护动物组织等等。[②] 多维细分法的主要观点如表 2－2 所示。

表 2－2　多维细分法对利益相关者的确定

学者	确定标准	利益相关者类别	利益相关者范围
Freeman	拥有的资源及对组织产生的影响	所有权利益相关者	持有公司股票的一类人，如董事会成员、经理人员等
		经济依赖性利益相关者	员工、债权人、内部服务机构、雇员、消费者、供应商、竞争者、地方社区、管理结构等
		社会利益相关者	政府机关、媒体以及特殊群体
Frederick	产生影响的方式	直接的利益相关者	股东、企业员工、债权人、供应商、零售商、消费商、竞争者等
		间接的利益相关者	中央政府、地方政府、外国政府、社会活动团体、媒体、一般公众等

① Clarkson M. A Stakeholder Framework for Analyzing and Evaluating Corporate Social Performance [J]. The Academy of Management Review, 1995, 20 (1): 92－117.

② Wheeler D, Sillanpaa M. Including the Stakeholders the Business Case [J]. Long Range Planning, 1998, 31 (2): 201－210.

（续上表）

学者	确定标准	利益相关者类别	利益相关者范围
Charkham	是否有合同关系	契约型利益相关者	股东、雇员、顾客、分销商、供应商、贷款人等
		公众型利益相关者	消费者、监管者、政府部门、压力集团、媒体、当地社区等
Clarkson	承担风险的方式	主动的利益相关者	股东、投资者、雇员、顾客、供应商等
		被动的利益相关者	社区、政府、媒体等
	与组织利害关系	首要的利益相关者	股东、投资者、雇员、顾客、供应商等
		次要的利益相关者	环境主义者、媒体、学者和众多的特定利益集团
Wheeler	社会性（是否通过社会活动参与）、关系属性（是否直接参与）	主要的社会性利益相关者	股东、投资者、雇员、顾客等
		次要的社会利益相关者	政府、社会团体、竞争对手等
		主要的非社会利益相关者	自然环境等
		次要的非社会利益相关者	环境保护组织、爱护动物组织

（2）米切尔评分法。美国学者米切尔认为，有两个问题是“利益相关者”理论研究的核心：一是利益相关者的认定（stakeholder identification），二是利益相关者的特征（stakeholder salience）①。其中，明确了利益相关者的特征就能够进行利益相关者的认定，所以，米切尔深入研究了利益相关者的

① 刘佳．利益相关者：现代大学服务功能的延伸［J］．继续教育研究，2009（11）：107.

特征，并据此形成了利益相关者认定的“米切尔评分法”。[①] 米切尔独辟蹊径，提出了企业利益相关者必须具有的三个特征：合法性（legitimacy）、权力性（power）和紧迫性（urgency），认为利益相关者必须具备三个属性中的至少一种。从这三个方面对利益相关者进行评分，根据分值来将企业的利益相关者分为三种类型：①确定型利益相关者，同时拥有合法性、权力性和紧迫性。它是企业首要关注和密切联系的对象，包括股东、雇员和顾客。②预期型利益相关者，由三种属性中任意两种组成。同时拥有合法性和权力性，如投资者、雇员和政府部门等；有合法性和紧急性的群体，如媒体、社会组织等；有紧急性和权力性的，却没有合法性的群体，比如，一些政治和宗教的极端主义者、激进的社会分子，他们往往会通过一些比较暴力的手段来达到目的。③潜在型利益相关者，他们只具备三种属性中的其中一种。[②] 其中确定型利益相关者就是企业的核心利益相关者，也可称为首要利益相关者；预期型利益相关者与企业保持联系，但对企业生存发展的影响没有确定型利益相关者大，属于次要利益相关者；潜在利益相关者也称为蛰伏型利益相关者，对组织发展的影响不是很大，属于边缘型利益相关者。如图 2－1 所示。

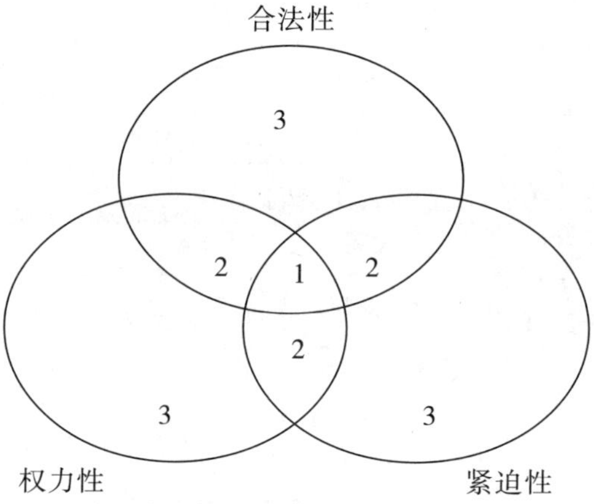

图 2－1　米切尔评分法

备注：图中区域 1 代表确定型利益相关者；区域 2 代表预期型利益相关者；区域 3 代表潜在型利益相关者。

① Mitchell R, Bradley A, Wood D. Toward a Theory of Stakeholder Identification and Salience: Defining the Principle of Whom and What Really Counts [J]. The Academy of Management Review, 1997, 22 (4): 853－886.

② 孙晓. 利益相关者理论综述 [J]. 经济研究导刊, 2009 (2): 11.

米切尔评分法提供了一种判断和确定企业利益相关者的操作性定义，是利益相关者理论的一大进步。米切尔评分法的提出大大改善了利益相关者界定的可操作性，以评分的高低量化了对利益相关者细致入微的划分结果，实现了对利益相关者界定研究的突破，极大地推动了利益相关者理论的推广应用，并逐步成为利益相关者界定和分类的最常用的方法。①

（3）多维细分法与米切尔评分法相结合的方式。我国学者在借鉴国外多维细分法和米切尔评分法的基础上，提出了很多有价值的观点。李心合从利益相关者的合作性与威胁性两个方面入手，将利益相关者分为支持型利益相关者、混合型利益相关者、不支持型利益相关者以及边缘的利益相关者。支持型的利益相关者，合作性强，威胁性低，主要包括股东、债权人、经营者、顾客、供应商和提供服务者等；边缘型的利益相关者，对企业的威胁与合作这两方面的可能性都较低，包括雇员的职业联合会、消费者利益保护组织以及那些未经组织起来的股东等；不支持型利益相关者对企业的潜在性威胁较高而合作的可能性较低，比如存在竞争关系的相关企业、工会及新闻媒体等；混合型利益相关者对企业的潜在性威胁和潜在性合作的可能性都较高，包括紧缺的雇员、顾客等。② 陈宏辉则从利益相关者的主动性、重要性和紧急性三个方面界定出十种利益相关者，以评分的方法将国内企业的利益相关者分为核心利益相关者、蛰伏利益相关者、边缘利益相关者。核心利益相关者是企业不可或缺的群体，与企业有紧密的利害关系，甚至可以直接左右企业的生存和发展，包括股东、管理人员和员工；蛰伏利益相关者往往已经与企业形成了较为密切的关系，所付出的专用性投资实际上使得他们承担着企业一定的经营风险，在企业正常经营状态下，他们也许只是表现为一种企业的显性契约人而已，然而一旦其利益要求没有得到很好的满足或是受到损害时，他们可能就会从蛰伏状态跃升为活跃状态，其反应可能会非常强烈，从而直接影响企业的生存和发展，包括供应商、消费者、债权人、分销商和政府；边缘利益相关者往往被动地受到企业的影响，在企业看来他们的重要性程度很低，其实现利益要求的紧迫性也不强，主要指特殊利益集团和社区。③

① 谢霓泓．利益相关者研究的回顾与思考［J］．会计之友，2009（4）．

② 李心合．面向可持续发展的利益相关者管理［J］．当代财经，2001（1）：66－70．

③ 陈宏辉．企业的利益相关者理论与实证研究［D］．杭州：浙江大学，2003：76－90．

（二）高校本科专业设置利益相关者的确定

1. 利益相关者理论用于高校本科专业设置利益主体确定的适用性分析

随着利益相关者理论的丰富和完善，近些年来，利益相关者理论在公共和非营利性组织中也逐步流行起来。通过利益相关者理论分析高等教育发展以及高校管理的著述也越来越多。一般认为，“高等院校同时肩负多种使命，履行多种职能，与国家的强盛、科技创新、经济发展、社会进步、个体成长等具有非常重要的利害关系，因此，高等院校是典型的利益相关者组织，充斥着复杂的利益关系和利益冲突”[①]。从利益相关者的视角看，大学承担更为广泛的责任是理所应当和义不容辞的。因为，现代大学不是教师自己的组织，不是“董事会能够随意摆布的私人机构”，也不是政府的附庸机构和工具，而是众多利益相关者共同拥有的社会机构。学生、家长、社区、产业界同教师和出资者一样也是大学的利益相关者。大学应当也必须为所有的利益相关者负责。[②]“高等学校职能的正确表达应为培养人才、发展科学和为社会服务”[③]，在全球网络化时代，大学必须承担起引领社会发展的神圣使命，扮演好科学知识创新者、创新人才培养者、新知识成果转化者和社会价值维护者的角色。[④] 可见，高校有科学研究、人才培养和社会服务三种基本职能。在这三项基本职能中，人才培养与高校本科专业设置有密切的关系。如果说高等学校因为其所具有的职能与众多的利益相关者密切相关，那么高校本科专业设置作为高校人才培养职能的重要基础也是与众多利益相关者密切相关的。这就意味着高校本科专业设置中的主体可以用利益相关者理论来分析。

与传统企业管理相比，利益相关者理论最大的不同就在于，该理论认为企业剩余权的拥有者和控制者不应该仅仅局限于股东，而应该分布在广大的利益相关者之中。高校作为非营利性组织，其剩余利润的分配本身就具有利益相关者组织的基本特征。所谓非营利性是指利润不能在组织成员中分配，也就是指没有人能够获得组织的剩余利润。既然大学不为所有人控制，那么，就只能由利益相关者共同控制。因此，从这一意义上讲，大学是利益相

---

① 张旺．试论高等院校战略管理中的利益相关者管理［J］．复旦教育论坛，2008（3）：47.

② 王连森．利益相关者与大学的责任、制度、资源［J］．宁波大学学报：教育科学版，2006（6）：103.

③ 邬大光，等．也谈高等教育的功能和高等学校的职能［J］．高等教育研究，1995：（3）.

④ 黄达人，黄崴．引领社会发展：全球网络化时代大学的使命［J］．高教探索，2007（1）.

关者的组织。[①] 具体来说，高校作为非营利组织，具有非营利组织的特性，即从事社会公益事业，而且没有明确界定的所有者权益及其出售转让或赎回，以及凭借所有权在组织清算解散时分享一定份额的剩余资财，换句话说，就是在非营利组织中无论是非人力资本拥有者还是人力资本拥有者都没有完全的绝对的剩余索取权和剩余控制权，而是对称分布于其中，非营利组织应该由各利益相关者共同管理，在运作时必须考虑和满足他们的利益要求。[②] 高校本科专业设置作为高校履行社会公益职能的重要基础，其运作过程也具有这个特征：跟参与其中的任何一方都有关系，但是无论哪一方都不能独自决定或享有其带来的利益。具体来说，一方面，高校本科专业设置必须要综合考虑各参与方的利益需求，并且这种需求是相关制约的。政府在考虑社会人才需求鼓励高校创办某些专业时，必须要考虑高校是否具备相应的人才培养能力；高校在设置一个新的专业时，必须考虑是否有学生愿意读这个专业；学生在选择专业时，也会考虑自己在毕业时是否能够顺利就业；社会用人单位在选拔人才时，也会考虑相关专业的毕业生是否有素质和能力开展相应的工作。由此不难看出，围绕高校本科专业设置形成了一个利益环，环环相扣。任何一方独自行使高校本科专业设置权，都不可能使高校本科专业设置良性运作，因此，高校本科专业设置需要在理顺各主体利益关系的基础上实施共同治理。另一方面，高校本科专业设置所产生的利益是共享的，不可能一方独占。高等教育作为一种准公共事业，是具有社会收益和个人收益的。也就是说，一个人选择一个专业完成自己的本科学业，首先能够带来综合素质的提升、职业竞争力的增强、收入增加、生活条件改善等个人收益；其次，个人素质的提升有助于整个社会环境的改善；最后，毕业大学生在参与社会生产的过程中也能够为社会经济发展贡献更大的力量，加快社会经济的发展，这是政府投资高等教育所获得的社会收益。社会用人单位也能从高校本科专业设置中获得相应的利益。其中最明显的是，一个社会组织的发展需要相应的人力资源支撑，而高校是人力资源的主要培育机构。所以，高校本科专业设置是一个利益共享的过程，需要各利益相关主体共同治理。

2. 高校本科专业设置利益相关者的确定方法

本书为了明确高校本科专业设置的利益主体，以更清晰地分析它们的关系，采用的是具体的利益相关者定义，认为“利益相关者是指那些在企业中进行了一定的专用性投资，并承担了一定风险的个体和群体，其活动能够影

① 胡赤弟. 高等教育中的利益相关者分析［J］. 教育研究，2005（3）：38.

② 周光. 浅析我国公立高校的利益相关者［J］. 金卡工程·经济与法，2009（12）：106.

响该企业目标的实现，或者受到该企业实现其目标过程的影响”①。相应地，高校本科专业设置的主体就是指那些在高校本科专业设置中进行了一定的专用性投资，并承担了一定风险的个体和群体，其活动能够影响高校本科专业设置目标的实现或者受到高校本科专业设置的影响。为了明确地界定高校本科专业设置的主体，本研究吸收利益相关者理论确定利益主体的各种方法，把高校本科专业设置的核心利益相关者（主体）找出来。

（1）理论分析法。

为了更清楚地界定高校本科专业设置的主体，本研究采取多维细分法和米切尔评分法相结合的理论法来确定高校本科专业设置的利益相关者。通过多维细分法把高校本科专业设置的利益相关者找出来，然后通过米切尔评分法把高校本科专业设置的核心利益相关者确定下来，并把核心利益相关者作为高校本科专业设置主体。

多维细分法主要是从不同的维度分析利益相关者的一种方法。比如，Freeman 是从相关主体是否拥有资源及对组织产生的影响来分析利益相关者；Frederick 是从相关主体对组织产生影响的方式来分析利益相关者，把利益相关者分为直接利益相关者和间接利益相关者。Charkham 是从相关主体与组织是否有合同关系来分析利益相关者；Clarkson 则从相关主体承担风险的方式把利益相关者分为主动承担风险的利益相关者和被动承担风险的利益相关者，从相关主体与组织有没有利害关系把利益相关者分为首要的利益相关者和次要的利益相关者。Wheeler 则从相关主体是否参与组织活动把利益相关者分为主要的社会性利益相关者、次要的社会利益相关者、主要的非社会利益相关者、次要的非社会利益相关者四类。研究上述利益相关者分析的纬度，可以发现有三个纬度是非常重要的：①是否有投入并承担相应的风险；②是否参与其中；③是否产生实质影响。下面围绕这三个纬度来分析高校本科专业设置的利益相关者。

第一，是否有投入并承担相应的风险。高校本科专业设置是高校人才培养的基础。从一定意义上来说，高校本科专业设置的投入是国家高等教育投入的重要构成部分。当前我国公办高等教育投入主要来源于三个渠道：一是政府的高等教育财政投入；二是实行成本分担制度以后，学生入学缴纳的学费；三是高校事业收入；四是社会捐资助学部分。从我国公立高校的投入来源结构看，政府财政拨款仍然是我国高等教育投入的主要来源，尽管近些年来，政府投入的比例有下降的趋势；学生入学缴纳学费的数量在逐年递增，

① 陈宏辉，贾生华. 利益相关者理论与企业伦理管理的新发展［J］. 社会科学，2002（6）.

已经成为政府财政拨款之外的重要补充；高校通过资本运营所获得的社会收入也在逐年增加；社会捐资助学的比例也在稳步提高。一般来说，投入必然伴随着风险，投入的多少与风险的大小是成正比的。政府投入高等教育的目的是提高国家的整体竞争力，在文化、人力资源素质、经济发展、创造能力等方面获得更高的支撑点。学生付出学费、接受高等教育的目的是提升自己的综合素质，获得职场竞争力，为改变自己的命运积累能量。高校加强高校本科专业设置投入的目的是提升高校的办学质量，在日益激烈的高等教育竞争中保持自己的优势，获得持续发展的能力。社会投入高等教育的目的是通过高校培养适合自己的人才，为组织的发展储备充足的人力资源。当然，投入了并不一定就能达到目的，政府、学生、高校和社会在投入的同时，也面临着不能达到目的的风险。比如，政府在付出大量的财政投入后，有高等教育质量不能被社会认同的风险；学生付出一定的学费毕业后，有不能顺利就业的风险；社会在投入高等教育后，也可能招聘不到合适的人才。所以，从组织建立发展的过程是否有投入并承担相应的风险的纬度看，高校本科专业设置的利益相关者主要有政府、学生、高校和社会。当然上述只是从经济投入的角度来分析，如果从时间、智力投入等角度来分析，教师、高校行政管理人员等也是高校本科专业设置的利益相关者。从更广泛的投入来讲，政府投入与每一个纳税人都密切相关，高校本科专业设置还有更多的社会利益相关者，包括社区、媒体、一般公众等。

第二，是否参与其中。我国高校本科专业设置的完整流程是：高校申报、政府审批、学生就读、社会用人。高校申报是指高校在规定的时间内根据自身发展的情况拟订并提交本科专业设置与调整申请；政府审批是指政府教育行政部门（教育部）在汇总各地本科专业设置与调整的申请报告后，通过高校本科专业设置评议委员会讨论并最终确定哪些专业能够招生，哪些专业不能招生；如果专业通过了审批，就获得了招生资格，学生就可以选择这个专业来就读；学生学成毕业后，进入人才市场，社会用人单位可根据自己的用人要求选聘大学毕业生。上述是高校本科专业设置的完整流程。但是，目前很多学者在研究和分析高校本科专业设置问题时，仅仅停留在高校申报与政府审批阶段，忽视了学生就读和社会用人阶段。造成的结果就是在高校本科专业设置过程中，政府和高校是主动参与其中的，其中政府还占据着主导的位置，而学生和社会是被动参与其中的，也就是说高校本科专业设置对学生和社会来说是非常重要的事情，但是学生和社会却没有相应的知情权、选择权和参与权，这是我们必须正视并解决的问题。从完整的高校本科专业设置流程来看，政府、高校、学生以及社会都应该参与其中。上述是从高校本科专业设置的封闭流程来分析的，如果从更宽广的视角来分析，高校本科专业设置的利益相关者就更多了。比如在高校申报专业的过程中，教师和行政管理人员是直接参与其中的。高校本科专业设置也会受社会舆论、相关研究成果的影响，那么媒体、社会组织、一些特定政府机关（比如人事、劳动社会保障机构）也是间接参与高校本科专业设置的。

第三，是否有实质影响。高校本科专业设置影响哪些人和组织也是确定利益相关者的重要纬度。在我国，高校本科毕业生是社会发展所需要的高级专门人才的主要来源，专业设置情况直接决定了高校培养人才的数量、质量以及结构，对国家社会经济发展有重大的影响，从这个意义上来说，政府受到高校本科专业设置的影响。高校的学科专业结构是高校发展的基础，也是一所高校形成特色、树立品牌的关键，因此，高校本科专业设置对高校的生存发展有重大的影响。在我国，大学毕业生在就业的过程中，所学专业的影响是非常大的。一些学者的研究能够说明这一点。比如，赵婷婷等人的研究发现，大部分毕业生（41.9%）所学专业与实际所从事工作相关程度高和很高。大部分用人单位都希望接受专业对口的学生。[①] 这充分说明专业对学生就业的影响还是比较大的。高校本科专业设置对社会用人单位也有重大的影响。组织发展的基本保障是人力资源，而高校是社会人力资源供给的主要机构。高校本科专业设置直接认定着人才培养的规格和质量，间接影响到社会用人单位能否招聘到合适的人才。综上所述，如果从是否有影响的角度来分析，高校本科专业设置的利益相关者主要包括政府、高校、学生和社会。如果高校本科专业设置存在一定的问题，进而也会影响媒体以及一些利益集团的反应。比如最近几年，随着 1999 年高校扩招后的毕业生进入人才市场，高校毕业生就业难的问题就引发了广泛的社会讨论。

表 2-3　高校本科专业设置的利益相关者（多维度细分法）

确定标准	利益相关者类别	利益相关者范围
是否有投入并承担相应的风险	经济投入型利益相关者	政府、高校、学生、社会用人单位
	时间、智力等其他投入型利益相关者	教师、高校行政管理人员等
	社会利益相关者	社区、媒体、一般公众等

① 赵婷婷，吴蕾蕾，樊文强．大学本科学科专业设置与就业的相关性分析——对本科毕业生的网上调查［J］．清华大学教育研究，2005（1）：97－103．

（续上表）

确定标准	利益相关者类别	利益相关者范围
是否参与其中	直接参与的利益相关者	政府、高校、学生、社会用人单位、教师、高校行政管理人员等
	间接参与的利益相关者	特定政府机关、利益集团、媒体等
是否有影响	直接受影响的利益相关者	政府、高校、学生等
	间接受影响的利益相关者	社会用人单位、媒体、社区、利益集团等

通过多维度细分法确定高校本科专业设置的利益相关者范围后，接下来，可通过米切尔评分法确定高校本科专业设置的核心利益相关者。根据前文的介绍，米切尔评分法的评分标准主要包括三个属性：①合法性，即某一群体是否被赋予法律和道义上的或者特定的对于企业的索取权。②权力性，即某一群体是否拥有影响企业决策的地位、能力和相应的手段。③紧急性，即某一群体的要求能否立即引起企业管理层的关注。根据米切尔评分法的基本原则，同时具备上述三种属性的利益相关者就是核心利益相关者（米切尔称之为确定型利益相关者）；同时具备上述任意两种属性的利益相关者就是次要利益相关者（米切尔称之为预期型利益相关者）；只具备一种属性的利益相关者就是边缘利益相关者（米切尔称之为潜在的利益相关者）。米切尔提出的三个属性都是根据企业组织的特点来界定的，并不适合高校本科专业设置的实际情况，因此，在分析高校本科专业设置的利益相关者时，要对三个属性的界定进行相应的调整。

合法性：即某一群体是否被赋予法律或道义上的对于高校本科专业设置的参与权。我国《高等学校本科专业设置规定》（1999 年颁布）第三章设置权限的规定如下：

第十条　省、自治区、直辖市教育行政部门统筹协调本行政区域内高等学校的专业设置、调整工作。国务院有关部门审核或审批所属学校专业，应征求学校所在省、自治区、直辖市教育行政部门的意见。

第十一条　高等学校依据高等学校本科专业目录，在核定的专业设置数和学科门类内自主设置、调整专业。设置、调整核定的学科门类范围外的专业，由学校主管部门审批，报教育部备案。

第十二条　高等学校设置、调整专业目录外的专业，由学校主管部门按规定程序组织专家论证并审核，报教育部批准。

第十三条 高等学校设置、调整国家控制布点的专业，由学校主管部门审核，报教育部批准。国家控制布点的专业由教育部确定并公布。

第十四条 高等学校专业设置数和自主审定专业的学科门类，由学校主管部门按有关规定核定，报教育部备案。

第十五条 国务院有关部门所属高等学校设置、调整专业，须考虑所在地区人才需求和现有专业设置情况，学校在向主管部门备案或申报专业时，须将备案或申报材料同时抄报学校所在省、自治区、直辖市教育行政部门。

第十六条 专科层次的高等学校不得设置本科专业。

从上述专业设置的权限界定来看，赋有法律上的高校本科专业设置权力的是政府教育行政部门（教育部和省、自治区、直辖市教育行政部门）和高校。但从道义上来讲，学生和社会（用人单位）应该有参与高校本科专业设置的权力，因为高校本科专业设置的情况，切实关乎他们的利益。在高校具体设置专业的过程中，教师和行政管理人员也有参与的权力，因为这是教师和行政管理人员的专业活动和管理职责。

权力性：即某一群体是否实际拥有或应该拥有影响高校本科专业设置决策的地位、能力和相应的手段。按照高校本科专业设置的程序，高校有自主设置专业的权力，政府有宏观控制的权力，学生有选择的权力，社会用人单位有反馈监督的权力，教师和高校行政人员有参与的权力，社区、媒体、一般公众以及利益集团有社会监督的权力。

紧急性：即某一群体的要求或选择能否立即被反映到高校本科专业设置调整中。政府的决策能够直接反映到高校的本科专业设置调整中，比如高校扩招政策的实施会直接影响高校本科专业设置；高校的办学定位和发展规划也能直接反映到高校本科专业设置中，因为高校直接决定重点发展什么学科以及设置什么专业等基本问题；学生对专业的选择直接决定各专业的招生情况，进而影响到高校本科专业设置；社会用人要求的变化也是高校本科专业设置调整的重要影响因素。另外，媒体舆论以及利益集团的压力也能比较快地反映到高校本科专业设置中。

根据以上对三个属性的分析，列表2－4如下：

表2－4 本科专业设置利益相关者的属性分析

属性 利益相关者	合法性	权力性	紧急性
政府	○	○	○

（续上表）

属性 利益相关者	合法性	权力性	紧急性
高校	○	○	○
学生	○	○	○
社会（用人单位、中介组织等）			
教师	○	○	
行政管理人员	○	○	
媒体		○	○
利益集团		○	○
社区		○	
一般公众		○	

通过表2－4可以发现，政府、高校、学生和社会同时具备三种属性，可作为核心利益相关者；教师、行政管理人员、媒体、利益集团具备两种属性，可作为次要利益相关者；社区和一般公众只具有一种属性，可作为边缘利益相关者。由此可得出，高校本科专业设置的主体主要包括：政府、高校、学生和社会，其中社会是用人单位、中介组织等的总称，从国外高校学科专业设置的实践来看，社会一般是通过代表性的社会人士参与决策来发挥作用的。

（2）相关的研究结论分析法。

尽管还没有学者专门分析过高校本科专业设置的利益主体，但是很多学者已经开始利用利益相关者理论来分析高校的利益相关者。这些研究可为我们系统分析高校本科专业设置的利益相关者提供一定的理论基础。胡赤第认为，大学就是由利益相关者组成的社会机构：教师、学生、出资者、政府等是大学的权威利益相关者；校友、捐赠者和立法机构是潜在的利益相关者；市民、媒体、企业界、银行等是第三层利益相关者。[①] 王连森认为大学的利益相关者包括政府、出资者、教师、学生，认为在利益相关者理论的分析框

① 胡赤弟．高等教育中的利益相关者分析［J］．教育研究，2005（3）：42.

架下，大学行政管理人员只是为利益相关者服务的。[①] 李福华认为，大学的利益相关者可以分为以下四个层次：第一层次（核心利益相关者）是教师、学生、管理人员；第二层次（重要利益相关者）是校友和财政拨款者；第三层次（间接利益相关者）是与学校有契约关系的当事人，如科研经费提供者、产学研合作者、贷款提供者等；第四层次（边缘利益相关者）是当地社区和社会公众等。[②] 周光认为，从我国公立高校目前的投资主体来看，政府、学生、家长（提供学生的学费）、债权人（银行）以及社会投资者和捐赠者都是高校的利益相关者；从人力资本投入主体来看，高校管理者、教师和其他员工也是高校的利益相关者。另外，高校所在社区也是其利益相关者，因为决定支持这个高校就不能再支持其他高校，这相当于投入了机会成本。[③]

还有一些学者从高等教育运行系统以及高等教育质量保障体系等角度来分析相关的利益相关者。陈晓宇在他的博士论文《中国高等教育成本补偿》中明确提出，政府、高等学校、教师、学生、用人单位、需要科技服务的单位成为高等教育系统运行机制中的主体。[④] 饶燕婷则从高等教育质量保障的角度分析了利益相关者，认为“高等教育质量保障的利益相关者包括内部利益相关者和外部利益相关者，这是由高等教育质量保障活动的特性决定的。由于外部质量保障主要是从国家、社会的大范围和高等教育机构总体开展的质量保障活动，因此涉及的利益相关者包括政府、社区、产业界、认证和评估机构、基金会、校友、捐赠者、媒体、银行、保险等。而内部质量保障主要是高等教育机构自己开展的质量保障活动，利益相关者包括教师、学生、行政领导、管理人员等。从这些利益相关者与高等教育质量的关系密切程度来看，政府、社会、高校、学生又可以被认为是高等教育质量保障的核心利益相关者”[⑤]。

把上述学者的观点列表（见表2－5），可以获得各利益相关者出现的频率。政府出现六次，六位学者都认为政府是重要的利益相关者；高校出现了两次，但是，需要注意的是胡赤第等前四位学者主要是分析高校的利益相关者，因此高校自身是不可能作为利益相关者出现的。陈晓宇、饶燕婷两位学

---

① 王连森．利益相关者与大学的责任、制度、资源［J］．宁波大学学报：教育科学版，2006（6）．

② 李福华．利益相关者视野中大学的责任［J］．高等教育研究，2007（1）：50．

③ 周光．浅析我国公立高校的利益相关者［J］．金卡工程·经济与法，2009（12）：106．

④ 陈晓宇．中国高等教育成本补偿［D］．北京：北京大学，1998：46．

⑤ 饶燕婷．利益相关者视野中高等教育质量保障多元主体探析［J］．大学研究评价，2009（7/8）：19．

者分别从高等教育运行系统以及高等教育保障体系来分析利益相关者，都把高校作为了重要的利益相关者。教师出现了五次；学生（或学生家长）出现了六次；社会（用人）单位出现了五次；行政（管理）人员出现了两次；其他（社区、校友等）出现了三次。有两点需要说明：①在界定利益相关者时，存在用不同的词汇表达同一类利益相关者的情况，在列表分类时，把这种情况进行了归纳。比如，李福华所界定的财政拨款者在本质上就是政府，因为我国公办高校运作的主要资源基本来源于政府拨款。②学者在分析利益相关者时，都尝试把所有的利益相关者界定清楚，而实际上是不可能的。所以在列表分析的时候，我们只把各位学者认为的核心利益相关者进行罗列。

表 2－5　相关研究界定的利益相关者分布

学者	政府	高校	教师	学生（家长）	社会（用人单位等）	行政（管理）人员	其他（社区、校友）
胡赤第	1	—	1	1	1	—	1
王连森	1（出资者）	—	1	1	—	—	—
李福华	1（财政拨款者）	—	1	1	1	1	1
周光	1		1	1	1	1	—
陈晓宇	1	1	1	1	1	—	1
饶燕婷	1	1	—	1	1	—	—

根据相关研究，国内学者在确定利益相关者时主要有两个基本立足点：一是从宏观的高等教育发展的角度。从这种角度来分析，陈晓宇和饶燕婷都把政府、高校和学生（家长）和社会（用人单位等）作为核心的利益相关者。二是从微观的高校管理角度。从这种角度来分析，胡赤第等四位学者都把政府、教师和学生（家长）作为核心利益相关者，有三位学者把社会（用人单位）作为核心利益相关者，有两位把高校行政（管理）人员作为核心利益相关者。本研究分析高校本科专业设置的主体主要是从宏观角度出发的，只是在讨论高校作为主体之一如何在高校内部进行本科专业设置时才从微观角度来看这个问题。因此，在分析相关研究者观点的基础上，可以得出高校本科专业设置的主体主要包括政府、高校、学生①、社会②四类主体。

① 学生这类主体包括学生家长在内。

② 社会这类主体主要是指社会用人单位、中介组织等。

在分析高校内部的本科专业设置时，高校本科专业设置的主体主要包括：政府、教师、学生、社会以及行政（管理）人员五类。

（3）问卷调查的佐证。

为了了解高校教师对高校本科专业设置主体的看法，在以高校教师为调查对象的调查问卷中我们设计了“您认为影响高校本科专业设置的主体有哪些?”（多选且限选 3 项）的题目，统计结果如表 2 – 6 所示：

表 2 – 6

选项 1　政府

政府		Frequency	Percent/%	Valid Percent/%	Cumulative Percent/%
Valid	0	56	36.1	36.8	36.8
	1	96	61.9	63.2	100.0
	Total	152	98.1	100.0	—
Missing		3	1.9	—	—
Total		—	155	100.0	—

选项 2　高校

高校		Frequency	Percent/%	Valid Percent/%	Cumulative Percent/%
Valid	0	25	16.1	16.4	16.4
	1	127	81.9	83.6	100.0
	Total	152	98.1	100.0	—
Missing		3	1.9	—	—
Total		155	100.0	—	—

选项 3　学生

学生		Frequency	Percent/%	Valid Percent/%	Cumulative Percent/%
Valid	0	91	58.7	59.9	59.9
	1	61	39.4	40.1	100.0
	Total	152	98.1	100.0	—
Missing		3	1.9	—	—
Total		155	100.0	—	—

选项 4　社会（用人单位等）

社会		Frequency	Percent/%	Valid Percent/%	Cumulative Percent/%
Valid	0	35	22.6	23.0	23.0
	1	117	75.5	77.0	100.0
	Total	152	98.1	100.0	—
Missing		3	1.9	—	—
Total		155	100.0	—	—

选项 5　社会中介评估机构

		Frequency	Percent/%	Valid Percent/%	Cumulative Percent/%
Valid	0	136	87.7	89.5	89.5
	1	16	10.3	10.5	100.0
	Total	152	98.1	100.0	—
Missing		3	1.9	—	—
Total		155	100.0	—	—

选项 6　其他

		Frequency	Percent/%	Valid Percent/%	Cumulative Percent/%
Valid	0	149	96.1	98.0	98.0
	1	3	1.9	2.0	100.0
	Total	152	98.1	100.0	—
Missing		3	1.9	—	—
Total		155	100.0	—	—

备注：在“其他”选项中，共有三位调查对象填写，其中两位教师写了“高校教师”，一位教师写了“学生家长”。

从统计结果来看，155 份调查问卷中，有 3 位没有做这个题目。以 152 人为整体来看，大家对“高校”作为高校本科专业设置主体的认同最高，152 人中有 127 人选择了这项，占 83.6%；第二位为“社会（用人单位等）”，152 人中有 117 人选择了该项，占 77.0%；第三位是“政府”，152 人中有 96 人选择该项，占 63.2%；第四位是“学生”，152 人中有 61 人选择了该项，占 40.1%；第五位是“社会中介评估机构”，152 人中只有 16 人选择了该项，占 10.5%。根据这个结果，绝大多数调查对象认为高校和社会

（用人单位等）是高校本科专业设置的主体，半数以上的人认为政府是高校本科专业设置的主体。这些结果与理论分析和其他研究成果基本一致。只是在“学生”是否是高校本科专业设置主体这一选项上有一定的差异，只有40.1%的调查对象认为学生是高校本科专业设置的主体。其实这种差异主要来源于在现实的高校本科专业设置中，学生的确没有参与的机会。在教育选择权被日益重视的今天，学生的主体地位还没有得到充分的尊重。社会中介评估机构的选择也非常少，这与我国社会中介组织不发达，高校专业设置与教学等还在行政管理控制下的具体情形一致。

综上所述，通过利益相关者理论分析以及相关研究的结论，本研究认为高校本科专业设置中的核心利益相关者主要包括政府、高校、社会力量以及学生。

第三章　我国高校本科专业设置利益主体关系的历史、现状及问题

大学生就业难等一系列热点问题引发了我国高校本科专业设置问题的研究。不同学者从不同的研究视角对高校本科专业设置进行了全面的分析和研究。本研究认为高校本科专业设置是一个利益相关者共同治理的过程，因此需要在分析高校本科专业设置利益主体的基础上，构建高校本科专业设置利益相关者共同治理模式，以达成高校本科专业设置各利益相关者共同治理的目标。本部分重点分析我国高校本科专业设置利益主体关系的历史脉络、现状及存在的问题。为建构适合我国特色的高校本科专业设置利益主体关系模式提供基础。

一、我国高校本科专业设置的历史分析——主体关系的视角

从利益主体关系的角度来看，我国高校本科专业设置是政府主导下探索下放权力的历史进程。在这个过程中，单一的权力给予谁是讨论的主要问题，而没有关注到在政府和高校之外，还有其他权力主体。

（一）改革开放之前，按计划设置专业，国家统一管理

1. 专业设置以国民经济发展专门人才需求为纲，注重专业与行业的联系

我国高校本科专业设置始于 1952 年，是从学习苏联经验开始的，目标是加强高校与行业之间的联系，“有计划地培养各行各业的人才”[①]。按照苏联的做法，“政府培养人才的办法，是按照国家建设的需要，确定专业的设置，并以专业为基础做有计划的招生”，从人才培养模式上，苏联的“专业教育”实际上就是一种“专才”培养模式，“专业”是培养高级专门人才的目标。[②] 新中国成立之前，高等教育主要是效仿欧美模式，其主要的特点是注重培养人的综合素质，偏重文科，不注重专业人才的培养，具体体现就是在高校组织结构中只有院、系，不设专业。新中国成立之后，迅速制订了第一个五年计划，确立了大力发展重工业，积极发展交通运输业、轻工业、农业和商业，建立国家工业化和国防科技现代化的工业发展战略。这个发展战

① 杨志坚. 中国本科教育培养目标研究［M］. 北京：高等教育出版社，2005：82.

② 胡建华. 现代中国大学制度的原点：50 年代初的大学改革［M］. 南京：南京师范大学出版社，2001：176.

略的实施，需要大量的高素质的专门人才。于是，从 1952 年开始，国家根据国民经济和社会发展的现实需要，开展了全国性的大规模院系调整，志在“整顿和加强综合大学，发展专门学院，首先是工学院”①。这次院系调整主要是参考苏联经验，建立专业教育制度，把原来综合大学中的工、农、医、政法、财经、师范等系科调整出来，设立独立的专门学院，或者合并到其他相同科类的专门学院中去。这种做法主要是加强了专门人才培养的力度，满足了当时社会经济发展对专门人才的需求。

在 1952 年院系调整的基础上，为加强高校人才培养的针对性，更好地满足社会经济发展对专门人才的大量需求，1954 年国家颁布了《高等学校专业分类设置（草案）》，把高校专业分为 11 大类，40 个小类，257 种专业，见表 3 - 1 所示。

表 3 - 1　1954 年《高等学校专业分类设置（草案）》②

一级分类名称	二级分类名称
工业部门	普通机械制造类
	动力机械制造类
	仪器制造类
	电机制造类
	电气仪表和电气制造类
	动力类
	无线电工程和电信类
	应用矿务的地质和勘探类
	地下矿藏开采类
	冶金类
	天然与人工液体燃料工学类
	无机硅酸盐和有机化合物工学类
	木料和纤维造纸工学类
	食品和调味品工学类
	纺织、皮革、橡皮和印刷类
	特殊工业类

① 教育部文件. 关于高等学校 1952 年的调整设置方案. 1952. //林蕙青. 高等学校学科专业结构调整研究［D］. 厦门：厦门大学，2006：81.

② 纪宝成. 中国大学学科专业设置研究［M］. 北京：中国人民大学出版社，2006：25.

（续上表）

一级分类名称	二级分类名称
建筑部门	土木建筑与建筑学类
	测量和制图类
	水文气象类
运输部门	铁道运输类
	公路运输类
	水路运输类
农业部门	农学类
	畜牧兽医类
	水产类
	农业技术类
林业部门	林业类
财政经济部门	财政经济类
保健部门	医疗卫生类
	药剂类
体育部门	体育和运动类
法律部门	法律类
教育部门	社会科学类
	语言科学类
	自然科学类
	师范院校类
音乐艺术部门	音乐艺术类
	戏剧艺术类
	电影艺术类
	美术艺术类

这种专业分类划分的主要依据是国家社会经济发展的需要，与行业密切相关，有助于培养各行各业发展所需要的专门人才。在严格的计划经济时代，人才培养和分配也是计划性的。这种按照国家社会经济发展的需要，分配招生计划，制定培养目标、教学计划及人才培养方案的专业人才培养模式比较适应这种计划经济模式，我国早些年的发展培养了大量的专门性人才。但是，这种一切以国家社会经济发展人才需要为根本的专业设置机制，忽视

了学科专业发展规律和内在逻辑。首先，在国家意志强势干预下，高校都成了专门人才生产的“工厂”，在学科建设以及科研创新等方面的发展日趋乏力。其次，过于重视专业与行业的联系，高校毕业生分配强调行业对口，忽视了行业部门用人的多样性，导致各专门学院为了满足对应行业部门的用人需求，不断增设新的专业。最后，行业办学导致高等教育条块分割，高等教育发展受到了一定的影响。

1961 年，国家提出了“调整、巩固、充实、提高”的八字方针。为贯彻落实八字方针，控制高校学科专业的快速增长。1962 年，高等教育领域对专业的划分和专业设置重新进行了调整，合并了一些过细的专业，撤销了一些设置过多的专业点，调整了专业布局。[①] 高校本科专业设置调整逐步开始向综合、宽口径转移。1963 年，国家计划委员会、教育部出台了《关于修订〈高等学校通用专业目录〉和〈高等学校绝密、机密专业目录〉的报告》，提出了“宽窄并存、以宽为主”的原则，并且统一专业名称，把一些不成熟的专业变为试办专业。同时要求每一专业每年招生规模不得超过 50 人，每一高校的专业总量不超过 20 个，不成熟的专业不能开办，不具备条件的高校不办相关专业。[②] 这次专业目录的修订调整对新中国成立以来高校本科专业设置的不足进行了反省，提出了修订目录的三条基本原则：①根据国家建设的需要，结合学校的可能条件，增加若干新专业。其中特别强调增设的新专业需要有一定的办学经验；而对科学技术和生产发展确实需要但专业的培养目标又不够明确或学科发展不成熟的少数专业，以试办专业形式出现，并控制设置范围。②根据“宽窄并存、以宽为主”的原则，适当调整专业的业务范围，其中特别规定不同学校层次专业面的宽窄宜有所不同，如“一般来说，在本专业目录所规定的范围内，中央业务部门主管的学校，可以设置一些较窄的专业，而教育部和省/市主管的学校，则以设置较宽的专业为宜”。③规定了统一的专业名称，对前一段时间出现的“专业名称变动频繁，有些专业的名称相同而培养目标不同，也有些专业的名称不同而培养目标相同，产生了一定的混乱”的现象予以特别关注，对原有的专业名称进行了必要的订正，使专业名称能够正确体现该专业的主要业务内容。[③] 经过修订，教育部颁布了《高等学校通用专业目录》《高等学校试用专业目录》和《高等学校绝密、机密专业目录》，这是第一次由国家统一制定的高等学

① 阳荣威. 高等学校专业设置与调控探究［M］. 长沙：湖南大学出版社，2007：64.

② 林蕙青. 高等学校学科专业结构调整研究［D］. 厦门：厦门大学，2006：84.

③ 国家计划委员会，教育部. 关于修订《高等学校通用专业目录》和《高等学校绝密、机密专业目录》的报告［R］. 1963－08－07.

校专业目录，为以后制定、修订专业目录奠定了基础。经过修订，在学科专业目录中淡化了行业特征，注重了学科的特征，把原先的行业部门都调整为了相应的学科（见表 3－2）。与 1954 年颁发的学科专业目录相比，首先，1963 年颁布的专业目录最大的特点是开始注重学科专业发展的逻辑，专业分类中学术性得以体现，行业用人需求不再是唯一的专业设置标准。其次，专业设置不再强调整齐划一，不同层次的高校可结合自身的情况设置不同的专业。

表 3－2　1954 年与 1963 年专业分类对比

1954 年大类名称	1963 年大类名称
工业部门	工科
建筑部门	
运输部门	
农业部门	农科
林业部门	林科
财政经济部门	财经
保健部门	卫生
体育部门	体育
法律部门	政法
教育部门	师范
音乐艺术部门	艺术

本来从 20 世纪 60 年代开始，以 1963 年我国高校本科专业目录修订为标志，我国高校本科专业设置已在规范化的进程中逐步回归了学科发展的规律。但是正常的调整被“文化大革命”打断了。经过“十年浩劫”，我国高校本科专业设置取得的成就基本被毁于一旦，直到“文化大革命”结束，改革开放之后，高校本科专业设置才逐步恢复正常。

2. 专业设置权力由国家统一行使，注重国家对全国高校本科专业设置的统一控制

在这个阶段，为了加快专门人才的培养速度，密切国家与高校的关系，高校本科专业设置权力是由国家统一行使的。这一点在新中国成立后所颁布的文件中能够找到一些蛛丝马迹。比如，1950 年政务院颁布了《关于高等学校领导关系的决定》，第一次明确提出：“中央人民政府教育部对全国高等学校均负有领导的责任”，“凡中央教育部所颁布的关于全国高等教育的方针、政策与制度、高等学校法规，关于教育原则方面的指示……全国高等学

校均应执行”。[①] 1953年政务院颁布的《关于修订高等学校领导关系的决定》进一步强调：“中央高等教育部对全国高等学校实施统一领导（军事院校除外），凡中央高等教育部所颁布的有关全国高等教育的建设计划，包括高等学校的设立或停办、院系及专业设置、招生任务、财务计划、财务制度、人事制度、教学计划、教学大纲、生产实习规程以及其他重要法规、指令、命令，全国高等学院均应执行。”[②] 两个文件明确规定高校院系及专业设置、招生等工作全部由中央（高等）教育部统一管理。1958年，中共中央印发的《教育部党组关于1959年教育事业计划的意见》又进一步明确了上述原则：“高等学校的各种专业，有些是需要在每个省、市、自治区普遍设置的，有些是目前还不需要或者还不可能在每个省、市、自治区普遍设置的，这就需要从全国一盘棋的观点出发，进行统筹安排，避免不必要的重复或是遗漏。各高等学校设置尖端专业，应事先报教育部批准。”[③] 1961年中共中央在《中华人民共和国教育部直属高等学校暂行工作条例（草案）》第9条中规定，各直属高校“专业的设置、变更和取消，必须经过教育部批准”[④]。1963年5月，中共中央、国务院又颁发了《关于加强高等学校统一领导、分级管理的决定（试行草案）》，指出：为了加强对高等学校的领导和管理，中央和国务院决定对高等学校实行中央统一领导，中央和省、市、自治区两级管理的制度。在高等教育工作中，各地区、各部门、各学校都要贯彻中央统一的方针政策，都要遵循中央统一规定的教学制度和其他重要的规章制度，都要按照全国统一的高等教育规划和计划办事。专业设置及调整的决策权和最终决定权在中央。[⑤]

从上述的文件规定中可以得出，在改革开放之前，为了保证高校人才培养为国民经济发展服务的目的，高校本科专业设置的权力是高度集中的，不要说高校甚至连地方教育行政部门也没有相应的权力。高校专业设置的依据就是国家有没有相应的专业人才需求。由政府主导的几次高校学科专业调整

---

① 政务院关于修订高等学校领导关系问题的决定［Z］//中华人民共和国重要教育文献（1949—1997）［M］．海口：海南出版社，1998：44.

② 政务院关于修订高等学校领导关系问题的决定［Z］//中华人民共和国重要教育文献（1949—1997）［M］．海口：海南出版社，1998：212.

③ 中共中央关于印发教育工作的十个文件的通知（1959年5月17日）［Z］//中华人民共和国重要教育文献（1949—1997）［M］．海口：海南出版社，1998：901.

④ 中华人民共和国教育部直属高等学校暂行工作条例（草案）［Z］//中华人民共和国重要教育文献（1949—1997）［M］．海口：海南出版社，1998：1 061.

⑤ 阳荣威．高等学校专业设置与调控探究［M］．长沙：湖南大学出版社，2007，63.

都是为了加强中央政府对高校本科专业设置的控制。比如1952年院系调整的“一个重要方面，在于有步骤地确定每个高等学校所设的‘专业’，使各高校皆有明确任务，集中力量培养某几行国家建设需要的专才”[①]。从此，由“国家”按照建设需要来有计划地开始专业设置，并以专业为单位配给相应资源的制度，便得以形成。[②] 而1954年颁布的《高等学校专业分类设置（草案)》则为国家统一设置专业提供了基本的依据。1963年的本科专业目录调整也是为了配合国家提出的八字方针，为国家规范管理专业设置奠定基础。

（二）改革开放之后，政府主导、逐步放权

“文化大革命”之后，我国高等教育发展面临着一个全新的国际形势。改革开放政策的实施，使我们有机会接触国外高等教育的最新发展状况。视野的开阔和国际经验的学习为高校本科专业设置改革注入了活力。

1. 高校本科专业设置改革在政府主导下有序展开

为了尽快使高等教育发展步入正轨，1977年，在邓小平的支持下，我国恢复了高考制度。1978年，教育部发布了《关于做好高等学校专业设置和改造工作的意见》，提出了面临新的形势，高等学校专业设置与改造的原则：①要根据国家经济社会发展需要，处理好需要与可能、普及与提高、重点与一般、当前与长远、数量与质量、学科与产品工艺等关系，专业设置不宜过窄，要注意变化与问题，要具有先进性、科学性和适应性；②要全面规划，突出重点，有领导、有步骤地进行；③专业设置和调整是一项复杂的工程，要慎重，要进行试点。教育部还为此专门成立了高等学校学科专业设置与调整办公室，向数十位科学家、社会人士征求意见。[③] 1978年8月教育部、国家计划委员会联合发出了《关于进行高等学校专业调查和调整工作的通知》，强调专业调整需要解决以下问题：①理、工、农科某些专业面过窄，分工过细，基础理论薄弱，培养的学生适用性差；②文科有的专业残缺不全，有的专业面过宽，培养目标不明确；③有的专业陈旧落后，一些与新兴和边缘学科相关的专业空白，不能适应科学现代化的需要；④有的专业存在不必要的重复，有些配套专业之间的比例不协调，使人才浪费。[④] 在政府相关部门的

① 胡建华. 现代中国大学制度的原点：50年代初的大学改革［M］. 南京：南京师范大学出版社，2001：177.

② 罗丹. 规模扩张以来高校专业机构变化研究［D］. 厦门：厦门大学，2008：146.

③ 林蕙青. 高等学校学科专业结构调整研究［D］. 厦门：厦门大学，2006：87.

④ 中央教育科学研究所. 中华人民共和国教育大事记（1949—1982）［M］. 北京：教育科学出版社，1983：525.

主导下，我国高校本科专业设置进行了时间跨度最长的一次调整。如果从1978年8月发布通知算起，本科专业设置调整修订历时近10年，在教育部的组织领导下，国家先后组织进行了工、农林、医药、理、社会科学、师范教育、体育等各科类本科专业目录的全面修订。这次本科专业设置调整，从根本上解决了十年“文革”中专业设置混乱的局面，规范了专业名称、专业内涵，加强了薄弱的专业和新兴、边缘学科的专业，专业口径得到了一定程度的拓宽。这次专业调整的最大特点是“调整划分专业一般以学科为主，同时根据学科的不同性质，适当兼顾业务部门的需要”①。另外，这次目录修订工作推进了专业名称科学化、规范化，加强了薄弱专业和新兴学科、边缘学科，使专业口径得到了一定程度的拓宽；恢复和增设了文科类、财经类、政法类等长期比较薄弱的专业；加强了新兴、边缘学科的专业，如管理类专业，同时通过目录修订工作实践，逐步明确了专业划分与设置的基本原则，增强了专业的适应性和人才培养的适应性。②

2. 高校本科专业设置权力格局调整初见端倪

1978年，中国共产党第十一届三中全会召开，党中央做出了把工作重心转移到社会主义现代化建设上来的战略决策。高等教育沐浴着三中全会的春风，迎来了重要的历史发展机遇。在十一届三中全会的鼓舞下，我国高等教育进入了一个“加速发展，拓展办学形式”的新阶段。③ 但是，高度集权的高校管理制度严重束缚了高校的发展，于是，一批有识之士开始呼吁“扩大高校办学自主权”。1979年12月6日《人民日报》发表了复旦大学校长苏步青等几位著名大学的校长、书记关于《给高等学校一点自主权》的呼吁。在此舆论先导之下，开始了以“扩大高校自主权为重点”的第一轮高校管理体制改革。④

1985年，中共中央国务院颁发了《关于教育体制改革的决定》，明确提出，要改变长期以来形成的政事不分、政府包办替代高等学校和束缚学校发展的弊端，要扩大高校办学自主权，使之初步成为面向社会自主办学的实体。高校在执行国家的政策、法令、计划的前提下，有权调整专业的服务方

---

① 国家教委高教一司. 关于修订普通高等学校社会科学本科专业目录的情况和意见［R］. 1987－10－28.

② 曾冬梅. 建国以来我国高校本科专业结构调整的历史演进［G］//高等教育的改革与发展［M］. 南宁：广西教育出版社，2004：12.

③④ 阳荣威. 高等学校专业设置与调控探究［M］. 长沙：湖南大学出版社，2007：50.

向，以使高等学校具有主动适应经济和社会发展需要的积极性和能力。[①] 中共中央关于教育体制改革的决定为改革高校本科专业设置管理制度，改变高校本科专业设置权力格局提供了重要的政策依据。

但是，政府主导的高校本科专业设置机制并不是能够轻易改变的。1986年国务院发布的《高等教育管理职责暂行规定》，明确规定：国家教育委员会“制定高等学校的基本专业目录与专业设置标准，组织审批专业设置”[②]。不难看出，高校本科专业设置的权限仍然掌握在政府教育行政部门手中。直到1989年国家教育委员会颁发的《普通高等学校本科专业设置暂行规定》，才赋予了高校专业目录内自主调整专业的权力，提出“在专业目录内调整专业，由学校自主负责审定，报学校主管部门备案，同时抄报国家教委；增设专业目录内的本科专业，按学校归属，分别由中央有关部委，各省、市、自治区、直辖市和计划单列市高教主管部门负责审批，报国家教委备案；增设目录内的‘试办专业’‘个别学校设置专业’和国家教委公布的少数需全国统筹布点的专业，以及增设专业目录外的专业，由国家教育委员会审批。”[③]。这些规定是赋予高校专业设置自主权的一次初步尝试，是高校本科专业设置管理改革的巨大进步，标志着政府主导的高校本科专业设置权力格局的变化。

（三）20世纪90年代以来，政府监管、自主设置

1. 高校本科专业设置调整在市场经济条件下探索前进

进入20世纪90年代，我国经济体制出现了重大变革，社会主义市场经济体制初步确立。1992年，中国共产党第十四次代表大会确定了中国经济体制改革的总目标：建立社会主义市场经济，实现从计划经济向市场经济的全面转轨，资源配置的方式逐步从国家行政命令转变为市场调节。在这种背景下，在计划经济体制下形成的高校本科专业设置必须根据市场经济的要求做出新的调整，以服务市场经济发展的需要。为了适应社会主义市场经济发展，改变专业目录存在的“专业划分过细、专业范围过窄、专业名称不科学”等问题，国家教委从1990年开始再一次进行了大规模的本科专业目录修订工作。通过修订，形成了体系完整、相对科学合理、统一规范的《普通

---

① 中共中央关于教育体制改革的决定［R］//中华人民共和国教育大事记（1949—1982）［M］. 北京：教育科学出版社，1983：2 288.

② 高等教育管理职责暂行规定［R］//中华人民共和国教育大事记（1949—1982）［M］. 北京：教育科学出版社，1983：2 391－2 392.

③ 普通高等学校本科专业设置暂行规定［R］//教育法规全书［M］. 海口：南海出版社，1990：558.

高等学校本科专业目录》，并于1993年7月颁布实施。这次调整将专业种数由671种减少到504种，学科划分为哲学、经济学、法学、教育学、文学、历史学、理学、工学、农学、医学10个门类，从而解决了专业归并和总体化的问题，使我国高等教育在人才培养上更接近社会经济发展对它的要求。[①] 1993年颁布的普通高等学校本科专业目录是一个体系完整、统一规范、比较科学合理的本科专业目录。但是1993年的目录仍没有从根本上解决专业划分过细、专业名称不规范等问题。另外，国际高等教育发展的趋势是加强通识教育，培养人的综合素质，以满足人才多样化的需求。在此背景下，教育部于1997年4月再次下达了《关于进行普通高等学校本科专业目录修订工作的通知》，要求“从我国实际出发，总结历史经验，大胆吸收和借鉴世界各国发展和管理高等教育的成功经验，继续拓展专业口径，增强专业的适应性，培养宽口径高素质的专门人才”，并提出了“拟将原有的500多种专业调减一半左右”[②] 的目标。本次目录调整从1997年开始，于1998年7月完成，专业种数由504种调整到249种。改变了过分强调“专业对口”的情况，克服了专业面过窄的现象，强调“厚基础，宽口径”，构建注重素质培养，融传授知识、培养能力和提高素质为一体的多样化的人才培养模式。我国目前实施的是1998年的专业设置目录，该专业目录是“按照科学、规范、拓宽的原则，在立项研究、分科类调查论证、总体优化配置、反复征求意见的基础上”形成的，对近10年的本科人才起到了重要的规范和导向作用。但随着我国社会进步和市场经济体制的建立，人才需求进一步多样化和动态化，该专业目录已难以适应高校人才培养的新要求。

2. 高校自主设置专业的权力得到进一步确认

伴随着市场经济的发展，政府职能改革在不断推进之中，从直接控制到宏观管理是政府职能改变的首要目标。至少在政府的政策文本中，我们能够发现高校本科专业设置的权力在逐步下放，高校自主设置专业的权力得到了确认。1993年颁发的“专业目录”特别说明了“专业目录是国家对高等教育宏观管理的一项基本的指导性文件”，高等学校在保证专业基本要求的同时，可“根据人才需求变化及时设置或调整专业方面”，对专业目录中所列

① 曾冬梅. 建国以来我国高校本科专业结构调整的历史演进［G］//高等教育的改革与发展［M］. 南宁：广西教育出版社，2004：12.

② 教育部. 关于进行普通高等学校本科专业目录修订工作的通知［R］. 1997－04－15.

的部分专业的参考专业方向，高校可根据不同情况选用，也可不用或自定。①

1993 年 1 月，国务院批转国家教委《关于加快改革和积极发展普通高等教育意见的通知》，指出：进一步改革原有的国家集中计划和政府直接管理的办学体制，逐步建立和完善国家统筹规划和宏观管理、学校面向社会自主办学的新体制。高等教育办学体制的改革目标是理顺政府、社会和学校三者之间的关系，按照政事分开的原则，使高等学校真正成为自主办学的法人实体，明确学校的权利和义务、利益和责任，进一步促进学校面向社会自主办学。② 1998 年《中华人民共和国高等教育法》颁布，第 33 条明确规定："高等学校依法自主设置和调整学科、专业。"这条规定非常明确地把本科专业设置权力作为高校自主办学的重要组成部分。2001 年教育部颁布《关于做好普通高等学校本科学科专业结构调整工作的若干原则意见》的文件，指出："国家在建立和完善本科专业评估、提供招生就业信息服务和宏观调控制度的基础上，进一步扩大高等学校学科专业设置自主权。高等学校可根据《高等学校本科专业设置规定》，在《普通高等学校本科专业目录》外设置社会发展急需、已具备培养条件的本科专业。北京大学、清华大学等若干所国家重点建设高等学校，经教育部批准，可自主设置本科专业。""提倡部分高等学校，尤其是国家重点建设高等学校进一步拓宽专业口径，灵活专业方向。本科教育应更加注重素质培养。高等学校尤其是国家重点建设高等学校要淡化专业意识，拓宽基础，加强素质教育和能力培养。在符合人才培养规律的前提下，鼓励并支持有条件的高等学校按照《普通高等学校本科专业目录》中的二级专业类设置相关专业或按二级专业组织招生。在考虑到就业需要情况下，高等学校可以在宽口径专业内灵活设置专业方向。"③ 2002 年，教育部首次批准北京大学、清华大学、上海交通大学、浙江大学、武汉大学、北京师范大学六所高校可以自主设置本科专业，进一步下放了高校本科专业设置权力，为高校及时应对人才市场变化提供了条件。与此同时，各省教育厅也逐步下放了一些专业门类的专业设置权。比如江苏省在 2002 年 7 月也出台了高校自主设置本科专业门类表（见表 3 - 3）。

① 关于印发《普通高等学校本科专业目录》等文件的通知［R］//中华人民共和国教育大事记（1949—1982）［M］. 北京：教育科学出版社，1983：3 532.

② 范惠莹. 新中国成立后我国高等教育管理体制演变综述［J］. 高等农业教育，2002（1）：14 - 18.

③ 教育部关于印发《关于做好普通高等学校本科学科专业结构调整工作的若干原则意见》的通知，教高〔2001〕5 号.

表 3－3　江苏省高等学校自主设置的本科专业门类一览表

序号	学校	自主设置本科专业门类
1	常州工学院	工学、管理学
2	常州技术师范学院	教育学、文学、工学
3	华东船舶工业学院	工学、管理学
4	淮海工学院	工学、管理学
5	淮阴工学院	工学、管理学
6	淮阴师范学院	教育学、文学、历史学、理学
7	江苏大学	教育学、文学、历史学、理学、工学、医学、管理学
8	江苏石油化工学院	工学、管理学
9	南京工程学院	工学、管理学
10	南京工业大学	理学、工学、管理学
11	南京经济学院	经济学、法学、文学、管理学
12	南京林业大学	理学、工学、农学、管理学
13	南京气象学院	理学、工学、管理学
14	南京审计学院	经济学、管理学
15	南京师范大学	经济学、法学、教育学、文学、历史学、理学、工学、管理学
16	南京体育学院	教育学
17	南京晓庄学院	教育学、文学、历史学、理学
18	南京医科大学	医学
19	南京艺术学院	文学
20	南京邮电学院	理学、工学、管理学
21	南京中医药大学	医学
22	南通工学院	工学、管理学
23	南通师范学院	教育学、文学、历史学、理学
24	南通医学院	医学
25	苏州大学	哲学、经济学、法学、教育学、文学、历史学、理学、工学、农学、医学、管理学

（续上表）

序号	学校	自主设置本科专业门类
26	苏州科技学院	教育学、文学、历史学、理学、工学、管理学
27	徐州师范大学	法学、教育学、文学、历史学、理学、工学、管理学
28	徐州医学院	医学
29	盐城工学院	工学、管理学
30	盐城师范学院	教育学、文学、历史学、理学
31	扬州大学	经济学、法学、教育学、文学、历史学、理学、工学、农学、医学、管理学
32	江苏警官学院	法学
33	三江学院	文学、工学

说明：

1. 学校可自主设置的专业门类系根据学校属性，以及学校办学条件和现有专业设置情况确定的。原则上工科院校可在工学、管理学类专业中自主，医学院校可在医学类专业中自主，师范院校可在教育学、文学、历史学、理学类专业中自主，财经院校可在经济学、管理学类专业中自主，综合大学门类可适当放宽，合并学校自主门类可以叠加。

2. 学校可自主设置的专业门类将根据高等教育布局结构的调整，以及社会需求和学校办学条件的状况做动态调整。

3. 在学校可自主设置的专业门类中，省教育厅将根据社会需求和专业布点的实际情况以及学校办学状况，对其中的部分专业做相应的控制。

4. 学校自主设置上述专业时，必须按规定办理备案手续，否则不能招生。

（江苏省高等学校自主设置的本科专业门类一览表. ［2010－01－21］. http://202.195.64.103/up/doc/2003630151810_0_jw1.doc.）

（四）对我国高校本科专业设置管理制度变革的简要分析

1. 高校本科专业设置权力分配呈现逐步下移的趋势

新中国成立初期，在计划经济条件下，为了保障国家建设所需要的专门人才培养，我国高校本科专业设置的权力集中在中央人民政府手中。高校只要根据“国家”需要开设相应的专业，按照计划培养专门人才就可以了。为了保证“国家”对高校专业设置的控制，1952年进行的大规模的院系调整，在本质上就是高校人才培养的计划式分工，以保证各高校都能够集中力量办好几个专业，培养几个行业的国家建设需要的人才。在这个阶段，高校本科专业设置的权力是高度集中的，高校专业设置的唯一依据就是国民经济发展的需要，因此，专业与行业的关系非常密切。

高度统一的权力打击了地方政府发展高等教育的积极性。于是在20世纪80年代的高校本科专业设置改革中，不断强化地方政府在高校本科专业设置中的作用。比如1989年国家教育委员会颁发的《普通高等学校本科专业设置暂行规定》，提到“增设专业目录内的本科专业，按学校归属，分别由中央有关部委，各省、市、自治区、直辖市和计划单列市高教主管部门负责审批，报国家教委备案”。到1999年颁布的《高等学校本科专业设置规定》中第10条明确提出“省、自治区、直辖市教育行政部门统筹协调本行政区域内高等学校的专业设置、调整工作。国务院有关部门审核或审批所属学校专业，应征求学校所在省、自治区、直辖市教育行政部门的意见”。这个条文明确了赋予省级教育行政部门统筹、规划区域内高校本科专业设置的权力。

随着市场经济的发展，人力资源配置由国家指令转向了市场配置。高校本科专业设置必须及时根据人才市场需求做出调整。而我国权力分布重心在上，行政权力主导型的专业设置管理体制，使得高校人才培养在应对市场人才需求变化方面缺少灵活性。高校本科专业设置权力的调整势在必行，高校自主设置专业的呼声越来越高。其实，自改革开放以来，要求赋予高校自主设置专业权力的舆论就一直存在，从20世纪80年代开始，在历次的高校本科专业设置改革中，高校自主设置专业的权限也在不断扩大的过程中。尤其是1985年中共中央国务院《关于教育体制改革的决定》的颁布以来，高校自主办学有了明确的政策依据。1999年《高等学校本科专业设置规定》第11条明确提出：“高等学校依据高等学校本科专业目录，在核定的专业设置数和学科门类内自主设置、调整专业。设置、调整核定的学科门类范围外的专业，由学校主管部门审批，报教育部备案。”

目前来看，我国高校在自主设置专业方面获得了如下权力：①专业方向的设置和调整权力；②专业目录内自主设置专业的权力；③部分高校自主设置专业的权力（不受专业目录约束）。当然，这些权力的行使都是基于必须向上级主管部门“备案”，让上级部门审批的前提下。由此不难得出，高校在自主设置专业方面的权力还没有得到充分的保障，高校本科专业设置的权力还是集中在行政主管部门手中。整体来看，当前专业管理制度中，专业设置权力的配置，在中央政府、地方政府、高校之间，大体上形成了这样一种方式：中央政府发布专业目录规范高校专业设置，同时通过对高校每年新设专业数量的限制、对目录外专业的审批以及采用控制布点的形式等，统筹管理全国高校的专业设置；省级政府负责统筹本行政区域范围内的专业设置；高校获准在核定的学科范围内自主审定专业。在高校与主管部门之间，大部分高校拥有的“自主审定专业”的权力，其实仍是需要报有关主管部门批准的。除教育部授权的几所高校外，其他高校的“自主设置专业”权力，也仍主要局限于目录内专业。①

高校本科专业设置权力下放是有客观原因的。在计划经济时代，在政府指令下，高校人才培养和行业人才需求可以实现大致对接。所以，高校按照政府的人才规划，设置专业，培养人才就可以了。但在市场经济条件下，人才需求是不可能进行精确规划的，社会人才需求是随着社会经济状态不断变化的，人才培养的适应性要求是第一位的。所以，高校本科专业设置权力下放是大势所趋。

2. 高校本科专业设置管理权力结构不均衡，导致高校本科专业设置“乱治”轮替现象

伯顿·克拉克提出根据权力性质高等教育领域的权力大致可以分为：政治权力、市场（或社会）权力、专业权力三大类。② 政治权力主要指官僚权力，在我国主要是指政府的行政权力；而市场（或社会）的权力主要包括董事权力、行会权力（行会权力由于涉及学术市场的情况，也可以算作是一种市场的力量），在高校本科专业设置中主要是指社会用人机构等应该享有的权力；专业权力则包括了教授的个人统治和集体统治、感召力等，在这里主要是指高校在本科专业设置中的权力。从我国高校本科专业设置管理权力结构来看，行政权力一枝独秀，其他权力都没有得到应有的重视。从我国高校本科专业设置的流程来看，尽管申报专业是高校内部发起的，貌似是高校内部的专业权力在起作用，但实际上最终的决定权还是在政府行政权力的审批上。因此，当前影响我国高校本科专业设置的主要是政府的行政审批权。在如何分配政府与高校权力上一直纠缠不清，高校的专业权力虽然也受到了一定的重视，但实际上还没有发挥应有的作用。至于社会权力则基本处于被忽视的状态。还有一种权力，就是大学生的消费者权力也没有在高校本科专业设置权力中获得应有的地位。因此，我国高校本科专业设置权力结构具有明显的行政主导型特征。

行政主导型的高校本科专业设置，政府是唯一的利益主体，其他利益主体都被排除在了利益博弈之外，高校本科专业设置，处于“治乱”轮替的状态。①在政府行政权力一家独大的情况下，专业目录被赋予了神圣的职责。

---

① 罗丹. 规模扩张以来高校专业结构变化研究［D］. 厦门：厦门大学，2008：150.

② 伯顿·克拉克. 高等教育系统——学术组织的跨国研究［M］. 王承绪，等，译. 杭州：杭州大学出版社，1994.

分析我国高校本科专业设置的改革历程，可以看出，在政府的主导下，专业目录的调整是历次高校本科专业设置调整的重中之重，因为谁掌握了专业目录的修订权，谁就拥有最大的权力。在权力分配上，专业目录是一道分水岭，一般在专业目录内，高校有自主设置专业的权力，而专业目录外的专业必须由政府部门审批。导致的结果是专业目录内的专业布点越来越多，专业设置的同质、雷同现象越来越严重（见表3－4）。最终导致高校人才培养结构比例失衡，引发严重的大学生就业难问题。②行政主导的专业目录调整时效性不强。在知识经济时代，人类职业的变化速度越来越快，以专业目录为依据所培养的人才往往跟不上时代的要求。导致的结果是大学生在毕业时发现在校学习的课程很多过时了。③单一的权力结构导致高校本科专业设置投机现象比较严重。很多高校在设置新专业时，采取瞒天过海的策略，不顾及自身的培养能力，什么专业热门报什么专业，能批下来，就获得了“户口簿”①，就能够获得相应的资源。

表3－4　2008年各类专业种数与布点情况

类型	种数	布点数	平均布点数
目录内专业	246	31 826	129
引导性专业	8	359	45
目录外专业	178	2 245	13
试办专业	104	416	4
合计	536	34 846	65

（引自刘少雪. 高等学校本科专业结构、设置及管理机制研究［M］. 北京：高等教育出版社，2009：63.）

在这种情况下，无论专业目录编制得如何科学，高校本科专业设置都是问题丛生，经历着“治乱”轮替。我国高校本科专业设置目录调整的频繁性充分说明了这一点。要从根本上解决这个问题，需要建构合理的高校本科专业设置权力结构，让核心的利益相关者的权力能够在高校本科专业设置中充分体现，有平等博弈的机会。

3. 高校本科专业设置管理在权力布局调整的过程中，要理顺权力主体的关系，加强规范性和制度性

高校本科专业设置是一个关乎众多利益主体的事务，任何一个利益主体独

① 有学者将专业目录称为我国高校专业的“户口簿”，能上“户口簿”，就意味着得到承认。参见鲍嵘. 从“计划供给”到“市场匹配”：高校学科专业管理范式的更迭［J］. 浙江师范大学学报：社会科学版，2007（2）：1－5.

自掌控高校本科专业设置的权力，都不利于高校本科专业设置的良性发展。

（1）高校本科专业设置必须考虑国家利益、高校利益、学生利益以及社会利益等四种利益，并在四种利益关系的考量中找到一个平衡点。各方利益都有其利益主体，如果不能建立合理的利益主体权力关系，掌控权力的一方极有可能在追逐自身最大利益的同时，忽视了其他利益主体的权益，从而导致高校本科专业设置不能遵循最基本的规律。比如，新中国成立初期，在高校本科专业设置中，国家利益居于其他利益之上，导致了众多的问题。学校开设什么专业，政府说了算；大学生毕业后到哪里工作，政府负责分配，每一个人都是一颗螺丝钉，拧到那里就要发挥作用；社会用人单位必须接受政府分配来的毕业生。在这个过程中，政府利益高于一切，学校的学术权力与利益，学生、社会的利益都没有存在的空间。就像 1949 年 11 月教育部副部长在华北区及京津 19 所高等院校负责人会议上指出的，“对高等教育应进行坚决的和有步骤的改造，改造的方向是一切服务于国家建设，特别是经济建设……业务课程必须切合建设的需要”①。在这种情况下，高校本科专业设置极易受国家政策及经济发展形势的影响。现在还有一种论调，认为给予高校自主设置专业的权力，高校专业设置过程的问题自然就能够解决。这种从绝对的行政权力主导过渡到绝对的高校权力主导的做法，不是解决高校本科专业设置问题的良方。高校作为一个社会组织，也具有“理性经济人”追逐利益的本质属性，即使在政府行政力量主导下，有些高校也把仅有的一点权力发挥到极致，追寻自己的利益。可以想象，如果高校独自设置本科专业，那将是一番什么样的场面。

（2）高校本科专业设置要遵循几个规律，而不是一个规律，因此，单一的利益主体管理不可能取得好的效果。简单来说，①高校本科专业设置要符合人才市场变化的规律，要根据社会人才需求的状况调整专业结构、专业方面、专业知识结构。②高校本科专业设置要符合学术规律。任何一个专业的发展都不可能无中生有，要有一定的学科基础和人力资源储备，不可能想设什么专业就设什么专业。③高校本科专业设置也受学生选择的影响。每个学校都有一些热门专业和冷门专业，一般来说学生对专业都有自己的判断，从而做出选择。④高校本科专业设置也受社会用人单位的影响。社会用人单位对人才的选拔标准直接决定了高校相关专业的就业率，进而影响到专业设置的调整。高校本科专业设置不可能只遵循一个规律来开设，那样对高等教育

---

① 中央教育科学研究所. 中华人民共和国教育大事记（1949—1982）[M]. 北京：教育科学出版社，1983：6.

的整体发展将非常不利。比如，如果只根据学生的选择来设定专业，学生在信息量有限的情况下，极有可能一窝蜂地选读几个热门专业，导致专业结构和人才培养结构失衡。如果只根据社会用人单位的要求来设专业，估计所有的本科院校都要办成高职类高校或技工类学校了。

综上所述，高校本科专业设置的制度化和规范化，需要理顺权力主体关系，使每一类权力主体都有准确的角色定位，然后实现利益相关者共同治理，保证高校本科专业设置的良性运作。

二、高校本科专业设置利益主体关系的现状分析——基于广东省高校的调研

为获得我国高校本科专业设置利益主体关系的第一手资料，本文选取了广东省部分高校作为调研对象，进行了实证研究。本次调查研究共选取了7所样本学校，其中“985工程”大学1所，“211工程”大学2所，一般普通本科院校4所。调查共发放高校教师问卷210份（每校30份），回收178份，其中有效问卷155份；大学生问卷700份（每校100份），回收692份，其中有效问卷667份。

（一）调查主要结果

1. 学生问卷的调查结果

（1）学生对专业的了解途径比较单一，对专业的认识非常有限。

从学生了解专业的途径来看（见表3-5），学生对专业的了解基本依赖高校的信息发布以及向亲朋好友的咨询，其他途径非常少。我们知道高校为了吸引学生，在发布专业信息时往往是有选择的，学生可能很难把握准确的信息；而亲朋好友的说法往往也具有道听途说的成分。由此可见，学生在选择专业时，缺少权威的信息来源。

表3-5 学生了解专业的途径

		Responses		Percent of Cases/%
		N	Percent/%	N
填报专业了解途径（a）	高校网站	247	26.4	38.1
	向亲朋好友打听	228	24.3	35.1
	一些机构发布的专业排行榜	89	9.5	13.7
	高校招生宣传资料	299	31.9	46.1
	其他途径	74	7.9	11.4
	Total	937	100.0	144.4

从学生对专业的了解程度来看，大学生对目前就读专业的了解程度也不是很乐观（见表3－6）。667份问卷中，仅有28位学生选择了“非常了解”，占4.2%；选“了解”的有253人，占37.9%；选“不很了解”的有360人，占54.0%；选“非常不了解”的有26人，占3.9%。这个结果表明，即使对自己现在就读的专业，学生的了解程度也非常有限。这在一定程度上也表明，我国高校对学生的专业选择指导以及就业指导比较欠缺，不是很重视大学生的职业规划。反观日本，大学生的职业规划从入学前就开始了。学生上大学之前，有一个面试环节。大学面试官会问，你为什么要选这个专业，对这个专业有什么了解，通过了这一关才可以就读。[①] 这种入学前要求学生对专业充分了解的做法，有利于学生根据自己的职业规划做出合理的选择，可有效避免因为专业选择存在问题而导致的学习兴趣欠缺、学习质量不高的问题。

表3－6　大学生对专业的了解程度

		Frequency	Percent/%	Valid Percent/%	Cumulative Percent/%
Valid	非常了解	28	4.2	4.2	4.2
	了解	253	37.9	37.9	42.1
	不很了解	360	54.0	54.0	96.1
	非常不了解	26	3.9	3.9	100.0
	Total	667	100.0	100.0	

（2）学生对专业满意程度一般，在对专业不满时，没有很好的解决途径。

从学生对专业满意度的调查来看，学生对专业的满意度一般（见表3－7），从有效百分比（valid percent）来看，选择“非常满意”的有21人，占3.2%；选择“满意”的240人，占36.2%；选择“不很满意”的有362人，占54.6%；选择非常不满意的有40人，占6.0%。选“不很满意”和“非常不满意”的共有402人，占60.6%，超过了一半。

① 宋金绪．职业规划是一个不断调整的过程［N］．南方都市报，2010－03－02（19）．

表 3-7 学生对专业的满意程度

		Frequency	Percent/%	Valid Percent/%	Cumulative Percent/%
Valid	非常满意	21	3.1	3.2	3.2
	满意	240	36.0	36.2	39.4
	不很满意	362	54.3	54.6	94.0
	非常不满意	40	6.0	6.0	100.0
	Total	663	99.4	100.0	—
	Missing	4	0.6	—	—
	Total	667	100.0	—	—

从对专业设置各项目的满意程度来看（见表 3-8），学生对各项的不满意程度都略高于满意程度。如果以程度“3”为中介点，程度“1”和“2”代表不满意，我们可以看到，学生第一不满意的是专业不符合自己的兴趣、爱好，两项相加共有 41.9% 的学生不满意；第二是对专业教学水平不满意，两项相加共有 38.9% 的学生不满意；第三是对就业前景不满意，两项相加共有 36.0% 的学生不满意；第四是对实践（实习）机会不满意，两项相加共有 35.2% 的学生不满意；第五是对所学习到的知识技能不满意，两项相加共有 34.5% 的学生不满意；第六是对课程设置不满意，两项相加共有 32.5% 的学生不满意。这些数据表明，很多学生学着自己不感兴趣的专业，还有就是学生对当前大学的教学水平不是很认同，比较关注专业就业前景。

表 3-8 对专业各项目的满意程度

满意程度 / 项目	1（很不满意）		2		3		4		5（很满意）		Missing	
	人数	百分比/%	人数	百分比/%	人数	百分比/%	人数	百分比/%	人数	百分比/%	人数	百分比/%
就业前景	64	9.6	176	26.4	256	38.4	121	18.1	50	7.5	—	—
符合自己的兴趣、爱好	69	10.3	211	31.6	224	33.6	105	15.7	58	8.7	—	—
教学水平	65	9.7	195	29.2	283	42.4	87	13.0	36	5.4	1	0.1
课程设置	53	7.9	164	24.6	277	41.5	139	20.8	33	4.9	1	0.1

（续上表）

项目＼满意程度	1（很不满意）		2		3		4		5（很满意）		Missing	
	人数	百分比/%	人数	百分比/%	人数	百分比/%	人数	百分比/%	人数	百分比/%	人数	百分比/%
实践（实习）机会	74	11.1	161	24.1	280	42.0	110	16.5	41	6.1	1	0.1
所学习到的知识技能	58	8.7	172	25.8	277	41.5	113	16.9	47	7.0	—	—

从学生对专业不满意怎么办的选择来看，在调换专业比较困难的情况下，很多学生没有很好的解决途径（见表3－9）。根据问卷调查的结果，如果学生对现学专业不满意，通常采取的措施来看：排第一位的是“自学感兴趣的知识和技能”，68.6%的学生选择了这项；排第二位的是“选修自己感兴趣的课程”，45.9%的学生选择了这项；排第三位的是“辅修双学位”，20.2%的学生选择了这项；排第四位的是“混毕业”，7.7%的学生选择了这项；排第五位的是“努力调换专业”，6.8%的学生选择了这项；还有5.4%的学生选择“其他”。根据问卷统计的结果可以看出，学生在对专业的不满意情况下，基本上不能全心全意地进行专业学习，大部分学生选择的是按照自己的兴趣、爱好去学习其他知识和技能。一小部分学生选择了混毕业，虽然比例不是很高，但这些学生毕业后也可能面临很大的问题。只有6.8%的学生，选择了“努力调换专业”，这在一定程度上说明了高校专业调换的难度。

表3－9 学生不满意现学专业的行为选择

		Responses		Percent of Cases/%
		N	Percent/%	N
对专业不满，如何打算（a）	努力调换专业	45	4.4	6.8
	自学感兴趣的知识和技能	454	44.3	68.6
	选修自己感兴趣的课程	304	29.7	45.9
	混毕业	51	5.0	7.7
	辅修双学位	134	13.1	20.2
	其他	36	3.5	5.4
	Total	1 024	100.0	154.7

(3) 学生对专业优劣的判断标准比较模糊，在专业选择上往往缺乏判断力。

首先，从专业调换的意愿来看，尽管很多学生对现学专业不是很满意，但当真正给予调换专业的机会时，往往有些犹豫（见表3-10）。从调查来看，当有专业调换的机会时，有171位学生坚定地选择了“会”换专业，从有效百分比来看占25.7%；有164位学生选择了“不会”换专业，占24.7%；选择“拿不准”的有331人，占49.6%。有近一半的学生在有调换专业的机会选择了“拿不准”，充分表明学生缺乏专业方面的信息，不知如何判断专业质量。从该题目回答的年级分布来看，越是高年级的学生，选择不会调整的比率就越大。主要原因是学生在现学专业方面已经投入了很多的时间和精力，如果调整，可能会面临比较紧张的学习日程，甚至不能正常毕业。

表3-10　学生调换专业的意愿

		Frequency	Percent/%	Valid Percent/%	Cumulative Percent/%
Valid	会	171	25.6	25.7	25.7
	不会	164	24.7	32.1	67.9
	拿不准	331	49.6	42.2	100.0
	Total	666	99.9	100.0	—
	Missing	1	0.1	—	—
	Total	667	100.0	—	—

从学生选择专业的考虑的因素来看，专业因素往往不被看重，看重的是就业前景、高校所在地、高校的层次（声誉）等外在因素（见表3-11）。如果以程度“5”（很重要）的选择来排序，学生选择专业首先考虑的是就业前景，有66.0%，共440位学生，认为就业前景最重要；其次是高校的层次（声誉），有42.9%，286位学生认为高校的层次（声誉）最重要；再次是高校所在地，有35.8%，239位学生认为高校所在地最重要。而与专业质量密切相关的专业因素，就不怎么被重视，比如学科专业的实力仅有17.5%，117位学生认为最重要；专业新颖与否只有8.2%，55位学生认为最重要。这些数据表明，学生在选择专业时，存在的一些现状：①好不好就业是学生选择专业的关键因素。②读好的大学要优于专业的选择，大部分学生宁愿到好的大学读一个自己不喜欢的专业也不愿意到稍低层次的高校读一个自己喜欢的专业。虽然，这种趋势有变化，但是选学校优于选专业的整体趋势并没有改变。从理论上来分析，这主要是因为职业筛选理论。社会用人

单位在选聘大学生时并不知道每个人的实际工作能力，于是就会选聘学历高或者学校层次高的毕业生。因为，这些毕业生在高考和学历竞争中取得了优势，至少说明学习能力比较强，在入职后学习改造的效率会比较高。③高校的所在地也是学生选择专业的重要因素。一般来说，学生会优先选择发达地区或中心城市的高校，因为在这些地方实践锻炼的机会更多，就业机会更丰富。④在选择专业时，学生较少考虑自己的职业规划。只有150（22.5%）名学生，认为选专业考虑自己的职业规划最重要。这些现状告诉我们，学生在选择专业时，往往很难做出理性的判断。

表3－11　学生选择专业时考虑的因素

重要程度 项目	1（很不满意）		2		3		4		5（很满意）		Missing	
	人数	百分比/%	人数	百分比/%	人数	百分比/%	人数	百分比/%	人数	百分比/%	人数	百分比/%
高校所在地	22	3.3	26	3.9	146	21.9	234	35.1	239	35.8	—	—
就业前景	14	2.1	11	1.6	51	7.6	151	22.6	440	66.0	—	—
父母的建议	22	3.3	66	9.9	290	43.5	204	30.6	85	12.7	—	—
高校的层次（声誉）	13	1.9	12	1.8	87	13.0	269	40.3	286	42.9	—	—
学科专业的实力	40	6.0	77	11.5	242	36.3	190	28.5	117	17.5	1	0.1
所学专业是否新颖	11	1.6	14	2.1	408	61.2	179	26.8	55	8.2	—	—
是否符合自己的职业规划	20	3.0	25	3.7	261	39.1	211	31.6	150	22.5	—	—

（4）学生对专业对就业的影响的认识比较理性，并不认为专业是影响就业的最重要的因素。

首先从学生对影响就业因素的判断来看（见表3－12），绝大多数的认识比较理性，认为个人的综合素质与能力是影响就业最重要的因素，有544位，高达81.6%的学生持这种观点。学生认为社会关系对就业的影响也比较大，有356位，53.4%的学生持这种观点。专业和高校虽然也很重要，但与个人的综合素质与能力比起来，并不是关键因素。

表3-12　学生对影响就业因素的看法

项目＼影响程度	1（很不满意）		2		3		4		5（很满意）		Missing	
	人数	百分比/%	人数	百分比/%	人数	百分比/%	人数	百分比/%	人数	百分比/%	人数	百分比/%
高校层次（声誉）	6	0.9	25	3.7	88	13.2	267	40.0	276	41.4	5	0.7
所学专业	6	0.9	14	2.1	110	16.5	257	38.5	275	41.2	5	0.7
个人的综合素质与能力	3	0.4	5	0.7	14	2.1	95	14.2	544	81.6	6	0.9
社会关系	6	0.9	11	1.6	61	9.1	227	34.0	356	53.4	6	0.9

其次，从学生对专业内部影响就业的因素来看（见表3-13），学生认为专业实习锻炼机会对就业影响最大，有445位，高达66.7%的学生认为实习锻炼机会很重要。这从一个侧面反映出，我国高校本科教学纸上谈兵比较多，而实践操作比较少的问题。具体分析，这与我国教师队伍的构成及培养方式有一定的关系。我国高校在选拔教师时往往注重学历而忽视实际的工作经历。很多教师既没有实际工作体验，也不去企业、公司挂职锻炼，导致教师上课所讲的理论与实际的距离越来越大。学生认为自己完成专业学习的情况对就业影响的程度也比较大。课程开设情况排第三位，专业名称排第四位。

表3-13　学生对专业内部影响就业因素的看法

项目＼影响程度	1（很不满意）		2		3		4		5（很满意）		Missing	
	人数	百分比/%	人数	百分比/%	人数	百分比/%	人数	百分比/%	人数	百分比/%	人数	百分比/%
课程开设情况	5	0.7	37	5.5	189	28.3	290	43.5	141	21.1	5	0.7
学生完成专业学习情况	4	0.6	19	2.8	138	20.7	289	43.3	213	31.9	4	0.6
实习锻炼机会	2	0.3	7	1.0	37	5.5	172	25.8	445	66.7	4	0.6
专业名称	28	4.2	62	9.3	241	36.1	240	36.0	92	13.8	4	0.6

（5）学生认为本科专业应注重综合素质的培养，必修课程太多、没有选择自由是高校本科专业设置的主要问题。

从学生对大学本科专业培养目标的看法来看（见表3－14），学生并没有简单地从有利于就业的角度来考虑这个问题。与学生认为个人的综合素质与能力是影响就业的最重要因素一致，超过一半的学生认为大学本科专业培养目标应该是提升人的综合素质，培养研究、创新型人才，共有482位学生持这种观点，占调查对象总数的60.3%。

表3－14　学生对本科专业培养目标的看法

		Responses		Percent of Cases/%
		N	Percent/%	N
专业培养目标	提升人的综合素质，培养研究、创新型人才	482	60.3	73.3
	培养人的职业技能，培养应用、技术性人才	295	36.9	44.8
	其他目标	22	2.8	3.3
	Total	799	100.0	121.4

从学生对本科专业设置存在问题的调查结果来看（见表3－15），按每个选项占样本数量的百分比来看，必修课程太多，占57.1%，排第一位；进校后缺乏更换专业的自由，占51.3%，排第二位；教学水平参差不齐，占42.6%，排第三位。可见学生认为专业学习中不能自由选择课程和专业的问题是比较严重的。而自由选择课程和专业往往关系到学生综合素质的提升。

表3－15　学生对本科专业设置存在问题的看法

		Responses		Percent of Cases/%
		N	Percent/%	N
学校专业设置问题（a）	不考虑学生的就业	214	13.1	32.2
	不考虑自身的办学条件	205	12.5	30.8
	必修课程太多	380	23.2	57.1
	教学水平参差不齐	283	17.3	42.6
	课程质量有待提高	184	11.2	27.7
	进校后缺乏更换专业的自由	341	20.8	51.3
	其他问题	31	1.9	4.7
	Total	1 638	100.0	246.4

2. 教师问卷的调查结果

(1) 不同培养层次高校的教师在专业人才培养目标认识上没有显著性差异。

从教师对大学本科专业设置的首要培养目标的认识来看（见表3-16），大部分教师支持“提升人的综合素质，培养研究、创新型人才”的看法。但是，不同培养层次高校的教师在专业人才培养目标上的认识并没有显著性差异（见表3-17），反映出我国本科院校在本科人才培养目标方面并没有根据自身的办学层次而有所侧重，有趋同化的倾向。

表3-16 教师对本科专业设置培养目标的看法

		Frequency	Percent/%	Valid Percent/%	Cumulative Percent/%
Valid	提升人的综合素质，培养研究、创新型人才	98	63.2	63.6	63.6
	培育人的职业技能，培养应用、技术型人才	50	32.3	32.5	96.1
	其他	6	3.9	3.9	99.9
	Total	154	99.4	100.0	—
	Missing	1	0.6	—	—
	Total	155	100.0	—	—

表3-17 不同层次高校教师对本科人才培养目标的看法

			培养目标			Total
			综合素质	职业技能	其他	
教师所属高校的学位授予层次	博士	Count	36	15	1	52
		% within 学位权限	69.2	28.8	1.9	99.9
		% of Total	23.5	9.8	0.7	34.0
	硕士	Count	53	31	5	89
		% within 学位权限	59.6	34.8	5.6	100.0
		% of Total	34.6	20.3	3.3	58.2
	学士	Count	8	4	0	12
		% within 学位权限	66.7	33.3	0	100.0
		% of Total	5.2	2.6	0	7.8

（续上表）

		培养目标			Total
		综合素质	职业技能	其他	
Total	Count	97	50	6	153
	% within 学位权限	63.4	32.7	3.9	100.0
	% of Total	63.4	32.7	3.9	100.0

（2）教师判断专业优劣更多是从学科规律来考虑的，对专业的社会适应性考虑得比较少。

从教师对专业优劣判断标准上来看（见表3－18），高校教师普遍认为专业师资队伍是判断专业质量的首要标准；其次是专业教学条件；毕业生就业率只能排第三位。由此可见，高校教师更多是从高校本科专业设置的学科规律来判断专业优劣，较少顾及专业的招生与就业等外部问题。

表3－18　教师对判断专业优劣标准的看法

		Responses		Percent of Cases/%
		N	Percent/%	N
专业优劣标准(a)	专业招生情况	75	18.9	49.0
	毕业生就业率	86	21.7	56.2
	专业师资队伍	130	32.7	85.0
	专业教学条件	98	24.7	64.1
	其他标准	8	2.0	5.2
	Total	397	100.0	259.5

（3）教师对当前本科专业设置的整体状况基本满意，其中最满意的是专业教学质量，最不满意的是学生学习状态。

从教师对自己所在学校本科专业设置的情况的感受来看，教师对本科专业设置的整体情况还算满意。从问卷的统计列表来看，教师对本科专业总体情况以及不同项目的感受都呈现正态分布的状态，说明教师对高校本科专业设置的整体情况比较满意。从对高校本科专业设置不同项目的感受来看，教师最满意的是专业课程的教学质量，最不满意的包括学生的学习状态及学生的就业指导工作（见表3－19）。这说明教师对自己的教学还比较自信。综合来判断，造成学生学习状态差的原因是多方面的，但是所学专业自己不喜欢可能是一个比较重要的原因。

表 3 - 19　教师对本科专业设置情况的感受

项目 \ 满意程度	1（很不满意）		2		3		4		5（很满意）		Missing	
	人数	百分比/%	人数	百分比/%	人数	百分比/%	人数	百分比/%	人数	百分比/%	人数	百分比/%
总体情况	1	0.6	20	12.9	66	42.6	55	35.5	9	5.8	4	2.6
学科建设情况	1	0.6	27	17.4	65	41.9	51	32.9	7	4.5	4	2.6
专业教学质量	1	0.6	28	18.1	55	35.5	56	36.1	11	7.1	4	2.6
专业教学资源	7	4.5	38	24.5	52	33.5	48	31.0	7	4.5	3	1.9
专业满足学生需要情况	7	4.5	39	25.2	54	34.8	43	27.7	8	5.2	4	2.6
专业与人才市场对接	15	9.7	32	20.6	65	41.9	30	19.4	9	5.8	4	2.6
高校自主设置专业情况	1	0.6	25	16.1	62	40.0	54	34.8	10	6.5	3	1.9
学生的学习状态	17	11.0	42	27.1	56	36.1	29	18.7	5	3.2	6	3.9
学生的就业指导工作	14	9.0	32	20.6	50	32.3	51	32.9	5	3.2	3	1.9
新设专业的程序	8	5.2	29	18.7	69	44.5	36	23.2	7	4.5	6	3.9

（4）尽管在判断专业质量时多考虑专业内部因素，但教师仍认为高校本科专业设置存在的最大问题是不考虑社会人才需求。

从一些问题的回答中，我们能够得出教师认为高校本科专业设置存在的最大问题是不考虑社会人才需求。

首先从教师对高校本科专业设置存在问题的看法来看（见表 3 - 20），“不考虑社会人才需求”高居第一位。其次与此相对应，教师在回答高校本科专业设置应优先考虑的因素时，“社会的人才需求”也被认为是应该首先考虑的（见表 3 - 21）。

表 3－20　教师对高校本科专业设置存在问题的看法

		Responses		Percent of Cases/%
		N	Percent/%	N
存在的最大问题（a）	不考虑自身的办学条件	78	18.3	51.7
	不考虑社会人才需求	97	22.7	64.2
	高校缺乏专业设置权力	64	15.0	42.4
	其他利益主体没有参与专业设置的机会	55	12.9	36.4
	专业设置囿于院系内部，不能整合学校力量	73	17.1	48.3
	课程质量不高	58	13.5	38.4
	其他问题	2	0.5	1.3
	Total	427	100.0	282.7

表 3－21　教师对高校本科专业设置优先考虑因素的看法

		Responses		Percent of Cases/%
		N	Percent/%	N
专业设置优先考虑（a）	学科专业发展专业规律	96	21.7	61.9
	办学的经济效益	22	5.0	14.2
	学生的就业前景	84	19.0	54.2
	社会的人才需求	114	25.8	73.5
	人才素质与发展	92	20.8	59.4
	学校的发展规划	33	7.5	21.3
	其他设置	1	0.2	0.6
	Total	442	100.0	285.1

（5）教师认为高校本科专业设置改善的关键是赋予学生专业选择的权力。

教师在回答高校自主设置专业能否解决高校本科专业设置的问题时，大部分人认为高校自主设置专业并不能从根本上解决问题（见表 3－22），从有效百分比来看，55.0%，共 82 位教师认为高校自主设置专业不能解决高校本科专业设置的问题；18.8%，共 28 位教师认为能够；还有 26.2%，39 位教师选择“不清楚”。这个统计结果表明，教师对高校自主设置专业没有多少信心。

表 3－22　教师对高校自主设置专业效果的看法

		Frequency	Percent/%	Valid Percent/%	Cumulative Percent/%
Valid	能	28	18.1	18.8	18.8
	不能	82	52.9	55.0	73.8
	不清楚	39	25.1	26.2	100.0
	Total	149	96.1	100.0	—
	Missing	6	3.9	—	—
	Total	155	100.0	—	—

在如何改善高校本科专业设置的问题中，教师认为“赋予学生专业选择的权力”是最重要的；第二是“政府统筹规划专业设置”；第三是“吸收社会机构代表参与专业设置”；第四是“淡化专业，强化课程体系建设”；第五是“高校自主设置专业”（见表 3－23）。可见，与现在大家认为赋予高校本科专业设置自主权就能解决问题的观点不同，教师比较看重学生选择权力的作用。

表 3－23　教师对改善高校本科专业设置的看法

		Responses		Percent of Cases/%
		N	Percent/%	N
改善专业设置最关键因素	高校自主设置专业	37	9.4	24.8
	赋予学生专业选择的权力	102	26.0	68.5
	政府统筹规划专业设置	88	22.4	59.1
	吸收社会机构代表参与专业设置	86	21.9	57.7
	淡化专业，强化课程体系建设	79	20.3	53.0
	Total	392	100.0	263.1

（二）调查结论分析

（1）专业设置方面的信息不透明，信息来源渠道不权威直接影响到学生对专业的选择。从调查来看，学生在选择专业时普遍面临信息缺乏的问题。各高校专业设置信息的不透明，直接影响了学生做出正确选择的判断力。在入学后调整机会有限的情况下，这种状况对学生学习质量的影响是非常大的。另外，信息透明是市场机制发挥作用的重要前提。专业设置方面的信息不对称与不透明会严重干扰市场机制在专业设置中发挥应有的作用。

（2）学生在专业和课程选择方面没有多少自主权，影响了学生综合素质的提升。从调查来看，学生和教师大都认为高校本科专业人才培养的目标要着眼于学生的综合素质。学生在专业对就业的影响方面，认为毕业生的综合素质是对就业影响的第一要素。但是，由于高校本科专业设置的封闭性，学生在专业学习的过程中，并没有多少课程选择的权力。只能按照每个专业教学大纲的科目按部就班地完成学业。这种学习过程的封闭性影响了学生综合素质的提升。另外，根据调查，学生没有专业选择的权力导致有些学生不是很喜欢自己所学的专业，进而影响学生的学习积极性，甚至很早就进入了混日子的状态。这种学习情绪也会影响学生综合素质的提升。学生选择权力没有充分体现，教师在教学、学生辅导等方面没有压力，教师的教学状态也可能受到影响，进而影响到学生综合素质的提升。尽管在问卷调查中教师对自己的教学质量持肯定态度，但是学生对教师上课脱离实际的空洞理论说教还是有看法的。

（3）高校本科专业设置的传统学科逻辑需要调整，以适应市场逻辑的需要。根据调查，教师对高校本科专业质量的判断更多的是依从学科专业逻辑。一方面高校在传统管理体制的约束下，专业设置的组织管理形式没有实现有效的变革；另一方面，面对高等教育的市场竞争，高校专业设置的市场机制已经开始发挥越来越大的影响。于是，造成了我国高校本科专业中的众多矛盾。最明显的一个就是在市场经济条件下，高校本科专业设置必须具有一定的活力，以及时响应社会人才需求的变化，但是传统的条块分割的专业设置机制已经严重束缚了高校本科专业设置的灵活性。再者，在市场经济条件下，社会人才需求的综合化趋势非常明显，但是在我国高校内部还是按学科设置院系，专业综合面临众多障碍。这就意味着我国高校需要调整专业设置的传统学科逻辑，以适应市场逻辑，而不是在固守原有逻辑的情况下，还希望市场逻辑能发挥作用。这种现象是我们看到了问题的实质而没有解决办法的根源。就像调查中，很多教师都认识到了高校本科专业设置存在的最大问题是专业与人才市场需求不对接，但是要想解决这个问题，仅靠市场一头热还不行，高校也需要改变。

（4）高校本科专业设置需要通过竞争形成层次差异和个性特色。在信息不透明的情况下，高校之间的专业竞争是无效的。体现在高等教育市场中，在学生不能把握专业质量信息的情况下，做出的专业选择，并不能促进高校不断改善专业人才培养质量，以满足学生的教育需求。在这种情况下，高校本科专业设置不可能形成完全有效的市场竞争机制，于是各高校在高校本科专业设置上雷同、同质就成为必然的趋势。所以，信息透明、学生有自主选择权是促使高校本科专业设置竞争，形成层次差异和个性特色的关键。

三、我国高校本科专业设置存在的问题

目前我国普通高校实行的是1998年颁布的《普通高等学校本科专业目录》共设有11个学科门类，71个二级学科，249种专业。这个专业目录最大的特点是拓展了人才培养口径，大规模压缩了本科专业数量，注重人才培养的社会适应性。当然，随着社会经济的发展，人才需求的多样化日益突出，高校逐步获得了在专业目录外自主设置专业的权力。到2008年上半年，全国1 064所设置本科专业的高等学校，共设专业536种，其中目录内普通专业247种，引导性专业8种，目录外专业177种，试办专业104种。[①] 这组数据表明，我国高校本科专业设置有基本目录的指引，但也没有被基本目录约束，高校本科专业设置呈现出越来越强的活力。从高校本科专业设置的特点来看，新增专业数量、专业布点数都在逐年增加。但是，专业设置的盲目性和同质化也比较严重。本文主要从高校本科专业设置的利益主体关系来研究这个问题，因此，以下主要从利益主体关系的视角来分析当前我国高校本科专业设置存在的问题。

（一）政府主导局面并没有改变

根据前文的分析，我国的政策文件都明确赋予了高校自主设置本科专业的权力，但从目前我国高校本科专业设置的情况来看，政府主导的高校本科专业设置局面并没有从根本上改变。这种状况是诱发我国高校本科专业设置众多问题的根源之一。刘楚佳在分析我国高校的本科设置的问题时提出："专业设置高度集权，学校自主权小，限制了学校在专业设置中的创新，不利于学校建立自己的人才培养特色。高校新办本科专业必须根据国家统一的专业目录申报，并经教育部批准后才能开设，程序非常严格，专业名称统一，培养目标和课程设置大同小异。""专业目录调整和修订时间过长，难以适应科学技术的迅速发展，产业结构以及就业结构的迅速变化，在一定程度上使高校专业设置和人才培养滞后于经济与社会的发展。"[②] 周亚夫在分析我国普通高校本科专业设置误区的原因时也把"高校本科专业设置自主权的不足"作为第一个原因，认为造成我国本科专业设置脱离社会经济发展要求、适应市场能力差的原因就是高校缺乏自主设置专业的权力。提出"与高校主

---

① 刘少雪. 高等学校本科专业结构、设置及管理机制研究［M］. 北京：高等教育出版社，2009：60.

② 刘楚佳. 试论我国高校本科专业设置改革［J］. 广州大学学报：社会科学版，2006（9）：42.

管部门相比，高校直接面对招生市场和毕业生就业市场，对市场专业需求的判断比较迅速和敏感，对市场需求变化比政府的把握更准确，高校理应拥有足够的本科专业设置自主权以发挥其优势，从而促进本科专业设置符合市场要求。”[①] 王汤清则认为政府主导、高校缺乏权力的高校本科专业设置管理机制导致高校在本科专业设置问题上没有责任意识，提出：“根据管理学‘权责对等’原则，只有权责对等才能真正调动各级组织的积极性。没有权利就不必承担责任，高校既然没有应有的本科专业设置自主权，就不会对本科专业设置是否合理承担什么责任，这样，即使高校本科专业设置滞后乃至陷入困境，高校也不会觉得有压力，不会主动调整优化本科专业设置。”[②] 由于缺乏责任意识，吴红英认为“部分高校在设置新专业时无视现有的资金、师资力量和教学设备的不足，不考虑自身的特色，盲目争办热门专业，使得整个高等教育专业的分布不合理，低水平重复建设严重；新专业设置以后，又忽视了新设专业的培养目标，教学质量低下，培养出的学生适应能力较差”[③]。

学者研究得出的结论充分证明了我国高校本科专业设置问题的根源就在于政府主导高校本科专业设置的局面并没有从根本上改变。但是，在现实的高校本科专业设置实践中，政府行政仍然表现出强烈的权力欲望，没有丝毫让权的迹象。而高校也没有表达出强烈的权力欲望，甚至希望行政力量干预学校的本科专业设置。以下是笔者在参与调研过程中，亲自体验到的政府与高校之间的关系。

××省高校专业设置调整与人才培养模式改革会议感想

笔者在参与调研的过程中列席了这次会议，会议主要内容是高校专业设置调研以及高校专业设置调整与优化指导意见。

在会上，省教育厅高等教育处处长对省高校专业设置规划与设置做了说明。通过他的讲话可以得出如下一些问题：

1. 省教育厅试图通过本次高校专业设置调研进一步规范高校专业设置的标准、流程；而与会高校的代表更关心教育行政部门能够为学校的专业设置和人才培养模式创新提供什么服务。比如，在现场互动中，一学院的教务处处长，明确提出了希望省厅在学生实习方面能够出台一些文件，提供一些

---

① 周亚夫. 普通高校本科专业设置问题探讨［J］. 西南民族大学学报：人文社科版，2005（11）：363.

② 王汤清. 试论专业设置的原则［J］. 中国培训，2001（4）：45.

③ 吴红英. 高校专业设置面临的若干问题探讨［J］. 中国高教研究，2000（4）：37.

帮助。

2. 通过高等教育处处长的发言，明显能够感觉到他对扩展高等教育处在高校专业设置方面权力的渴望。在他看来，高等教育处在高校专业设置调控方面的作用十分有限。比如，在传统专业改造方面，“关停并转”的策略往往很难执行，只能通过引导，呼吁高校能够置换一些过时的专业。在本科专业设置方面，他认为省高等教育处在过去几年里只起到了“过渡作用”，即把省内高校的本科专业申报材料保送教育部，能否审批又由教育部决定。高等教育处希望通过制定严格的新增专业的条件和程序，加强对本省高校本科专业设置的管理。

3. 政府在高校专业设置等方面提出的规范性要求，高校并不愿意执行。政府为了贯彻自己的想法，往往利用手中掌握的权力获得高校的支持。比如通过省教育部高等教育处的教改项目（课题）、评奖、精品课程建设、名师和教师团队评选等来推行。

4. 行政部门的一些管理措施，限制了高校主动调整专业的意愿。比如，一个专业连续三年不招生，就得重新申报。很多高校感觉专业申报比较烦琐，因此即使不想继续办这个专业，还是要通过招生维持专业的存在。笔者的一个朋友所在系，办了一个专业。试办一年后，大部分教师都不愿意继续办了，可考虑到专业申报过程的不容易，一直维持一个较小的招生规模，不希望这个专业被撤销。

通过参与几次调研发现：①政府在高校本科专业设置中还是在行使组织管理者的角色，甚至感觉到自己的权力还不够多，以至于很多高校不把自己的指示当回事。于是，千方百计地通过各种方法扩大自己的权力，实现对高校本科专业设置的全面掌控。②高校希望政府在高校本科专业设置方面提供更多的服务。在专业设置方面也希望通过政府的力量获得更多的支持，因此也没有强烈地表达自己的权力欲望。③面对政府管理过程中存在的问题，高校往往采取消极应对的策略，在高校本科专业设置方面没有应有的积极性。造成这种现象的原因是多方面的：①我国公办高校的经费来源主要靠政府投资，对政府的资源依赖性比较强。高校在与政府的博弈中明显处于下风。②高校本科专业设置在缺乏其他利益相关者参与的情况下，高校在专业设置方面可只考虑政府的需要，很容易达成一致，从而掩盖本科专业设置中真正存在的问题。

另外，从现实发生的一些实际案例中，我们也能感受到某些高校对政府乃至政府官员在专业设置方面言论的言听计从。通过新闻我们能够深刻地感受到政府对高校本科专业设置的影响。

新闻①背景：

2008年，对于河南农业大学来说，是值得记忆的一年。在这看似普通的一年中，河南农业大学成了全国唯一一个敢吃螃蟹的高校，在全国高校中率先设立了第一个“村官”专业。河南农业大学“村官”专业的设立及招生，引起了社会各界强烈关注。农大缘何敢为全国先，开设“村官”专业呢？这一切还得从最初一个会议上说起。

在2008年4月15日河南省选聘高校毕业生到村任职工作会议上，河南省委书记徐光春提出了一个新的命题：高校能不能开设个“村官”专业？徐光春认为，大学生“村官”的成长离不开大学良好的教育培养，高校毕业生到村任职是一项着眼长远的举措，教育部门在专业设计、课程安排上也应该跟着这个思路改进工作。

事实上，在省委书记徐光春的“点题”背后，是农村对专业人才的企盼。河南省自2003年开始，在平顶山市和鹤壁市先行试点“大学生村干部”计划，2005年在全省全面实施。2008年，河南省计划进一步加大选派“大学生村干部”的力度，预计到2010年，河南省每个行政村将至少有一名大学生村干部。

“其实，我们理解徐书记的意思是，高等教育的改革能不能适应社会发展的需要，我们培养的人才是不是令人民满意。”王艳玲告诉记者，徐书记的讲话令她开始思考高校教育的属性。作为一个以“科教兴农”为己任的高校，河南农大理应承担起时下新农村建设最急需人才的培养重任，事实上，河南农大在这方面已经做了十多年的努力，也取得了不错的效果。

河南农大决定抓住开设“村官”专业这一服务新农村建设的难得机遇。随即，农大迅速开展了“村官”专业设置的可行性调研。调查发现，近年来，河南农村专业人才需求量巨大，参与“村官”选拔也成了大学生就业的热门选择。但不少大学生“村官”往往“下得去”但“留不住”。原因是很多大学生“村官”并非专业出身，不懂农业、不了解农民，在指导农民搞农业创意项目规划、种植业、畜牧养殖等方面常常感到力不从心、无从下手。可以说，这个专业是结合农大自身的学科优势以及农村人才需求而开设的。经过调研和准备，河南农业大学召开了教学指导委员会2008年第一次全体会议，这次会议讨论通过了《农村管理与发展（专业方向）人才培养方案》。按照这一方案，该校决定采取专业、辅修专业、选修课模块等三种形

① 杨广现，李明德．探访全国首个大学生村官课堂——河南农业大学开设了专门培养“村官”的“农村发展与管理”专业［EB/OL］．［2009－05－04］．http://wanzhen2003 czx. blog. 163. com/blog/static/1178585320081131105714950/.

式，开展现代“大学生村官”人才培养工作。省教育厅以最快速度批复了该校的“村官”专业方案，下达了招生计划。

2008年9月1日，河南农大迎来了首批“村官”专业的60名学生，他们是从近千名报考该专业的学生中经过层层严格筛选后，被选中录取的。

通过上面的新闻，我们可以看出，河南农业大学设置“村官”专业的灵感，来自河南省委书记徐光春的讲话：“高校可以尝试设置与农村基层管理、农村政策研究、新农村建设相关的村官专业。”河南农业大学校长听了书记讲话，马上“为之一振”，回去就把“村官专业”给开起来了。领导一句话，就能够产生一个新的专业，这种现象在中国屡见不鲜。2009年沈阳大学在市委书记的授意下开设信访专业，后学校出面澄清是在法学专业下设“信访”方向。沈阳市信访局局长陈国强认为，市委书记提议设立信访专业方向，是沈阳市信访工作改革的一部分。[①] 在这个事例中，专业就像手中的塑泥，想怎么捏就怎么捏，想怎么设就怎么设，只要符合某个人的意愿就可以了。在这样一种背景下，即使高校被赋予了专业设置的权力又能怎么样呢？难怪有学者认为：“大学自主权不是来源于外在制度建设，不是行政机关的赐予，而是来源于内在制度，在于大学内部学术自由精神的培育。中国大学教师‘超然性’的品格和特立独行的精神才是大学自主权的主要内涵。”[②]

（二）高校权力有限，但有限的权力缺乏有效监管

目前，我国高校在本科专业设置方面的权力是有限的，但也存在被滥用的现象。

首先，在市场经济条件下，高校是面向市场独立办学的市场主体，是具有明确的利益追求的“理性经济人”，因此在高校本科专业设置上很难做出公允的决定，有可能会做出“逐利性”的选择。

下面是一所高校设置公共管理学（教育管理方面）的专业设置申请理由：

第一，从市场需求角度分析，公共事务管理有很大的市场需要前景。本着厚基础、宽口径、重能力的课程设计方案，公共事务管理人员应具有综合的知识与能力，较强的动手能力与实际操作能力，这样的中、初级管理人才比较受用人单位的欢迎，就业途径宽广。例如，就学校中、初级管理岗位而言，××省中小学四万余所，学校的教务管理、档案管理、办公系统管理、学生管理、后勤管理等就需要大量的初、中级管理人员。此外，政府现在越

---

① 沈阳大学“信访班”创办始末：机制改革凸显人才需求［EB/OL］.［2009－06－02］. http://news.xinhuanet.com/local/2009-06/08/content_11504937_2.htm.

② 周光礼. 学术自由与大学办学自主权［J］. 科技导报，2002（6）：9－11.

来越重视社区管理，能够从事社区基层公共管理、社区服务管理和社区文化教育宣传的初、中级管理人员，也普遍受到各街道办事处的欢迎，××省的一些大中城市的街道办事处也非常缺乏这方面的初、中级管理人才。因此，该专业有很大的市场需要前景，学生就业有一定的保证。

第二，公共事务管理专业对考生有很强的吸引力。公共事务管理人员或属于国家公务员（如政府行政管理部门人员、社区管理人员），或属于一般管理专业技术人员（如企业的行政管理部门人员，学校中、初级管理岗位人员）等，收入稳定，社会地位较高，有责任感、成就感，受到社会尊重，有可能成为一部分年轻人的择业选择，因此生源有一定的保证。

第三，公共事务管理专业具有独特的优势。公共事务管理专业在教育市场上正处于产品生命周期的上升阶段，随着社会的发展，公共事务管理专业具有比较好的发展前景，是教育市场上的一个机会。在同类学校中，不少院校已开设了公共事务管理专业，但他们的培养目标大多是中、高级管理人员，中、初级管理人才的培养还留有很大的空间，我系申报的公共事务管理（教育管理）专业，学生培养目标定位于为政府行政管理部门、文化教育部门、社区和社会保障等公共事业单位的行政部门和企业的行政管理部门从事一般的管理工作和专业技术工作，因而在一定程度上填补了这一市场空白，具有广阔的发展前景。

分析上述专业设置申请理由，不难看出，上述理由的阐述是缺乏市场调研的纯粹理论分析，是站在专业设置者的角度来论证分析的，有点想当然的味道。其实，查阅很多专业设置的申请理由基本都是按上述模式来陈述的，给人的感觉是无论设置什么专业，都可以有充分的理由。

在调研的过程中，一位参与过系里专业设置申报过程的教师描述了以下情景：

教研室组织教师讨论要不要设置公共事务管理专业，大家各抒己见，讨论得非常热烈。

在开始讨论的时候，一位德高望重的教授首先表达了自己的观点：我们研究这个学科，一定要有一个专业作为支撑，如果不设置这个专业，我们感觉就像浮萍一样，没有自己的学科归属，也没有自己的专业地位，所以，我认为应该设置。

这个观点引发了大家的共鸣。很多教师说，最近几年，因为没有公共管理的学科专业建设，很多人都走了。留下的，也是在为别的学科专业打工，上点公选课，以及其他相近专业的边缘课程，没有什么归属感和成就感。

在这种论调下，大家都认为应该申请设置这个专业。

不过一位教师表达了自己的担心：设置这个专业，我们的条件是不是达到了呢？有些课程，我们现有的教师都没有相应的研究，怎么开呢？

一位年轻的教师说："现在很多大学在开始新专业的时候，都面临这个问题。比如，一所'211'大学新设置了旅游管理系，把地理、历史、管理学科的一些教师凑在一起就开设了。第一届学生连旅游管理的专业课都没人上，结果一位教育学毕业的年轻教师在上旅游管理的课程。"

另一位教师说道："先把专业拿下来，课程开设的事可以慢慢解决。实在不行可以聘一些代课教师来上课。我在读本科的时候，很多课程都是外面聘请回来的代课教师上的。"

教研室主任也表达了自己的担忧，说："公共事务管理专业的就业是一个难题，如果招了一批孩子，在这里学习了 4 年，不能找到一个理想的工作，感觉很对不住他们。所以，在课程设置方面应该多考虑一些实用性的课程。"

一位教师说道："就业与专业没有什么必然的联系。现在很多单位用人都大浪淘沙似的，关键还是看学生的综合素质，我觉得应该多给学生一些实习、锻炼的机会。"

教研室主任说道："是呀。设置这个专业还意味着要联系相关的实习基地。"

……

上述专业设置申报讨论的过程可以告诉我们两点：①在专业设置方面，高校内部也不能公允地决定设置或不设置某一个专业。②高校自主设置专业并不能解决高校本科专业设置中出现的问题。打开我国任何一所普通本科高校的招生目录，基本上是 11 个学科门类[①]都有相应的专业招生。这既有办学者追求"大而全"的原因，也有每个学科的教师都希望有一个专业归属的原因。而反观国外一些著名高校的专业设置，往往注重在少数一些专业中做出特色、做出品牌。

其次，由于专业质量判断的标准比较模糊，高校在本科专业设置方面有限的权力缺乏有效的监管。

高校本科专业设置的出发点在高校，终结点在政府审批。从这个意义上来看，高校申报什么专业、申报多少专业、怎么组织申报都是高校内部的事情。也就是说一个专业通过审批获得招生资格的前提是高校申报。应该说，

---

① 11 个学科门类主要包括哲学、经济学、法学、教育学、文学、历史学、理学、工学、农学、医学、管理学。

除了政府最后的审批和备案，高校在本科专业设置方面也拥有一定的权力。从目前我国高校本科专业设置的现状来看，高校在本科专业设置方面有限的权力缺乏有效的监管。具体表现是：①专业设置的经济性。高校在申报新专业时往往选择发展成本低的文法经管类专业。这些专业最大的特点是不需要仪器设备的投入，只要提供最基本的学习场所和教学设备就可以开设了，有人戏称是“一张嘴＋一块黑板”就能办的专业。一些投入少、收益高的学科专业快速发展了起来，相反，一些传统的、投入大的、经济效益不高的专业得不到重视，日渐萎缩。从各高校新增专业的趋势来看，文法经管类专业增加的速度远远高于理工类专业的增加速度，表 3－24 也反映了这样一种趋势。从专业布点的分布来看，不需要仪器设备的专业布点数也是比较高的。通过表 3－25 可以看出在 2008 年布点数前十名的专业中，英语、国际经济与贸易、市场营销、法学、汉语言文学等文法经管类专业占了大半，在计算机已经普及化的今天，计算机科学与技术、电子信息工程、信息与计算机科学等专业的前期投入也不是很大。所以，办学成本低的专业往往占据专业布点排行的前几名。②专业设置的盲目性。有些学校不研究社会需求，因人设庙、因人保庙，有什么条件就办什么专业。③专业设置的随意性。一些学校不顾办学条件，看到市场需要什么就设什么，哪些专业热门就办什么，哪些专业容易办就办哪些专业。

表 3－24 部分高校本科新增专业统计表（2001—2003）

高校名称	2001 年		2002 年		2003 年	
	新增本科专业	增加数目	新增本科专业	增加数目	新增本科专业	增加数目
北京大学	新闻学、广播电视编导、人力资源管理、公共事业管理	4	应用语言学（W）、广播电视新闻学、应用物理学	3	环境资源与开发经济学（W）、国际政治经济学（W）、医学实验学（W）、口腔修复工艺学（W）、应用药学（W）、公共政策学（W）、城市管理（W）	7

（续上表）

高校名称	2001年		2002年		2003年	
	新增本科专业	增加数目	新增本科专业	增加数目	新增本科专业	增加数目
清华大学	新闻学	1	无	0	无	0
北京师范大学	金融学、汉语言、博物馆学、地理信息系统、环境工程	5	社会工作、人力资源管理	2	运动训练、艺术设计、信息科学技术（W）、资源环境科学（W）、会计学、电子商务（W）、影视学（W、T）	7
首都师范大学	学前教育、世界历史、信息与计算科学、电子信息工程、信息管理与信息系统、劳动与社会保障	6	社会工作、教育技术学、绘画、戏曲影视文学、地理信息系统	5	信息工程、软件工程（W）、公共事业管理	3
复旦大学	财政学、光信息科学与技术、生物医学工程	3	传播学、心理学、飞行器设计与工程	3	保险（W）、艺术设计学、软件工程（W）、电器工程及其自动化	4
上海师范大学	应用化学、通信工程、环境工程	3	档案学、舞蹈学、土木工程、教育学、统计学、法学、表演	7	哲学、对外汉语、编辑出版学、音乐表演、绘画	5

（续上表）

高校名称	2001 年		2002 年		2003 年	
	新增本科专业	增加数目	新增本科专业	增加数目	新增本科专业	增加数目
华东师范大学	无	0	艺术教育、保险（W）、通信工程、应用化学、生态学、广告学、新闻学、社会体育、软件工程	9	汉语言、应用心理学	2
浙江大学	法语、编辑出版学、美术学、水产养殖学、中药学、电子商务	6	汉语言、生物信息学（W）、电子信息科学与技术、生物系统工程（W、T）、应用生物科学（W、替）	5	系统科学与工程、工业工程、电子商务、地球信息科学与技术（T）、资源环境科学（T）、能源与环境系统工程（T）、水资源与海洋工程（T）、信息资源管理（T）	8
武汉大学	宗教学、财政学、地理科学、地球物理学、信息安全、基础医学、预防医学、医学影像学	8	金融工程（W）、外交学、播音与主持艺术、光信息科学与技术、工业设计、遥感科学与技术（W）、电子商务（W）	7	水务工程（W）、空间信息与数学技术（W）、水质科学与技术（W）、电子商务（W）、给水排水工程	5

（续上表）

高校名称	2001年		2002年		2003年	
	新增本科专业	增加数目	新增本科专业	增加数目	新增本科专业	增加数目
华中师范大学	戏曲影视文学、信息与计算科学、统计学、电子信息工程、人力资源管理、电子商务	6	经济学	1	社会工作、国际政治、资源环境与城市规划管理	3
南京大学	国际政治、广告学、通信工程	3	社会工作、生物医学工程、电子商务（W）	3	广播电视新闻学	1
南京师范大学	社会体育、动画、广播电视编导、环境科学、机械工程及自动化、测控技术与仪器、通信工程、建筑环境与设备工程、食品科学与工程、行政管理	10	汉语言、意大利语、戏剧影视美术设计、环境工程、人力资源管理	5	朝鲜语、舞蹈编导、博物馆学、应用物理学、热能与动力系统、电器工程及其自动化、自动化、会计学、财务管理	9
中山大学	地理信息系统、光信息科学与技术、环境工程、化学工程与工艺、财务管理	5	金融学、国际政治、汉语言、新闻学、生物医学工程、软件工程（W）、网络工程（W）、医学检验、电子商务（W）、公共政策学（W）	10	艺术设计学、微电子学、高分子材料与工程、交通工程、康复医疗学（W）、电子商务（W）、人类学（W、T）	7

（续上表）

高校名称	2001 年		2002 年		2003 年	
	新增本科专业	增加数目	新增本科专业	增加数目	新增本科专业	增加数目
暨南大学	广播电视新闻学、药学	2	国际政治、信息与计算科学、高分子材料与工程、电子商务（W）	4	生物科学、软件工程（W）、环境工程、中药学、电子商务（W）	5
湖南师范大学	运动人体科学、播音与主持艺术、资源管理与城乡规划管理、化学工程与工艺、市场营销	5	金融学、社会体育、广播电视新闻学、电子信息科学与技术、劳动与社会保障	5	广告学、应用心理学、通信工程、制药工程、护理学、工商管理、行政管理	7
东北师范大学	民族传统体育、广播电视新闻学、地理信息系统、新闻学	4	金融学、雕塑、统计学、工商管理、旅游管理、行政管理	6	财政学、国际政治、软件工程（W）、市场营销、会计学	5
西南师范大学	新闻学、应用心理学、人力资源管理	3	社会工作、人文教育（W）、雕塑、表演、广播电视编导、生物技术、地理信息系统、材料物理、自动化、电子商务（W）	10	科学教育（W）、对外汉语、播音与主持艺术、材料化学、软件工程（W）、行政管理	6

表 3-25　2008 年布点数在前十名的目录内专业①

	专业名称	布点数
1	英语	919
2	计算机科学与技术	862
3	国际经济与贸易	688
4	市场营销	675
5	法学	615
6	电子信息工程	585
7	汉语言文学	537
8	会计学	523
9	信息与计算机科学	502
10	数学与应用数学	478

上述问题的出现与我国高校本科专业设置缺乏应有的权力制衡有密切的关系。在没有其他利益相关者的权力制衡下，高校一方面缺乏本科专业设置的最终决定权，而另一方面也不好好利用手中的权力。政府对高校的监管也受到各种影响因素的制约，不可能取得很好的效果。比如，为保证本科专业教学质量，我国实行的本科教学质量评估工程一直没有取得应有的成效，有些高校甚至通过造假来应付评估。所以，在现行的高校本科专业权力结构下，高校的投机行为不可能改变。改革高校本科专业设置权力结构，构建合理有序的高校本科专业设置主体关系模式才是解决问题的关键。

（三）社会力量没有参与的机会

近些年来，大学生就业难，成为社会热门话题。尽管对大学生就业难的原因有各种不同的解读。但是，我们必须看到，大学生就业难与社会用人单位招聘不到合适的员工是同时并存的。这种现象可以告诉我们，大学生就业难主要源于高校人才培养与社会人才需求不对应。而造成不对应的一个重要原因就是社会用人单位没有参与高校本科专业设置的机会。高校人才培养具有一定的周期性，如果不通过与社会用人单位的沟通，及时调整专业人才培养的模式，很有可能出现当社会上需要某种类型的人才时，高校还没有培养出来，而当高校设置了相关专业，经过一个培养周期后，社会可能已不需要

① 刘少雪．高等学校本科专业结构、设置及管理机制研究［M］．北京：高等教育出版社，2009：63．

这类人才。因此，允许社会力量参与高校本科专业设置，可加强高校人才培养与社会人才需求的联系。但从调研结果来看，我国社会用人单位基本没有参与高校本科专业设置的机会。

首先，从两届教育部学科发展与专业设置专家委员会的名单以及部分省市高等学校专业设置评议委员会组成人员名单来看，我国高校本科专业设置基本囿于高校内部，没有认识到社会上其他人士参与的重大价值。

教育部第一届学科发展与专业设置专家委员会名单

主任委员：李延保（中山大学）

副主任委员：郭孔辉（吉林大学） 杨家庆（清华大学）
李文鑫（武汉大学） 李晓明（北京大学）

委　员：吕兆丰（北京大学） 吴志攀（北京大学）
林岗（中国人民大学） 周海梦（清华大学）
杨肇厦（北京交通大学） 郑守曾（北京中医药大学）
史培军（北京师范大学） 钟美荪（北京外国语大学）
胡正荣（北京广播学院） 齐二石（天津大学）
刘积仁（东北大学） 张文显（吉林大学）
孙莱祥（复旦大学） 叶取源（上海交通大学）
李国强（同济大学） 陈田初（东华大学）
马钦荣（华东师范大学） 金德环（上海财经大学）
闵乃本（南京大学） 陈德人（浙江大学）
潘世墨（厦门大学） 叶永刚（武汉大学）
刘献君（华中科技大学） 严新平（武汉理工大学）
李忠云（华中农业大学） 陈启元（中南大学）
林亚平（湖南大学） 李元元（华南理工大学）
孙卫国（四川大学） 聂在平（电子科技大学）
刘灿（西南财经大学） 席酉民（西安交通大学）
马建峰（西安电子科技大学） 季平（教育部发展规划司）
陈曦（教育部高校学生司）
季克异（教育部体育卫生与艺术教育司）

教育部第一届学科发展与专业设置专家委员会共有 41 人，其中主任委员 1 人，副主任委员 4 人，委员 36 人。41 人中，来自高校的有 38 人，占 92%，并且基本都来自研究型大学的校级领导，一般普通本科院校基本没有人进入专家委员会；来自教育部的有 3 人，占 8%。名单的构成充分表明以下几点：①高校本科专业设置基本是高等教育系统内部的事情，没有考虑社会力量在高校本科专业设置中应该发挥的作用。②专家委员会成员主要来自研究型大学，一般本科院校没有人进入专家委员会。不同层次高校本科专业设置的定位有明显的不同，这种没有一般本科院校代表的专家委员会，在专业设置审定方面极有可能忽视了一般本科院校在专业设置方面的诉求。

教育部第二届学科发展与专业设置专家委员会名单

主任委员：贺美英（清华大学）
副主任委员：张文显（吉林大学）　黄达人（中山大学）
林建华（北京大学）　叶取源（上海交通大学）
李文鑫（武汉大学）
委　员：冯　俊（中国人民大学）　周海梦（清华大学）
王永生（北京交通大学）　孙逢春（北京理工大学）
郭广生（北京化工大学）　张英海（北京邮电大学）
宋维明（北京林业大学）　吕兆丰（首都医科大学）
郑守曾（北京中医药大学）　韩　震（北京师范大学）
钟美荪（北京外国语大学）　高福安（中国传媒大学）
李维安（南开大学）　齐二石（天津大学）
杨　劼（内蒙古大学）　周　玉（哈尔滨工业大学）
蔡达峰（复旦大学）　李国强（同济大学）
陈田初（东华大学）　马钦荣（上海财经大学）
张大良（南京大学）　郑家茂（东南大学）
姒健敏（浙江大学）　潘世墨（厦门大学）
周文斌（南昌大学）　樊丽明（山东大学）
宋毛平（郑州大学）　王　乘（华中科技大学）
李忠云（华中农业大学）　陈小君（中南财经政法大学）
陈启元（中南大学）　李元元（华南理工大学）
吴家清（广东商学院）　余　瑾（广西大学）
杨天怡（重庆大学）　孙卫国（四川大学）
黄　庆（西南交通大学）　聂在平（电子科技大学）
刘　灿（西南财经大学）　武建国（云南大学）
李　琪（西安交通大学）　马建峰（西安电子科技大学）
王凤玲（国家发展和改革委员会社会发展司）
解江林（卫生部科教司）　赵　明（国家中医药管理局科教司）
季克异（中国中小学幼儿教师奖励教育基金会）

游　森（教育部发展规划司） 王　辉（教育部高校学生司）
任增林（教育部学位管理与研究生司）
宋　毅（教育部高等教育司）

教育部第二届学科发展与专业设置专家委员会共有 56 人，其中主任委员 1 人，副主任委员 5 人，委员 50 人。56 人中，来自高校的有 48 人，约占 86%；来自教育部的 4 人，约占 7%；来自其他机构的 4 人，约占 7%。与第一届专家委员会成员构成相比，第二届成员构成最大的变化是吸收了高校和教育之外的委员，但是比例仍然非常低。还有一点就是一般普通本科院校有了一些代表，尽管与庞大的重点本科院校相比，比例还非常小。

与教育部学科发展与专业设置专家委员会类似，地方高等学校专业设置评议委员会组成人员也具有不注重社会力量代表的现象。以 2003 年吉林省高等学校专业设置评议委员会组成人员名单为例，名单基本由教育厅和省属高校领导构成，其他社会代表完全不见踪影。浙江省第八届高等学校专业设置评议委员也是一样，基本由教育厅和省属高校领导构成。这种现象表明，我国高校本科专业设置没有给予社会用人单位参与的机会。

2003 年吉林省高等学校专业设置评议委员会组成人员名单

主任委员：蒋力华（吉林省教育厅厅长）
副主任委员：刘勇兵（吉林省教育厅副厅长）
　　　　　彭永林（吉林省发展计划委员会副主任）
委　员：杨　忠（东北师范大学副校长） 赵　继（吉林大学副校长）
　　　杨金顺（东北电力学院副院长 盖同祥（延边大学副校长）
　　　徐洪吉（长春理工大学副校长） 韩立强（长春工业大学副校长）
　　　郭庆海（吉林农业大学副校长） 张　凯（北华大学副校长）
　　　雷　庆（长春税务学院副院长） 杨景海（吉林师范大学副校长）
　　　王永平（吉林建工学院副院长 庄树范（长春大学副校长）
　　　刘宏岩（长春中医学院副院长）
　　　杨　放（吉林工程技术师范学院副院长）
　　　熙　莹（长春工程学院副院长）
　　　李明泰（吉林省广播电视大学副校长）
　　　赵中岳（吉林省经济管理干部学院副院长）
　　　鞠学孟（吉林财税高等专科学校校长）
　　　高树德（吉林交通职业技术学院副院长）
　　　高　新（吉林省教育厅高等教育处处长）

杨淑秋（吉林省教育厅发展规划处处长）
孙维杰（吉林省教育厅学生处处长）
房继路（吉林省发展计划委员会社会发展处处长）
秘　书：靳国庆（吉林省教育厅高等教育处副处长）
马丽红（吉林省教育厅发展规划处）
张万钟（吉林省发展计划委员会社会发展处）

浙江省教育厅关于组建浙江省第八届高等学校专业设置评议委员会的通知

各高等学校：

按照《浙江省高等学校专业设置评议委员会章程》的规定，经研究，决定组建浙江省第八届高等学校专业设置评议委员会，任期2年。具体名单如下：

主　任：李　鲁（省委教育工委副书记、省教育厅副厅长）
副主任：肖瑞峰（浙江工业大学副校长）
委　员：杨　玲（浙江师范大学副校长）
赵　伐（宁波大学副校长）
刘　健（中国美术学院副院长）
陈畴镛（杭州电子科技大学副校长）
陈建勇（浙江理工大学副校长）
李金昌（浙江工商大学副校长）
连建伟（浙江中医药大学副校长）
吕　帆（温州医学院副院长）
俟　宇（中国计量学院副院长）
张立钦（浙江林学院副院长）
虞聪达（浙江海洋学院副院长）
钟晓敏（浙江财经学院副院长）
丁东澜（杭州师范大学副校长）
林娟娟（温州大学副校长）
应　晶（浙江大学城市学院副院长）
王文斌（宁波大学科技学院院长）
周建松（浙江金融职业学院院长）
苏志刚（宁波职业技术学院院长）
管　平（浙江机电职业技术学院院长）
丁金昌（温州职业技术学院院长）
胡　野（金华职业技术学院副院长）

黄兴瑞（浙江警官职业学院院长）
陈丽能（浙江经济职业技术学院院长）
王怡民（浙江交通职业技术学院院长）
高　榕（省卫生厅科教处副处长）
庄华洁（省教育厅高教处处长）
励如孟（省教育厅师范处处长）

浙江省教育厅
二〇〇八年八月二十五日

其次，从调研结果来看，社会用人机构力量没有参与高校本科专业设置的机会。以下是广东省高等学校学科专业设置与人才培养方案专项调研的报告（节选）：①

参与调研的社会用人机构主要包括粤电集团、珠江钢琴集团、广汽集团汽车工程研究院、省人事厅人才服务局等十个用人单位的代表。他们在调研会上提出了以下问题：

一、关于高校毕业生素质

一是毕业生总体表现为良好以上，理论基础扎实，计算机技术应用水平高，综合素质有较好的发展潜力，敬业精神比较好。但社交能力较差，应届毕业生缺乏实际经验，比不上直接从社会上招聘过来的人员。如广盛公司招聘的本科学生动手能力不够强，缺乏实践能力，又不愿意到基层就业，集中表现在工程类的毕业生。珠江钢琴集团招聘的大学生中有较多实践经历企业的学生与实践经历少的学生素质相差很远。

二是专业知识掌握牢固，个性突出、专项技能比较好，但综合素质还有待提高，复合型人才较缺乏。如珠江钢琴集团近几年招聘的钢琴制造行业的高级技工的技能很好，但缺乏相应的钢琴演奏技能；广盛公司招聘的大学毕业生复合型的人才比较少，尤其是公文写作的人才比较少，有些工科专业毕业生就连简单的工作报告、立项书都写不好；广汽集团汽车工程研究院招聘的毕业生文字与口头表达能力比较差，广东毕业生与内地学生存在着一定的差距。

三是大学生在校生规模不断扩大，但学生的综合能力有逐渐下降的趋势，高校办学水平有待提高。一方面大学生找不到工作，另一方面用人单位找不到适合工作岗位的人才，这种现象在当前人才市场上普遍存在。有些高

① 本部分调研情况是在参与黄崴教授主持的广东省高等学校学科专业设置与人才培养方案专项调研过程中获得的资料。

校人才培养路径与产业发展路径无法对接，特别是工科类的人才培养。

四是大学生普遍不愿意下基层工作。用人单位的基层有许多岗位虚位以待，但没有人来应聘。学生面对就业没有好的就业观、心理素质，对企业、社会了解得不深入，对社会的发展变化和产业调整变化没有超前的思想准备，没有制定好自己的成长规划。

五是学校的理论课程内容很丰富，横向到底、纵向到边，但教学内容变化不大。现代产业的发展是相互联系的整体，产业的发展有其自身规律的技术路线图，从长远来看，高校的教学内容与人才培养方式应与产业技术发展变化的路线图相适应。

针对以上现象用人单位代表提出：一是加强高校、行业、企业、政府之间产学研的深度合作，强化工学结合；二是按行业实际岗位的用工要求加大高校课程体系的改革，强化实践环节与过程；三是加快实施低年级学生宽口径学科学习制，提高复合型人才培养质量与数量，特别是工科类复合型人才的培养力度；四是加大投入，按实际岗位建设现代综合实训中心，提高学生的实际动手能力；五是提早对学生进行就业指导，按区域产业规划和发展指导学生做好自己的成长规划，加强就业观与职业道德的培养；六是按区域产业的技术发展与变化建立高校课程体系的自动调整机制；七是一方面强化应用型、技能型本科人才培养力度，提高人才培养的针对性和适应性，另一方面要提高应用型人才的社会地位和待遇；八是建立专业人才继续教育机制，提高人才适应知识快速更新的能力。

二、关于高校人才培养结构

一是文科人才严重偏多。在调研中，除了财务管理、工商管理、人力资源管理的高端领军人才外，用人单位只字不提文科人才的使用和招聘要求。

二是建筑工业类、电子信息、桥梁、采选冶专业（最为紧缺的）、房地产、工程造价以及财务管理、工商管理、人力资源管理、物流管理（主要是领军的人才紧缺）等专业方面的人才紧缺或学科专业优势不强。

三是我省公路管理、飞机发动机维修、民航行业、汽车行业、灯饰行业和钢铁业人才的需求量大，但我省高校培养则很少，没有前瞻性。

四是省工科专业总体是远远不足，与建设现代产业体系不适应。

五是我省高校学科专业建设不能满足我省建设现代服务集聚区，建设深圳、广州服务外包基地和加强港澳服务业合作的要求。现代服务业的高端人才，特别是服务外包、酒店管理、旅游管理、会展等方面的高端人才紧缺。

六是广东在船运、雷达、卫星通信、卫星导航专业方面的人才较少，特别缺乏技术支持和技术团队支持。

七是新能源学科专业建设滞后于产业的发展。电力专业人才、特别是核能动力人才，省内相当缺乏，高校供给明显不足。对于太阳能和风力发电，我省高校没有设置相关学科专业，高校对新能源学科专业建设的敏感度不强。

八是具有广东特色的学科专业空白或优势不强，影响地方科学研究和产业发展。如我省在石漠化的研究、治理方面比较薄弱，缺少基础性的研究，我省高校没有设置石漠专业；如我省高校农业机械化优势不强，使广东农业机械化水平长期低于全国平均水平。

九是一些高等学校办学定位不明确，大而全的高校多，有特色的高校少。

用人单位代表认为，我省高校要优先发展现代服务业、先进制造业、高新技术产业、优势传统产业、现代农业、基础产业等六大产业群的学科专业，优先发展国家和广东紧缺人才领域的学科专业，建立符合我省现代产业体系的高等学校学科专业体系，按照广东产业发展规划，重点优先发展现代服务业相关的学科专业建设。代表还强调我省高校调整优化学科专业结构还要扎实做好三方面的工作。一是建立研究区域产业体系与产业规划机制，确保各校每年主动地、深入地研究区域产业体系的调整升级与发展路径，掌握产业发展的动态；二是坚定不移地根据区域产业体系的动态发展，调整优化高校的学科专业结构；三是加强对新兴产业的系统研究，高校要主动，要敏锐，尽早地研究新兴产业的发展动向，尽早地设置新兴学科专业，尽早地支撑新兴产业的发展；四是着力建设一批具有广东特色的学科专业，促进与支撑广东特色产业的发展；五是高校要明确办学定位，不能片面追求规模，着力突出特色、创出品牌。

三、关于如何提高高校人才培养的针对性

一是建立高校、政府、企业和社会信息通报制度，加大高校研究成果、研究规划、学科专业建设及人才培养等信息通报力度，促使信息与政府、行业、企业和社会的信息对接，进一步提高高校服务政府、行业、企业和社会的水平。

二是建立教师到用人单位实践的长效机制，强化教师实践经历，提高教师实践与应用方面的指导能力与水平。

三是建立高校与政府、行业和企业的长效交流机制，确保学校在各个领域和各个层面上交流与合作。

四是建立社会人才需求与供求数据信息共享平台，提高高校调整优化学科专业结构与人才培养方案的科学性、针对性和适应性。

五是在完善高校与政府、行业和企业的科研合作的基础上，要着力加强人才培养的合作。

六是高校要充分利用与企业联合建设研究所这一平台，建立校企科研交流机制，促进教师与学生广泛参与企业的生产及科研活动，提高师生研究项目参与率，特别是学生的参与率。

上述用人单位的建议反映出高校本科专业设置与人才培养忽视社会用人机构的现象还是比较严重的。十家用人单位代表的说法证明了高校本科专业设置还处于闭门造车的阶段，很少考虑社会上的人才需求状况。造成这种现象的原因是多方面的，因双方合作交流机制不健全而导致的信息沟通不畅是主要的原因。所以，高校本科专业设置应尊重社会的参与地位。在调研过程中，作为核心利益相关者的社会用人机构也表达出了强烈的参与诉求。

（四）学生没有知情权、选择权和参与权

在高校本科专业设置过程中，学生是高校专业的消费者，学生选择一个专业来读，目的是通过专业学习提升自己的综合素质和职场竞争力。在高等教育成本分担，学生交费上学的情况下，作为专业的消费者，学生在高校本科专业设置过程中，应有知情权、选择权、参与权。从我国高校本科专业设置的过程来看，学生的主体地位没有得到应有的重视。杨东平先生在一次学术报告中曾明确提出：学生自己交费上学，当然有权选择自己喜欢的专业，但是现在不给他选择的权利。不论是鲁迅、郭沫若还是胡适，他们都是转学、转专业成才的，人的自我认识、自我发现是在漫长成长过程中逐渐完成的，高中时候的志向和大学时的志向不见得是一致的，所以一个好的教育制度必须有这样的灵活性，允许学生调整和转换。但是，在我国，由于传统狭隘的师道尊严观念的束缚以及越来越强大的行政管理权力，高等学校的学生权力被忽视。实际上，大学生是高等学校的主要成员，是高等教育活动的主要参加者。[①] 尤其是高校本科专业设置活动直接与大学生的利益密切相关，应在学生报考专业时，保障他们充分的知情权，让他们了解本专业的就业方向、历年来的就业情况等重要信息；在学生入读之后，给予他们重新选择的机会，保障他们的选择权；在高校本科专业课程、培养计划调整时，要与学生沟通、倾听他们的建议，保障他们的参与权。高等学校中的权力主体应该在平等的主体间性（intersubjective）环境里，建立一种合理的权力结构和表达方式，把学生权力作为新的制度设计和保障的重要参考因素。[②] 高等教育应把学生及其需要作为关心的重点，并把他们看作是高等教育改革的主要参与者。[③] 但在

① 胡子祥. 高校利益相关者治理模式初探［J］. 西南交通大学学报：社会科学版，2007（1）：17.

② 胡赤弟. 高等教育的利益相关者分析［J］. 教育研究，2005（3）：38－46.

③ The World Conference on Higher Education. World Declaration on Higher Education in the Twenty-first Century: Vision and Action. Adopted by the World Conference on Higher Education [EB/OL]. [2008－05－02]. http://www.unesco.org/education/educprog/wche/declaration_eng.htm.

高校本科专业设置实践中，学生的权力往往没有行使机会，调查问卷结果和问卷访谈的记录（见附录一），可以充分说明这一点。于是，在我国，高校本科专业设置选择基本是一锤子买卖，只要选择了，基本没有重新选择的机会。

首先，学生在选专业的时候，面临着信息不透明，往往稀里糊涂地做出了选择，对这个专业是什么，能够学到什么，毕业后能够从事什么职业，从事职业的工作状态都缺乏真实的了解。在就业成为专业选择的重要标准后，一些学生根据就业率统计情况来选择专业。而实际上，有些高校在专业就业率统计方面的注水与造假已经是公开的秘密。2009 年，西北政法大学的两位毕业生，在从未听说过就业单位的情况下，便与当地两家公司"签订"了就业协议，一时间，"被就业"成为社会热门词汇。"被就业"现象充分印证了高校毕业生就业造假的事实。根据《南方周末》记者的调查，为了提高就业率，各高校都在施出浑身解数，力求毕业生就业率能够达到相应的标准。最常见的"策略"是毕业生不签就业协议书，不发毕业证。为了拿到毕业证，很多学生只能千方百计地找一个单位签订一份假的就业协议，以拿到毕业证后继续寻找工作。据说，在一所普通高校门口的小卖部也做起了收一点手续费，与学生签订就业协议的生意。

下面是一位教师在多次接到家长询问什么专业好的情况之后写的一篇感想，能够很好地反映学生在选择专业时的困惑。

什么专业好

读大学都要选一个专业。在中国这种教育体制下，专业非常重要。因为，选择只有一次，是一锤子买卖。一旦选错了，基本没有重新选择的机会。所以，每年填报志愿的时候，选什么专业是一个让人头痛的问题。每年我也接到很多求助的电话，问什么专业好。这个问题的确很难回答。因为，专业学习与就业之间有一个时间差。在中国产业结构升级速度很快、政策多变的情况下，专业前景就像坐过山车，根本没什么永远好或永远坏的专业。或者专业本没有好与坏之分，关键看是否喜欢，以及毕业那年的实际情况。其实，在中国，选择高校比选择专业更重要。主要原因是各高校在专业设置上根本没有自己的特色，不同高校的专业设置雷同现象非常严重。另外，在就业的时候高校比专业更有竞争力。有公司在招聘人才时明确提出了"三清"（本科、硕士、博士都是清华大学毕业）要求，足以看出名牌大学的影响力。正是因为学生没有调换专业或转学的权力，高校在专业设置上也是重名称的设计，轻专业内涵的发展。靠一个华丽的名称，把学生"忽悠"过来，成为很多高校专业设置的“基本原则”。这种通过一个专业名称，规定学习的课程和职业去向的专业模式的确需要改革了。让学生根据自己的职业爱好，选择课程搭配，然后确定专业方向是一种很好的改革思路。可是大学组织结构的条块分割使得这种改革没什么组织基础。因为，在大学中，某一个具体的专业往往属于一个学院或系，专业课程都由这个学院或系里的教师开设。于是一个教师上几门甚至更多的课程，如果没有教师上的课程干脆不开。这种囿于院系内部自己“倒腾”专业的现象，足以看出中国高校院系之间的隔阂。所以，教师按照自己的研究开设课程，学生根据自己的兴趣和职业趋向选择课程的理想模式，在短时间内根本无法实现。专业就像一副枷锁，套上了，就很难拿下来。能不能突破枷锁的控制，只能靠个人的努力和运气。

上述短文反映出学生在报考专业时的盲目，往往缺乏了解专业的途径。在无法准确把握专业信息的情况下做出了选择，当入读并真正了解之后，想调换已经没什么机会了。

其次，各高校虽然名义上允许学生入学后转专业，但实际上都设置了很多障碍。各高校在专业调换方面，都设定了一定的条件和程序。学生真正想调换专业往往有一定的难度。如果想通过转学的方式，实现自己的学习愿望就更难了。笔者大体查阅了一下高校转专业的条件：

（1）对成绩的要求比较高。有些高校对于高考成绩比较好的学生给予调换专业的权力。比如，安徽大学 2009 年高考招生方案就规定，凡报考“一本”的考生，考分高出安徽大学“一本”最低投档线 50 分及以上的，在专业不限报的前提下，可优先录取到所报考专业或相近专业。符合本条件的新生在入学报到后两周内，还可在校内今年招生的本科专业中重新申请调整一次专业。[①] 对于入读后调换专业一般都有一定的成绩要求，比如成绩必须进入所学专业的前 10% 才能调换专业。

（2）调换名额有限制。比如甘肃联合大学在新生调换专业的处理办法中就明确规定了名额限制：①少于 60 人的专业，控制在 2% 以内。②大于 60 人的专业，控制在 5% 以内。

（3）调换过程比较复杂。一般来说，要经过几个程序：在一个特定的时间段内（一般在大一学期末）所在专业同意转出，申请转入的专业同意接受，参加转专业的考试或面试，考试通过了，教务处审批。在这个过程中，

① 安徽大学率先公布高招方案，高分考生可调换专业［EB/OL］.［2009 - 12 - 28］. http://www.ahradio.com.cn/news/system/2009/04/09/000117953.shtml.

任何一个环节出问题都不可能成功转专业。

（4）高校转专业的条件“明亡实存”。很多高校在高考录取阶段都承诺可以转专业，甚至提出转专业没条件的口号，而实际上转专业都不是那么容易。比如，从2004年开始，北京科技大学在招生宣传中就提出了取消转专业条件的主张。其招生负责人在接受采访时，指出：任何一个学生一年级末都可以根据自己的兴趣爱好提出转专业的申请。但是，并不是说每个提出转专业的同学都能转成功，转成功与否的因素取决于他要转入这个专业对他的考核，就是说转入专业对他有一个评判，你是不是有学习这个专业的能力，是不是有这方面的天赋等等，目的就是更加鼓励学生主观能动性，调查学生学习积极性，更好地学习好知识。① 其实，在笔者看来，这种措施不但没有取消调换专业的条件，而是使调换专业的条件更加模糊，让学生琢磨不透，更增加了调换专业的难度。

最后，在专业实施的过程，如课程设置与调整、教师的安排、学习的组织形式等中学生都没有参与的权力。从整个专业选择到专业学习过程中，学生只是被动地接受，没有主动选择的机会。

其实作为花钱来接受专业学习的教育消费者，大学生对人才市场的变化更敏感，因为专业直接与他们的就业密切相关。把大学生排除在高校本科专业设置之外，其实是丧失了高校本科设置调整的一个重要信息渠道。

① 取消调换专业条件，北京科技大学招办主任韩经访谈实录［EB/OL］.［2010-01-05］. http://edu.qq.com/a/20050428/000179_2.htm.

第四章　部分发达国家高校本科专业设置中利益相关者行为分析

根据前一部分的分析，高校本科专业设置过程中的利益相关者主要有四类，分别是政府、高校、社会（用人机构等）、学生。本部分主要分析这四类主体在发达国家的本科专业设置调整过程中是如何发生作用的（行为分析），以期为建构我国高校本科专业设置主体关系模式提供借鉴。

一、高校本科专业设置主体关系模式分析

简单地说，模式就是从不断重复的事件中发现或归纳出的规律，也可以说是解决问题经验的总结。古今中外，不同国家为了更好地设置高校专业，理顺各类主体的关系，进行了很多的尝试，归纳不同国家的经验，可以得出多种高校本科专业设置主体关系模式。比如，在美国，高等学校的学科专业结构调整是政府教育主管部门、高等学校、教育中介机构等共同协商的结果。[①] 但是美国政府主管部门和教育中介机构只能通过立法、专业鉴定等途径发挥间接作用，高等学校在专业设置方面有很大的自主权。这种模式我们可以归纳为“高校自主”模式。从高校本科专业设置的历史来看，我国高校本科专业设置可以概括为“行政主导”模式。当然这种模式仍在不断的调整之中。

高等教育管理体制与国家的行政管理体制是密切相关的，也就是说一个国家的高校本科专业设置管理机制与这个国家的公共管理体制往往是一脉相承的。本研究尝试按照公共管理模式的不同，对高校本科专业设置利益相关者主体关系模式进行简要的分析。需要说明就是，无论哪一种模式，四类利益主体都在发挥应有的作用，只不过发挥作用的力度不同而已。我们知道，“国家或政府的公共管理活动的范围、内容和方式并不是一成不变的，而是随社会经济的发展而变化的”[②]。经过几百年的发展，西方发达国家已经进入现代市场经济阶段。现代市场经济是一种将市场调节与政府调控相结合，以

① 林蕙青. 高等学校学科专业结构调整研究［D］. 厦门：厦门大学，2006.

② 陈振明. 公共管理学——一种不同于传统行政学的研究途径［M］. 2 版. 北京：中国人民大学出版社，2003：27.

市场机制作为社会资源的主要配置手段的经济体制或经济运行方式。[1] 在如何处理政府与市场的关系上，不同的国家在不同的历史阶段都会有不同的选择，由此形成了错综复杂的政府与市场的关系。正如沃尔夫所说："市场与政府间的选择是复杂的，而且，通常并不尽是这两个方面，因为这不是纯粹在市场与政府间选择，而经常是在这两者不同组合间的选择以及资源配置的各种方式的不同长度上的选择。"[2] 当然，从政府与市场关系发展的主线来看，大致经历了信奉自由竞争的市场机制[3]；经济危机，市场"失灵"，凯恩斯主义兴起[4]；经济"滞胀"[5]，政府"失灵"，重新重视市场机制的作用三个阶段。从 20 世纪 80 年代起，在新自由主义经济理论的思潮下，西方政府管理改革声势浩大，改革内容繁多、形式多样，但基本上围绕三条主线进行：一是调整政府与社会、政府与市场的关系，减少政府职能，做到管少管好；二是利用市场和社会力量提供公共服务，弥补政府财力和服务能力的不足；三是改革政府部门内部的管理体制，提高公共机构的工作效率和服务质量。[6] 当然，不同国家的政治文化以及历史传统的差异，导致各个国家改革的力度不尽相同，公共管理模式在理念一致的情况下呈现出多样化的趋势。反映到高校学科专业设置管理上，由于政府干预力度的不同，也出现了不同的模式。

（一）政府主导的模式

这种模式主要分布在东亚新兴的市场经济国家，以日本为典型代表。政府从宏观上发挥高校专业设置的主导作用，高校在专业设置方面的自主权比较小，只能在政府规定的学部、学科专业范围内，选择设置哪些学部、开设哪些专业。这种模式的主要特点是：

（1）专业设置以国家需求为出发点。比如，在二战期间，为了满足军事

---

① 陈振明. 公共管理学——一种不同于传统行政学的研究途径［M］. 2 版. 北京：中国人民大学出版社，2003：29.

② 查尔斯·沃尔夫. 市场或政府：权衡两种不完善的选择［M］. 谢旭，译. 北京：中国发展出版社，1994：132.

③ 在这个阶段，国家或政府扮演的是"守夜人"的角色，人们所推崇的是管得最少的政府就是最好的政府的信条。

④ 凯恩斯主义主张放弃自由放任主义，实施政府干预，采取财政政策和货币政策对经济进行干预。

⑤ "滞胀"主要是指经济增长缓慢、通货膨胀严重，财政赤字增加、失业率高居不下的经济发展状态。

⑥ 陈振明. 公共管理学——一种不同于传统行政学的研究途径［M］. 2 版. 北京：中国人民大学出版社，2003：31.

工业对理工科人才的急需，日本文部省在1938年制订了一个《理工科高等教育机构扩展计划》。根据这一计划，1940年的工业、实业专门学校的招生量比1937年扩大了3倍。此后，为了确保战争急需的理工科人才，政府下令，强行削减高等教育院校文科招生量的1/3，用来扩招理工科学生。[①] 为解决二战后，高等学校文法科与理工科学生在学科专业结构中的严重失衡，"1960年制订了《大学教育专业结构调整计划》，该计划规定，从1961年开始，每年增招1.6万名理工科学生，到1964年提高为每年增招2万人"[②]。

（2）注重发挥政府政策、规划的作用。1957年12月，日本政府制订的《新长期经济计划》（1958—1962），首次把高等教育发展纳入到经济发展计划中，强调为提高科技人员素质和确保科技人员数量，必须加强科学技术教育，并明确提出在计划期内应增招理工科大学生8 000名。1961年为了满足工业发展对高等专门人才的旺盛需求，在文部省的推动下，国会通过有关高等专门学校的《学校教育法》修正案，决定成立工业类高等专门学校。同年公布了《高等专门学校设置基准》，规定当时高专只开设工业科和商船科。[③] 1962年日本政府又提出了《国民收入十年倍增计划》，即国民经济要实现十年翻一番。这一计划又提出，在十年经济倍增期间，日本将缺少17万名高科技人才、44万名初级技术人才和160万名新技工。[④] 根据该规划，日本不断扩大理工科学生的招生规模，为日本战后经济的发展提供了充足的人力资源储备。

（3）政府重视对高等教育质量的监控。长期以来，日本政府为保障高等教育专业人才培养的质量，做了大量的工作。1956年日本文部省《大学设置基准》详细规定了高等教育机构在各主要方面应具备的基本条件。新设立的高等院校只有达到基准才能得到政府认可，现有高校如果达不到基准所规定的要求也有可能被政府惩罚。[⑤] 《大学设置基准》规定了成立高等学校需要达到的最低的质量标准，对"教员的资格""学生定员""毕业条件""校地、舍地等设施"等方面都做了详细的规定。就是说，由官方机构"大学设置审议会"来负责大学的设置认可（合格鉴定），主要是通过审批新设大

① 袁韶莹．当代日本高等教育结构与市场经济的关系［J］．吉林教育科学，1994（1）．

② 龙翔．战后日本高等教育人才培养的市场观［J］．湛江师范学院学报：哲学社会科学版，2000（3）．

③ 袁韶莹．当代日本高等教育［M］．长春：吉林教育出版社，1994：55．

④ 贺国庆．外国高等教育史［M］．北京：人民教育出版社，2003：610．

⑤ 徐国兴．日本高等教育质量保障体系的多样化、多元化和一体化［J］．高等教育研究，2009（5）．

学，从确保其基本办学条件达到规定的最低标准的角度来保证质量。① 其后几年，日本相继颁布了一些保障高等教育质量的法规，显示了国家控制高等教育质量的强烈意愿。

当然，从 20 世纪 90 年代开始，日本政府主导的学科专业设置机制也在逐步调整之中，最明显的一个趋势是开始慢慢强化高校的办学自主权。比如，1991 年日本政府对大学设置基准进行了大规模改革，很多详细规定被删去。此即“大学设置基准大纲化”。这次改革的目的主要是通过放宽政府对各高等学校的法律和政策控制，充分发挥各高校办学的主动性，以适应 20 世纪末期复杂多变的社会需要。② 与此相适应，日本政府在保障高等教育办学质量方面，也开始注重利用社会和民间的力量，开始建立各种民间专业评估机构（此部分内容在第六部分详细论述）。

（二）市场主导的模式

这种模式主要分布在崇尚自由经济的欧美国家，以美国为典型代表。政府对专业设置的干预比较小，高校在本科专业设置方面的自主权力很大，能够根据市场人才需求的变化灵活设置专业，大学之间的竞争比较激烈。模式运作的前提是高等教育市场、劳动力市场等比较完善，高校自主办学能够受到市场力量的约束。其主要特点如下：

1. 高校面向市场自主设置专业

美国是一个联邦制国家，独立后的宪法规定：“凡本宪法未规定而又非各州所禁止的事权，皆归属各州或人民。”这就从法律上给予了各州管理教育的权限，也决定了联邦政府在高等教育管理事务中几乎不发挥什么作用。美国独立之初，也曾有过建立国家大学的设想，但是，任何设立国家大学的议案均遭到否决。创办国家大学的失败，使美国高等教育“排除了约束性的中央力量”，“引入市场思考和市场机制”，构成了以州为中心的美国高等教育管理体制。③ 而州对高等教育的管理也没有一个共同的管理模式，一般各州有各州的管理体制，自成一个体系。在美国，州的教育行政组织一般分为两个部分：一是代表立法机构的“州教育董事会”，二是代表执行机构的“州教育厅”。州教育董事会的职权各州不一样，有的只管教育经费；有的则管理一切教育事业，包括执行教育法令、确定教育政策、编制经费预算、任

---

① 林蕙青. 高等学校学科专业结构调整研究［D］. 厦门：厦门大学，2006：65.

② 徐国兴. 日本高等教育质量保障体系的多样化、多元化和一体化［J］. 高等教育研究，2009（5）：100.

③ 戚业国，姜学海. 美国高等教育管理体制的形成、发展及其启示［J］. 机械工业高教研究，1999（3）：87－88.

命校长等。目前，各州教育董事会的职权趋向立法，确定教育政策，通过预算、决策等，行政管理责任则更多地交给了州教育厅。① 尽管美国各州对高等教育管理的权力不一，有的州管得多一些，有的州管得少一些。但有一条底线不能突破，那就是“州政府统筹管理本州的高等教育，但并不直接参与学校的运行，学校的一些重大事项由学校的董事会决定”②。因此，与联邦政府一样，州在管理高等教育时采取的也是立法、财政资助与预算、专业鉴定等间接手段。高校本科专业设置作为高校内部学术事务，联邦和州政府无权直接干涉，只能通过外部评估、资金分配、奖学金计划等方式引导高校本科专业设置。

正是因为美国高校本科专业设置不受政府的统一管理，完全自主，美国高校专业设置的灵活性非常大。主要体现以下几个特点：没有全国统一的专业目录；专业名称院校自主确定；本科毕业生被授予 4～5 种学士学位，主要为文学学士和理学学士；不同学校的毕业生可能被授予不同学位，专业名称不统一；学生个人可选择专业，也可自主设计专业；学校自主设定专业，专业数不限，专业类型不限；广泛的跨学科专业；可以迅速随学科发展和市场情况对专业设置进行调整；国家无专门机关进行管理。③

2. 在激烈的高等教育市场竞争中，学生的专业选择权得到充分尊重

美国社会是建立在自由市场经济基础之上的，市场的力量渗透到社会的各个领域。作为提供高等教育服务的高校，同样面临着激烈的市场竞争。伯顿·克拉克曾指出：“在世界上几个主要的先行国家的高等教育系统中，美国的系统是缺乏组织的，几乎完全是一种相互之间自由竞争的市场。”④ 所以，在美国，高校教育服务必须要直接面向市场，满足社会的教育需求。为了吸引学生就读，美国高校非常注重学生消费权力的实现，其中就包括专业的选择权。

学生顾客在进入哪些学校和学习什么专业上有着充分的选择权。⑤ 为了满足学生顾客多样化的需求，高校会提供众多的专业教育计划让学生选择，由此促进了美国高等教育多样化的发展以及每所高校特色的形成。

---

① 戚业国，姜学海．美国高等教育管理体制的形成、发展及其启示［J］．机械工业高教研究，1999（3）：87－88.

② 陈田初．美国高教管理体制及管理特点考察［J］．中国高教研究，2000（2）：47.

③ 杨荣昌．中美大学本科专业建设的比较及思考［J］．南阳师范学院学报：社会科学版，2004（7）：89．注：引文中在对比时，中国是“专业名称不统一”，美国是“专业名称统一”。这里明显是笔误，因此在引用中做了调整。

④ 王承绪．学术权力［M］．杭州：浙江教育出版社，1986：117.

⑤ 陈学飞．美国高等教育的调节机制［J］．高等教育研究，1990（4）：79.

3. 社会专业认定机构非常发达

在高校自主设置专业，外部权力不能进行干涉的情况下，高校专业设置的质量评估就显得尤为重要了。所以，在美国各种类型的专业认证机构非常多。美国高校在社会的地位和信誉，主要来源于其是否得到联邦教育部认可机构的认可。而这些认可机构在美国非常普遍，如各科的学术委员会、学会等。认可机构和评估机构在美国高等教育管理方面占有重要位置，起着十分重要的作用。是否获得联邦政府认可的中介机构的认可，是学校能否得到联邦资助的重要前提。①

19 世纪末 20 世纪初，随着资本主义工商业的迅速发展和城市化的飞速进程，美国高等教育进入了大发展阶段。各类高等学校剧增，专业教育日趋成熟。为了应对大发展中的质量问题，新英格兰、中部、中北部、东部、西部和南部先后成立了 6 个地区性院校认证委员会，负责本地区各类学校的教育质量的监督管理；随后不久，各种专业认证组织也应运而生，它们分别负责各自专业的教育质量的保证和发展。② 专业认证的最早尝试可追溯到美国医学协会（American Medical Association）在 1904 年建立的医学教育和医院委员会（Council of Medical Education and Hospitals）。该委员会在 1905 年开发制定了医学院的等级评价系统（该系统被后人称作医学院的理想标准），并发布了此评价系统。其后经过多次修正，该委员发布的医学教育标准，致使大量办学质量低劣的医学院校纷纷关闭。③ 在其后的 30 年时间里，专业认证在牙科教育（1918 年）、法律教育（1923 年）、工程教育（1936 年）、药学教育（1940 年）以及林学、园林建筑、图书馆科学、音乐、护理、验光配镜、师范等专业陆续建立，并继续扩展到许多其他专业中。到 20 世纪 50 年代末，几乎所有的专业领域都已经建立了类似形式的专业认证制度。④ 美国作为专业认证制度的起源地，近年来专业认证机构基本维持在 45 个左右，经其认证的专业性教学计划已经远远超过 20 000 个。⑤

专业认定机构主要有以下作用：①对高校自主设置专业起到约束作用，促使高校不断改进专业设置，保障专业质量。②保障利益相关者的利益。对

① 陈田初. 美国高教管理体制及管理特点考察［J］. 中国高教研究，2000（2）：47.

② 王昕红. 美国高等教育认可制度的演变、结构及权力［J］. 清华大学教育研究，2008（6）：85.

③⑤ 董秀华. 专业认证：高等教育质量保障的重要方法［J］. 复旦教育论坛，2008（6）：34.

④ Sanders J B. Evolution of Accreditation［M］// Blauch L E(oed.). Accreditation in Higher Education. New York：Greenwood Press，1969：11.

于即将报考的学生、现正在读的高校学生、毕业生雇主和专门职业的发证单位来说，专业认证表明它对于一个专业性教学计划承认其经过了评估认证，符合或超过了有关专业团体制定的全国性标准，认为该教学计划的毕业生可以为他们的职业道德负责，毕业生所具有的知识能满足他们初入该专业职业界工作的要求，以及获得从业证书和领取许可证的先决条件。[①]

以上特点告诉我们，高校面向市场自主设置专业是有条件的：其一，高等教育市场机制完善，学生选择权得到充分保障；其二，社会力量参与机制健全，发挥有效的监督作用，社会上各种自治性的专业认定机构比较发达。

（三）欧洲模式

这种模式主要分布在北欧国家，这类国家的特点是政府宏观调控的力度较大、国有经济成分也比较大，有明显的混合经济色彩，高等教育机构绝大多数为公立，经费来源比较单一，以政府投入为主，以法国[②]为典型代表。模式的主要特点是在政府宏观调控与高校办学自主两者之间摇摆不定，在政府的统一管理之下，高校缺乏竞争，没有活力，而试图扩大高校自主权的改革，又碍于传统，放不开手脚。

1. 专业设置在中央政府掌控之下

法国自拿破仑时代起就实行中央集权的高等教育管理体制，大学的管理权和办学权被置于国家的严格控制之下。[③] 尽管在以后的岁月里，法国试图赋予高校办学自主权的努力一直没有停止，高校的自治空间也在逐步扩大，但是专业设置权一直掌控在国家手中。1968 年，时任教育部部长埃德加·富尔推出了《高等教育指导法》，确定了大学自治、参与和多学科的原则。1984 年《萨瓦里法》旨在改变中央集权管理，强调地方分权，通过合同制加强与企业和社会的联系，使学校的决策机构设置专门化。1989 年确立了高等教育契约式拨款制度，“即高校的一部分研究经费由教育部的科研及博士生培养司确定，使用的标准与高校研究活动和教育部签订的为期四年的契约

---

① Lenn M P. The Role and Value of Accreditation for Professional Programs, Qualification Assessment and Registration for Professional Engineers and Quality Assurance in Higher Education [R]. Seminar Report, 1994.

② 法国高等教育机构类型比较多样，如果没有特别说明。本文在分析法国本科专业设置时，主要是指法国大学这一类高校的情况。

③ 卢乃桂，徐岚. 法国高等教育管理体制变革中的教师学术职业 [J]. 高等教育研究，2008 (1)：93.

有关”①。1999 年《博洛尼亚宣言》再次强调大学独立与自治的原则，教学内容不再由国家确定，大学可以自由设置课程。② 上述扩大高校办学自主权的努力，都因各种不同的原因，没有真正发挥效果，“学科设置权、不动产所有权、基础设施建设费用，特别是人力资源管理等重要权利仍然掌握在国家手中”③。

2. 高等教育市场竞争机制没有形成

法国高等教育机构的分类相当独特和复杂，大致可以分为大学（université）、大学校（grande école）、短期高等教育机构和其他高等教育机构四类。其中短期高等教育机构类型多样，主要包括大学技术学院（IUT）、职业专科学院（IUP）、教师培训学院（IUFM）、工程学校等，以大学附属独立学院的形式存在；中学也可附设短期高等教育机构，如高级技师班（STS），大学校预科班（CPGE）等。四类机构各具特点，大学为开放性、普及型，大学校为选拔性、精英型，短期高等教育机构则侧重职业性。到目前为止，法国所有大学（81 所）、IUT（114 所）和 IUFM（30 所）都是公立的，超过 90% 的学生就读于公立高等教育机构。④根据 Mudry 报告中的统计，大学经费预算近 62% 来自公共财政支出（其中国家部门支出占 56.5%，地方政府占 5.21%），如果加上教师工资，这个比例达到 85% 左右。⑤ 单一的经费来源机构决定了四类高等教育机构都根据自身的特点，按照国家的计划发展相应的学科专业。在这种情况下，高等教育机构之间在学科专业发展方面没有竞争的压力，学科专业调整没有活力。1984 年《萨瓦里法》就认识到了赋予大学在财务方面的自主权是鼓励大学自治的关键，“但由于学校管理部门缺乏动机且推卸决策责任，学校自主权仍没有得到实质性增强”⑥。1986 年《德瓦盖法案》旨在鼓励大学之间、学生之间的竞争，但其以竞争体现大学自治的努力因与大学生当前的利益发生了极大的冲突，不得不宣告失败。⑦ 主要原因是，在法国公立高校不收学费，只收很少的注册费，高校

---

① 弗兰斯·F. 范富格特. 国际高等教育政策比较研究［M］. 王承绪，等，译. 杭州：浙江教育出版社，2001：144.

②④⑥ 卢乃桂，徐岚. 法国高等教育管理体制变革中的教师学术职业［J］. 高等教育研究，2008（1）：93.

③ 刘敏. 解析法国高等教育改革趋向——综合大学迈向“自治”［J］. 比较教育研究，2009（9）：59.

⑤ Musselin C. France［A］//Forest J J F, Altbach P G（eds.）. International Handbook of Higher Education：Part Two［M］. Netherlands：Springer，2006.

⑦ 王勇. 法国、日本高等教育立法历史沿革的比较研究及对我国的启示［J］. 机械工业高教研究，2001（4）：88.

竞争而导致的公立高校经费数量的变化，有可能影响到不同高校学生的学习质量。

3. 学科专业设置难以满足多样化的教育需求

法国高等教育苛守欧洲传统大学的传统，在适应性和满足学生多样化需求方面日益跟不上形式。其主要的问题有三个：①重视精英教育。法国高等教育体系“臭名昭著”的一个问题是，忽略普通学院和大学，青睐一些非常挑剔的精英学校，后者包括巴黎政治学院和法国综合工艺大学。这些学校资金来源丰富，4% 的学生领导了法国的商业、工业、国家机构和媒体。① 在国家对高等教育投入有限的情况下，只重视对数量有限的精英学校的投入，导致与国家社会经济发展有密切关系的普通学校和大学发展面临经费短缺的难题。②社会参与有限。法国的传统是只重视少数知名教授的意见，各层次的教师、学生、科研人员、所有在大学工作的人员以及校外人员无权对学校进行管理。② 尽管在 1968 年的改革中，法国提出了“参与”③ 的原则，但实际上直到现在，社会参与法国高校管理的情况仍然不容乐观，导致学科专业按学科逻辑发展，以培养社会精英为目标，缺乏与社会的联系。③学科多样性和交叉性不强，学生选择权没有体现。“法国的大学通常由文学、科学、法律、医药等独立的学院构成，每个学院由院长和两个助理以及编制很小的秘书处管理”，因此，“长期以来，法国的大学一直是一个空架子，人们称之为‘联邦’，教学、科研、人事、财务等方面的实权都在各个学院。这种建制虽然使各学院集中了管理权，但是由于法国大学学院之间的联系很少”④，导致学科专业多样性和交叉性受到了严重影响，不利于社会专业灵活满足学生的多样化需求。

1968 年 5 月的“五月学生风暴”触发了法国高等教育管理体制改革的步伐，一系列的改革围绕高校自主、社会参与、学生主体进行，对高校学科专业设置也产生了重要影响，本研究将在第六章对法国改革的历程及经验进行详细分析。

---

① 郑拓. 萨科齐亲自再造法国大学体制［N］. 东方早报，2007 - 06 - 28（A20）.

②④ 黄建如，李晓. 战后法国大学内部管理体制改革［J］. 大学教育科学，2006（3）：32.

③ 所谓“参与”，是指学生、教职员工及社会有关人士均有权以一定的方式参与对高校的管理. 参见：许庆豫，葛学敏. 国别高等教育制度研究［M］. 徐州：中国矿业大学出版社，2004：45 - 79.

二、当代发达国家高校本科专业设置中的主体行为分析

（一）“政府”在本科专业设置中的行为分析（以美国为例）

美国的高等教育系统是世界上最为强大的系统，拥有学位授予权的高等学校达 4 000 多所，1 400 多万大学生，50 余万外国留学生。美国的大学教育早已进入普及化阶段，高等教育毛入学率也早已超过 70%，是世界上高等教育最发达的国家之一。① 面对如此庞大的高等教育系统，美国却有一个非常轻松的教育部。“美国直到 1980 年才有了正式的教育部。在这之前，联邦政府中有一个叫‘健康、教育和福利部’的部门，教育是它的一个分部。”从美利坚合众国成立到 1980 年这么长时间没有教育部，并不是因为教育在美国不重要，而是因为“美国的教育是由公民社会主导，而不是由政府权力管理或管制的”。一直到今天，美国教育部不管考试、不管升学、不管评估、不管具体教学、不管政治思想。它自述的功能只有短短的一句话：“设立与教育有关的联邦资助项目、执行与私人和公民权利有关的联邦法规。”② 庞大、富有活力的高等教育系统与简单、有效的教育行政机构充分说明，美国“政府”在高等教育管理方面的行为是非常有效的。

1．立法

由于联邦对各级各类教育没有管辖权，因此始终没有一部全国性的教育基本法或系统的各类教育法。美国国会制定有关教育的法令往往是从解决当时社会或经济的需要出发，而不是为了解决教育发展本身的问题。因此，国会的教育立法往往具有较强的时限性、针对性和具体性。尽管如此，美国国会历史上通过的某些教育法案，如《赠地法案》《国防教育法》等，却在很大程度上决定了美国高等教育的发展方向。③ 1862 年联邦议会通过并实施了由林肯签署的《莫雷尔法案》④。从高校学科专业发展的角度来分析《莫雷尔法案》和《赠地方案》，可以发现，该法案对美国高校学科专业发展的影响是非常大的。①该法案推动了美国高校实用学科的发展。美国高等教育开始出现了分化，一方面朝着研究高深学问的方向发展，出现了一批像哈佛大学、芝加哥大学、约翰·霍普金斯大学这样的研究型大学；另一方面朝着为工农业生产服务的方向发展，出现了像康奈尔大学、威斯康星大学这些为本

① 袁明．美国文化与社会十五讲［M］．北京：北京大学出版社，2003：116.

② 徐贲．有所不为的美国教育部［N］．南方周末，2009-04-02（E30）.

③ 陈学飞．美国高等教育的调节机制［J］．高等教育研究，1990（4）：81.

④ 国内很多学者把《莫雷尔法案》称为《赠地法案》。

州的工农业发展和社会服务的新型大学。① ②该法案扩展了美国高校的学科专业范围。在《莫雷尔法案》颁布之前，美国高校还是保持着只传授古典学科知识的传统。1850 年，布朗大学校长韦兰曾说：美国有 120 所学院、47 所法学院、42 所神学院，却无一所培养农学家、制造商及机械工或商人的学院。即使到了 1862 年，美国专供实用学科研究的“高级”学校也只有 6 所。由此可知，当时的美国高等教育的整体情况并不令人乐观，甚至“非常糟糕”。直到 19 世纪 60 年代，美国大学还近乎社会上的“一潭死水”②。但是，在《莫雷尔法案》之后发展起来的赠地学院打破了这种高校不服务于社会经济发展的传统，开始注重农业、工艺等应用性学科，高校学科专业范围被大大地扩展了。比如赠地学院中著名的康奈尔大学的创建者康奈尔先生在建校之初就指出：“这所学院将向社会的工业和生产阶级提供最好的设施，以使他们获得实用知识和精神文化”，“这所学院将使科学直接服务于农业和其他生产行业”。建校的目标就是要使学校成为“任何人都可以找到自己所想学的任何学科的地方”③。另一所著名的赠地学院威斯康星大学也在查尔斯·范海斯校长的领导下提出了“威斯康星思想”，目标是使威斯康星大学真正成为“任何人可以学习任何东西的地方”④。

在美国高等教育发展史上，另一个比较有影响的法案是《国防教育法案》。1958 年 8 月美国国会通过的《国防教育法》(*National Defense Education Act*，简称为 NDEA)，被认为是美国教育史上具有极重要地位的，维系美国国家安全的高等教育法案。⑤《国防教育法》出台的背景主要有三种说法：①苏美争霸中，苏联人造卫星率先上天是直接原因。1957 年 10 月 5 日，一颗水球大小的苏联人造地球卫星“斯普特尼克”一号飞上了太空，“美国朝野为之震惊，纷纷指责美国学校教育水平落后，指责学校教育是美国整个防御战略中最薄弱的环节”⑥。于是，美国希望通过《国防教育法》加强对教育的扶持。②教育理念的更新是《国防教育法》出台的内在原因。19 世纪末 20 世纪初，由于受杜威进步主义教育思潮的影响，美国教育过分强调适应生活，强调活动和经验，强调兴趣和需要，否定教师、教材和课堂教学在

---

① 胡保利. 教育立法与美国高等教育的两次跨越式发展［J］. 高等教育研究，2008（6）：106.

② 舸昕. 从哈佛到斯坦福［M］. 北京：东方出版社，1999.

③④ 王英杰. 美国高等教育的改革与发展［M］. 北京：人民教育出版社，2002：11－12.

⑤ 高英彤，陈昕.《国防教育法》对美国高等教育发展的影响与启示［J］. 河北师范大学学报：教育科学版，2006（3）：42.

⑥ 张维平，马立武. 美国教育法研究［M］. 北京：中国法制出版社，2005：36.

提高教育质量中的重要作用，结果造成忽视对人类基本知识的继承，减弱了对学生智力的培养和能力的训练，导致中等教育和高等教育质量严重下降。[①] 于是，很多教育家开始对进步教育思想进行批判，提出要重视基础知识的教学，重视教师的权威，力主进行课程改革，强调纪律和约束，主张天才教育以纠正进步主义教育导致的学校管理不力的局面。所以，有人说，“NDEA实际上是对‘进步主义’教育思想中一些糟粕及其恶果否定的产物”[②]。③加强联邦政府对教育的干预是《国防教育法》的出台的真正原因。我们知道，美国高等教育发展主要受市场的影响，联邦政府对高等教育的发展几乎不能产生实质性的影响。随着科学技术的进步，高等教育发展对政治、经济、文化的影响日益凸显出来。美国联邦政府认识到高等教育发展直接关系到国家的利益，任由市场自由调节的高等教育有可能损害国家的整体利益，因此，通过立法加强对高等教育的间接调控是《国防教育法》出台的真实原因。《国防教育法》的出台除了加强了政府对高等教育发展的扶持，对美国学科专业的发展也有重大的影响，主要表现在以下两个方面：①与国家安全相关的理工学科得到了联邦政府的大力扶持，获得了长足的发展。②加强了高等科学技术和工程技术人才的培养，为美国社会经济发展储备了大量技术型人才。

通过以上两个法案的分析不难看出，美国联邦政府对学科专业发展的影响，主要通过立法来实现的。经过多年的摸索，“联邦政府终于找到了一条在维护高等学校自治和自由竞争的根本体制前提下，又能干预市场，调节供求关系，发展具有战略意义的高等学校、学科专业和科研领域的途径，那就是以立法拨款和科研拨款来干预高等教育的发展方向、速度和规模”[③]。

2．财政资助

采用财政或经济手段进行管理是指制度不直接干预高等学校的专业设置行为而是通过利益驱动，即资助、拨款、投资、奖励等间接地引导高等教育机构的行为，实现对其有目的的影响。[④]

（1）立法拨款。美国国会有关高等教育的立法几乎全都附有给予相应财政资助的条款。美国联邦政府除了执行这些法律规定的条款外，还通过其他

①③　高英彤，陈昕．《国防教育法》对美国高等教育发展的影响与启示［J］．河北师范大学学报：教育科学版，2006（3）：43.

②　秦珊．一九五八年美国国防教育法述评［J］．广西师范学院学报：哲学社会科学版，1994（4）：97.

④　高英兰．美国联邦政府对高等教育的引导机制及对我国高教体制改革的启示［J］．宁夏社会科学，2001（3）.

直接的或间接的方法来资助高等教育事业。从历史上看，联邦政府对高等教育资助有三个基本目标：一是资助高等职业技术教育以适应工农业生产发展的需要；二是资助适龄青年进入高等学校，以扩大高等教育机会，解决高等教育大众化、民主化的问题；三是资助高等学校的科学研究和某些紧要学科教育的发展，以适应国防和国际竞争的需要。[①] 这三个目标都是通过相应法案附有财政资助条款实现的。比如，《莫雷尔法案》规定：①联邦政府在每州至少资助一所学院从事农业和技术教育；②按照1860年规定分配的名额，每州凡有国会议员一名，可以获得3万英亩的土地或等额的土地期票（联邦政府将向各州无偿赠予1 743万英亩的土地）；③出售公地获得的基金，除10%可以用于购买校址用地外，其余将设立为捐赠基金，其利息不低于5%；④这笔资金如果在5年之内没有用完，将全部退还给联邦政府。[②] 这种通过赠地资助农业和技术教育的方式，使美国在传统的古典大学的基础上，迅速发展起了一批服务于农业与技术生产的实用性学科和专业。1944年，为补偿第二次世界大战期间服役人员所做出的贡献，同时也为了减少战后可能出现的高失业率等问题，联邦政府颁布了《军人权利法案》，通过政府资助的方式向战时所有在军队服役不少于90天的军事人员提供1～4年的教育和训练。法案付诸实施后，上百万退伍军人潮水般涌入高校。1946—1947年退伍军人学生占全美高校学生总数的一半。美国高等教育的规模在1945—1956年间，扩大了近一倍。[③] 由于退伍军人的知识基础参差不齐，所以，面向退伍军人的学科专业主要以专业技术教育为主，这极大地扩展了美国高校应用技术型专业的发展，也为战后的美国培养了成千上万的专门技术人才。1958年以拯救国家安全的名义出台的《国防教育法》更是美国联邦政府大规模资助高等教育的开始。《国防教育法》共10章，其中心内容是规定联邦政府以各种形式对各级学校提供实际援助。根据该法案，政府决定从1959年至1962年向初、高、中等学校提供无息贷款或发放奖学金等共计八亿多美元。并且，该法特别设置了“国防学生贷款计划”，使该法颁布后至1969年止的实施期间，靠贷款上完大学的国防学生达150万人，其中有1.5万人完成博士学位的学习。[④]《国防教育法》的出台加强了技术教育，对数学、自然科学以及外语等学科的发展提供了坚实的物质基础，推动了这些学科专业的发

① 陈学飞．美国高等教育的调节机制［J］．高等教育研究，1990（4）：81.

② 王廷芳．美国高等教育史［M］．福州：福建教育出版社，1995：132.

③ 谢作栩．中国高等教育大众化发展道路的研究［M］．福州：福建教育出版社，2001：62.

④ 王英杰．美国高等教育的发展和改革［M］．北京：人民教育出版社，1993：38.

展。1961 年，物理科学和宇宙科学等与国防相关的学科所获联邦政府资助占整个联邦资助的 40%，生物科学和医学科学占 37%，其他科学和技术学科占 20%。[①]

（2）合同拨款。美国联邦政府除了履行立法附有的给予相应财政资助的条款外，还通过其他一些途径资助高等教育相关学科专业的发展，科研合同拨款就是其中重要的措施之一。这项制度的实施源于 1887 年通过的《海奇农业实验法》，它要求联邦政府每年提供 1 500 美元资助各州农工学院建立农业实验站，进行与生产实际结合的科学研究活动。1906 年通过的《亚当斯法案》，要求联邦政府继续拨巨款鼓励农业科学方面具有创建性的研究。这些资助计划的实施，带动了美国农业生产的改进和飞跃，促进了美国农业科学专业教育规模的进一步扩大，创立了农业工程学、农业技术学、农艺学、畜牧学、养禽学、动物营养学、植物病理学、昆虫学、森林学、园艺学、细菌学、植物营养学等众多新兴农业科目。[②] 通过重点资助相关学科的研究，扶持相关学科专业的发展已经成为美国联邦政府引导高校学科专业发展的重要措施。

3．信息服务

美国联邦政府教育管理机构自创立之日起，就把收集有关教育与发展的信息，为政府部门和高等教育机构服务作为其最基本的职能之一。1974 年国家教育统计中心的建立以及其后“教育资源情报中心”的建成，使该中心成为世界上最大的教育信息情报系统。该系统不仅向各级政府部门和教育研究机构提供各种数据与分析报告，同时还影响和支持着各级学校的教育决策。[③] 联邦政府所属的国家教育信息中心根据高等教育建设和发展面临的突出问题和未来发展趋势，适时提出专项报告，以此影响高等教育宏观走向。信息服务为美国的教育决策和教育改革发挥了积极的作用。[④]

与高校学科专业相关的重要信息服务是美国的 CIP（Classification of Instructional Programs 目录，CIP）是美国联邦政府确认的一种学科专业分类系统，1980 年它由美国国家教育统计中心（National Center for Education Statistics，简称 NCES）和美国教育部首次出版，是目前美国最具权威性的学科专业分类统计目录。[⑤] CIP 学科专业的统计一般依照如下程序：首先，由

①② 高英兰．美国联邦政府对高等教育的引导机制及对我国高教体制改革的启示［J］．宁夏社会科学，2001（3）：78－79．

③ 王英杰．美国高等教育的发展和改革［M］．北京：人民教育出版社，1993：38．

④ 陈田初．美国高教管理体制及管理特点考察［J］．中国高教研究，2000（2）：46．

⑤ 林蕙青．高等学校学科专业结构调整研究［D］．厦门：厦门大学，2006：37．

国家教育统计中心收集高等教育机构名录、课程表等与学科专业相关的各种数据信息，而后结合自己已有的一些高等教育数据系统与其他部门的数据系统，对全国的学科专业进行初步归总与分类，拟定 CIP 初稿；然后，国家教育统计中心组织政府相关部门、学科专业认证机构、专业学会和协会、大学专业和管理人员等代表进行研讨，在广泛征求意见的基础上修改并定稿。从性质上说，CIP 不像我国的学科专业目录一样，是一个具有管理功能的系统，它的功能更多体现在信息的收集、整理等服务工作方面，它以统计为手段，让人们能够准确地了解美国高等学校学科专业的设置情况，并根据情况及时增减、删除、更新学科专业名称。① CIP 只是在收集、报道、整理有关学科专业目录，指导教育规划、资源配置以及教育整体布局等方面发挥作用。② 具体来说，我国普通高校本科专业目录是与高校本科专业设置管理机制密切联系在一起的，可以看作是一个管理工具；而 CIP 是在把各高校学科专业设置的情况按照一个统一的标准进行汇总后，通过向社会发布，发挥信息服务的功能，没有强制性的规范作用。

在信息服务方面，州高等教育委员会以发布信息的方式将各类专业的评估结果予以公布，各州的教育协调委员还定期对州内的高等教育情况进行调研，并形成政策报告在网上公布。这样使学生随时了解全州甚至他州的专业设置情况，以学生对专业的选择来淘汰低质量和社会不需要的专业，同时对学校专业设置也起到引导作用，减少学校行为的盲目性。③

4. 制定规则

美国各州的高等教育委员会（协调委员会）是得到宪法或法律授权的高等教育管理机构。它既充当州政府高等教育管理的助手角色，同时也是高等学校的代言人。一般来讲，美国各州的教育委员会分为三类，第一类是统一的高等教育管理委员会；第二类是高等教育协调委员会，这类委员会又可以分为规制（regulation）型委员会和顾问（advisor）型委员会；第三类是规划委员会。除顾问型委员会和规划型委员会外，统一的管理委员会和高等教育委员会负责协调全州范围的高等教育有关问题。④ 大多数州的教育委员会都

---

① 林蕙青. 高等学校学科专业结构调整研究［D］. 厦门：厦门大学，2006：39.

② 刘念才，程莹，刘少雪. 美国高等院校学科专业的设置与借鉴［J］. 世界教育信息，2003（1-2）：27.

③ 旋天颖. 美国州高等教育委员会对大学专业设置的管理［J］. 中国高教研究，2006（9）：45.

④ 旋天颖. 美国州高等教育委员会对大学专业设置的管理［J］. 中国高教研究，2006（9）：43-44.

会对高校专业设置进行审批管理，以保障高等教育市场竞争秩序和专业质量。但也有少数州，如明尼苏达州、特拉华州，州内没有设立统一的管理委员会或协调委员会，而只有规划委员会，该委员会只有向政府提供建议的权力，而没有专业的审批权限，因此，这两个州新增专业则不需要政府的审批环节，学校设置什么专业完全由学校自己决定。①

州教育委员会对新增专业的审批程序是这样的。以宾夕法尼亚州为例②，宾州的大学要申办新专业、新学位需经过州教育部部长批准。州高等教育委员会制定宾州的专业审批指南，要求大学按指南要求申请新专业。各学校在申请新专业前，必须首先进行由全体人员、董事会都参加的学校内部专业评估，然后向教育部提交正式的新专业申请。报请专业审批需要经过四个步骤：一是准备阶段，这个阶段中，学校以《专业设置申报表》的形式书面告知教育部中学后教育局专业服务处，学校正在准备申报新专业，并事先让专业服务处的工作人员做好相关的基础准备工作。专业服务处就专业是否与学校使命、社会对专业的需求、新设专业对学校及其现有专业的全面影响等进行分析。如果专业服务处赞同新专业申请，学校就可以以专业计划书的方式提交正式的专业审批申请。二是学校提交正式的专业计划书。学校的正式的专业计划书需要按州教育委员会的规定做，并符合州教育委员会规定的专业计划书指南。明确的专业设置目标和学术质量是新专业获得审批的重要因素。专业计划书也是用于同行评估的基本说明。三是州教育委员会和同行评估阶段：收到申请后，专业服务处的工作人员将评价学校申报的资料是否齐全，并决定对新专业是采取标准的现场考察评估，还是只通过文件进行评估。专业服务处召集相关领域的专家组，研究专业计划书和具体的专业细节，评估专家主席负责汇集评估专家的报告并在30天内提交正式评估报告。四是专业服务处整理评估专家的意见后，将专家评估报告再返还学校。学校根据报告向专业服务处提交正式的书面意见。专家报告和学校反馈意见最终一并提交给州教育部部长，教育部部长拥有唯一的权力决定是否批准新专业申请。

严格的专业申报规则是保证专业质量，避免高校之间无序竞争的重要机制。

5. 专业评估

在美国，高校在专业设置上拥有完全自主权的同时，必须通过一定的学科专业鉴定和认证。从政府这个角度来看，州高等教育委员会主持下的专业

①② 旎天颖. 美国州高等教育委员会对大学专业设置的管理［J］. 中国高教研究，2006（9）：43－44.

评估发挥着很大的作用。

州高等教育委员会对专业的评估主要分两个部分，一是对新专业的评估；二是对已设专业的评估。一般来讲，各州的高等教育委员会或政府机构在评价是否可以申请新专业时，往往对以下内容予以评估：专业是否符合学校的使命，专业是否符合学校所在州的需要，专业的新生入学情况，专业的劳动力市场需求情况，专业的资金来源，专业的教师情况，专业是否与州内其他高校的已有专业重复，现代化技术的应用。有的州的教育机构要求学校在评估时，除了由本校专家评估外，还需要找校外的专家和本州外的专家以及州内的所有其他高校对专业进行评议，以保证新专业的质量，减少专业的重复建设。①

对已设专业的评估，往往采取周期性的评估方式，对不同类别的专业也采取不同的评价策略。如伊利诺伊州高等教育委员会章程规定："高等教育委员会被授权周期性地评估所有大学的专业。"该州对专业的评估分为 3 类，一是每 8 年一次的专业评估，学校的专业最长周期为每 8 年评估一次。学校自己决定各专业的评估时间。有些专业可能在 8 年中评估不止一次。二是每 3 年一次专业评估。这类专业评估包括得到正式批准后的新专业，3 年后要提交进展情况的评估给州高等教育委员会；需要专业行业鉴定但还没有通过的专业，每 3 年向委员会提交报告，直到得到鉴定为止。被警告的专业，要每 3 年单独向委员会提交说明，说明改进专业的行动，进一步改进专业的措施，并说明在下一次评估之前如何进行专业监控以确保专业质量的持续提高。另外，对于学校决定延缓招生的专业，学校需要在提交给高等教育委员会的通告上报告，并给出延缓招生原因及主要的补救计划。延缓招生专业的再恢复也需要向教育委员会以书面形式告知。学校需每 3 年提交一份报告直到问题解决为止。如果没有进展报告或重新恢复专业的通知，在一个 3 年的期限内教育委员会将决定终止一个专业。②

州高等教育委员会的专业评估往往与资源配置有密切的关系，评估结果好的专业将获得更多的资源支持，而评估结果不好的专业就有可能被削减甚至取消资金和资源的配置。另外，州的专业评估注重同行评议，比如新专业能够开设，还需要已经设立与新专业相同或相关的大学专业人员对新专业进行评估。这样有利于引导学校在专业设置方面避免重复，办出自己的特色，形成自己的优势学科。

美国联邦政府和州政府在高校专业设置中的行为，告诉我们两点：①政

---

①② 旋天颖. 美国州高等教育委员会对大学专业设置的管理［J］. 中国高教研究，2006（9）：44.

府要支持高等教育的发展，要发挥立法、资助等非直接控制手段，引导高校的学科专业发展；②在高校专业设置自主权力比较大和高校充分竞争的前提下，政府要对专业设置进行严格的管理控制，以保证竞争秩序和专业质量。

（二）“高校”在本科专业设置中的行为分析

1．积极满足学生的教育需求

美国的社会是建立在自由市场经济基础之上的，这样的社会崇尚和鼓励自由竞争。美国高校自诞生之日起就在竞争的环境中求生存和发展。美国高等学校要为吸引学生而竞争，他们的生存在很大程度上取决于是否能够吸引足够的学生，著名大学虽不为生源而忧虑，但他们必须竭尽全力为招收最优秀的学生而竞争。在这个竞争市场中，美国的突出特点是买方市场，因此高等学校的生存取决于受教育消费者的消费意向。消费者的要求是各不相同的，这就促进了美国多样化高等教育结构的建立和灵活的课程计划的制订。[①]

为了满足学生的教育需求，美国高校中的专业有其自身的内涵与特点。美国高校把柔性的课程组织当作专业，专业背后没有相应的实体，没有单独归属的师资、专用教室、实验室及仪器设备……也就是说，“专业”完全不是一个实体组织。[②] 这样一种专业设置理念有以下一些优势：①灵活的课程组合方式，可满足学生多样化的学习需求。有个别兴趣与才能的学生，如果从现有专业中找不到完全符合自己兴趣的专业，可以由学生提出并在教师的专门指导下从课程中选择一些，形成一个围绕特定知识领域的课程计划，提交一个委员会讨论，经过审核后开始学习，完成计划后可被授予特别专业的本科学位。这类专业称为非固定专业或个人专业。[③] ②可及时应对社会人才需求以及社会职业的变化。这种专业设置模式可以适应市场经济体制下变化迅速的人才需求、增加专业的市场针对性。它以知识包为核心，即由各类课程组成课程模块，进而组成主干课程，形成专业。每个专业都呈开放性、灵活性和适应性，高等学校能够灵活、自由、积极主动地对市场信号迅速做出反应。[④] 当社会上出现新的职业需求的时候，美国高校可通过调整课程组合的方式灵活应对。

---

① 刘文江，黄作良．美国高等教育体制与本科教育特点［J］．天津商学院学报，2003（2）：49．

②③ 卢晓东，陈孝戴．高等学校“专业”内涵研究［J］．教育研究，2002（7）：48－49．

④ 薛天祥．高等教育学［M］．桂林：广西师范大学出版社，2001：48．

2. 积极获取社会的认可，争取更好的发展环境

(1) 吸收社会人才参与决策。

一般来说，“美国大学和学院的最高决策机构是由院外人士组成的董事会。这些院外人员以代表广大社会利益的名义对院校的长远发展进行指导，掌握院校的最高权力。这就使大学免于远离社会的发展，变为由学者独占的孤寂的‘象牙塔’”①。美国几乎每一所大学都设有主要由校外人士组成的董事会。董事会除了具有宏观决策，制定学校大政方针的职责外，还直接参与学校的质量评估、证书制度；代表社会和校长举行联席会议，反映社会对人才的需求信息，使学校能够及时了解职业市场的各种需求动态和本校毕业生在就业市场上的竞争情况；并根据反馈的信息讨论某些专业的课程设置和教学内容，对之做适合于就业市场需求的调整。② 难怪有学者说：“世界上没有哪一个国家像美国这样在学校与社会双向参与机制方面有如此悠久的历史和经久不衰的动力。”③

在英国，大学的最高权力机关也是校董会（Council）。在剑桥大学称 Regent House，在牛津大学称 Congregation，一般由学校有关人员、产业界与社会知名人士共同组成，规模大小不一，通常几十人不等。④ 校董会中的产业界以及社会知名人士能够保障高校人才培养与社会人才需求的对接。在日本，与高等教育发展相关的委员会都有比例很高的社会人士参与。

(2) 主动要求进行专业认定。

正如前文所分析的，美国高校在社会的地位和信誉主要来源于其是否得到联邦教育部认可机构的认可。在专业方面，通过权威专业认证机构的认证，是专业声誉的重要保障。因此，美国高校习惯主动要求进行专业认定。美国作为专业认证制度的起源地，近年来专业认证机构基本维持在 45 个左右，经其认证的专业性教学计划已经远远超过 20 000 个。⑤ 对高等学校来说，某一个专业通过了专业认证，就意味着达到了教育质量的最低标准。这种公正的外部审查，会对学生选择学校和专业，地方高等教育资金的分配产

---

① 陈学飞. 美国高等教育的调节机制 [J]. 高等教育研究，1990 (4)：83.

② 石火学. 美国高等教育适应就业市场需求的探讨 [J]. 高等教育研究，1995 (1)：90.

③ 周奉年，熊志翔，王金兴，等. 中国高等教育运行机制研究 [M]. 广州：广东高等教育出版社，1994：120 - 121.

④ 孔国庆，陈凌云. 英国高等教育管理体制研究及启示 [J]. 湖北第二师范学院学报，2008 (9)：99.

⑤ 董秀华. 专业认证：高等教育质量保障的重要方法 [J]. 复旦教育论坛，2008 (6)：34.

生重要的影响。因此，在专业认证方面，学校的自愿性和主动性比较强，在一定意义上也促使美国专业认证机构的发展。

（三）“社会”在本科专业设置中的行为分析

1. 积极参与高校本科专业设置决策

在发达国家社会参与高等教育的机制都非常完善，为高等教育的发展和人才培养的优化提供了坚实的社会基础。比如，在美国“在学校为社会服务、与社会合作的同时，社会也积极活动，一方面向学校输入动力，另一方面影响、干预甚至左右学校的事务，从而在社会对学校的关系上建立起卓有成效的参与机制”[①]。除了政府在与高等教育相关的各种委员会中积极吸收社会人士之外，美国一些社会机构本身就具有积极参与高校管理的传统。各种认证委员会、问责委员会都通过自己特有的方式影响高校本科专业设置决策。比如，成立于1996年的美国高等教育认证委员会既对院校进行资格认证，也对专业学位进行认证，主要的工作是评估学校和专业的质量，并向公众公布所有获得认证的院校和专业的名单。认证的目的是保证质量和提高质量。[②] 始于1983年的《美国新闻与世界报道》（*U. S. News & World Report*）对全美大学的排名，具有广泛的影响力，对教育决策与拨款发挥了重要作用，并影响着学生的择校行为和社会资金的流向，更对高校的发展起到了积极的促进作用。[③] 当然，除了这些委员会性质的社会参与机构，美国高校的校友会、基金会、大学生就业服务机构、家长委员会等都会参与到大学事务的管理中，并对高校学科专业设置产生影响。

2. 注重发挥职业组织（工会）对专业设置的影响力

在发达国家，各类社会职业基本都有自己的职业组织［比如英国的“全国教师联合会”，美国的美国小学校长协会（NAESP）、州际学校领导者证书协会等］。这些职业组织可通过发布从事该职业人士的素质与能力标准等来引导高校本科专业设置。在这些国家，行业自治已经比较成熟，所以，“职业界可以通过资助、评估和职业资格鉴定等手段影响高校的课程设置和教学内容。例如，美国的法律界呼吁美国高校的法学类专业开设法律职业道德课

---

① 周奉年，熊志翔，王金兴，等. 中国高等教育运行机制研究［M］. 广州：广东高等教育出版社，1994：120－121.

② 朱玉山. 美国高等教育管理体制中的社会参与及借鉴［J］. 医学教育探索，2006（7）：599.

③ 刘承波. 中国公立高校治理中的社会参与［J］. 大学教育科学，2008（5）：31.

程，以培养学生的职业道德。否则法律界就不给其毕业生办律师开业许可证”①。

（四）“学生”在本科专业设置中的行为分析

1. 积极行使专业选择权

在高等教育市场比较完善、高等教育消费者与提供者可以平等博弈的前提下，学生的专业选择权往往比较有保障。学生行使自己专业选择权利的积极性也比较高。这主要基于一个基本的理念，专业学习必须符合自己的职业规划和兴趣爱好。按照美国学者萨珀的生涯时空发展性理论，大学教育阶段处于一个人职业生涯的探索、明确、细化、实施阶段。在这一阶段，将职业生涯规划引入大学生专业选择的目的在于借助测评和规划，重新审视自己，认识自己，将原本“只可意会，不可言传”的感觉量化分析，发现自己喜欢什么、能做什么、擅长什么，对相关环境如：专业的内涵、特点、发展方向等进行科学合理的评价，并及早确立人生的目标。② 中学生对大学专业可能不是很了解，如果在中学毕业升大学的时候就确定了专业，而在进入大学后发现自己选择的专业不是那么一回事，与自己的职业理想和兴趣没有关系，而又没有调整机会时，学生学习的质量不可能高，也可能会影响学生一生的发展。为了尽量避免这种现象的出现，学生积极行使专业选择权是对自己负责的一种态度。

以美国为例，学生在进入大学时，一般都没有明确的专业，即使有了专业（方向），进入大学后，调换一个专业也不是很难。甚至，学生在入学后，可以根据自己的职业规划和兴趣爱好自己“DIY”（设计）专业。当然，自己设计专业要在教师的指导下进行，有些学校把学生自主设计的专业称为“多学科专业”。马里兰大学目前已授予学生自己设计的专业有农业史、艺术管理、运动管理、老人医学、拉丁美洲研究、领导科学、多元文化研究、组织领导学、古人类学、都市农业等。当然，即使选“多学科专业”或自己设计专业，也仍然要有一个专业计划，完成了这个计划才可毕业。一些“专业未定”的学生最后就选了这个专业，可谓自始至终“专业未定”③。随着知识经济的到来，各学科之间的融合趋势越来越明显，各大学由学生自主设计的“多学科专业”也越来越多，充分体现了美国大学生积极行使自己专业选择权的现象。

---

① 邓岳敏. 改革开放以来中国高校人才培养与劳动力市场的对接问题研究［D］. 厦门：厦门大学，2007：236.

② 任丽清，刘剑虹. 论大学生专业选择权［J］. 教育发展研究，2009（17）：32.

③ 王德军. 美国大学生的专业选择制度及其启示［J］. 河南教育，2007（1）.

2. 努力争取“合理”的权力

早期，大学是“学生的团体”，学生在大学管理方面拥有很大的权力。但是，随着高等教育规模的扩大，高校管理体制的日趋僵化，学生在高校事务管理中已经很难发出自己的声音。在这种背景下，为了争取与自己有重要关系的事务决策权，20 世纪 60—70 年代，“很多国家的学生通过各种方式来表达对大学的不满，并试图强迫大学进行改革。这次运动的影响在法国和联邦德国表现得最为明显，而在其他国家（英国、美国等）学生抗议运动对学校管理也发生了一定程度的影响”[①]。比如，法国 1968 年的学生运动直接促使法国出台了《高等教育方向指导法》，对法国大学管理和学科专业设置产生了重要的影响。为了促进更广泛的参与，《高等教育方向指导法》为大学和教学与科研单位的各种管理机构的组成、任务和责任规定了指导方针。新建立的理事会既包括了大学里所有团体的代表——高级或初级教学人员、研究人员、学生、行政人员和技术人员，同时也包括校外代表。此法关于各个团体的代表席位的规定相当全面。各个大学理事会的席位在实际分配上略有不同，以巴黎第十三大学 1983 年为例，理事会共 70 人。其中教师、研究人员 29 人，学生 22 人，行政人员和职工 6 人，校外人士 13 人。在这里，给予学生的席位比例是最高的，达 31%。[②] 学生作为理事会成员，可参与与自己有重要关系的事务决策。在德国大多数学生组织也提出要求，主要在大学所有管理机构的席位中，学生代表应该有 1/3。英国有让学生参与学校管理的传统，就像阿什比所说的：“剑桥大学的校印，不论盖在哪份合同或协议书上，都是代表校长、教师和学员盖的。”这种三位一体构成了大学的组合。有的大学甚至还规定，在这三位一体的组合中，三者“彼此并没有高下之分”[③]。在学生运动的推动下，学生参与的力度不断深入，绝大多数大学都允许学生代表参加各种委员会，行使他们参与管理的权力。美国是一个高等教育市场非常发达的国家，学生作为高等教育的消费者，他们的需求满足是所有高校必须重视的问题。因此，在美国，一方面，学生在争取权力；另一方面学校也会主动给予相应的权力。如在普林斯顿大学，学生在一定程度上参与学校管理还成为传统，院系学生会和研究生会不仅有权了解各院系的行政决定，向校方反映学生的愿望和要求，而且其代表还经常参加课程设置委员

① Johnson, Paul. 1968: The New Spectre Haunting Europe [J]. New Statesman, 1999, 12 (6).

② 吴志功. 国外大学决策机构设计趋势分析 [J]. 比较教育研究, 1995 (4).

③ 埃里克·阿什比. 科技发达时代的大学教育 [M]. 滕大春, 滕大生, 译. 北京: 人民教育出版社, 1983: 63.

会、列席校预算委员会、仲裁委员会的会议，并有四名本科生担任校董事会董事。① 在各国学生运动的推动下，学生参与与自己有利益关系的事务的决策已是大势所趋。1989 年联合国大会通过的关于青少年权力的决议确认了学生的参与权：青少年有权谈论和分享他们的经历，以及有权在可能有关他们的行动中发表意见。②

三、几点启示

（一）政府要运用间接手段对高校本科专业设置进行宏观调控

高校本科专业设置直接关系到一个国家社会经济的发展，因此，在国家加大对高等教育投入的同时，对高校本科专业设置进行适当调控是非常必要的。当然，政府调控的最佳手段是利用法律、经济等手段。根据前文的分析，日本作为一个后发的资本主义国家，政府根据社会经济发展的需求，不断对高校学科专业设置进行直接调控，短期来看，为社会经济发展奠定了人力资源基础，但是，这是以扼杀高校办学自主性为代价的，最直接的体现就是日本公立大学的特色化、个性化都不是很够，在满足多样化的高等教育需求方面渐显乏力。所以，从 20 世纪 80—90 年代开始，日本开始逐步改革直接控制的管理方法，开始重视赋予高校办学自主权。1991 年日本进行了大学设置基准等的改正，之后的大学改革主要朝着三个方向进行：①强化大学的教育机能，发挥各个大学的特色和个性，重新组织教育内容，开展富有魅力的教学，以培养能适应时代变化的具有丰富创造性的人才。②充实强化研究生院，以促进国际水准的教育研究，并培养出优秀的研究者和具有高水平专业能力的技术人员。③进一步灵活开放以大学为中心的高等教育机构，提供丰富的终身学习机会。近年来，国立大学独立法人化的呼声越来越高，2000 年 5 月 28 日文部省提出“根据特例法实施法人化”，进入 21 世纪后，无论国立大学以何种形式走向独立法人化，至少可以肯定与目前相比，日本国立大学的地位、性质，特别是与政府国家之间的关系将发生重大变化。③ 日本政府对国立大学的管理逐步走向了间接管理的道路。与日本类似，法国政府对高校本科专业设置的管理也一直采用中央集权模式，导致高校本科专业设置脱离社会实际，并最终引发了 1968 年 5 月的“五月学生风暴”。法国政府

---

① 睦依凡．大学校长的教育理念与治校［M］．北京：人民教育出版社，2001：342．

② Rudduck Jean, Flutter Julia. Pupil Participation and Pupil Perspective: Carving a New Order of Experience［J］. Cambridge Journal of Education, 2000（30）.

③ 日本高等教育发展特点及其启示［EB/OL］.［2010－02－10］. http://www.drcnet.com.cn/DRCnet.common.web/DocView.aspx?ChnID=35&LeafID=106&DocID=281565.

也开始重新审视政府在高校学科专业设置的角色，开始了艰难的改革。而美国政府在高校本科专业设置方面的职能定位就比较理想，一直通过立法、财政等间接手段对高校本科专业设置进行宏观调控，保证了美国高等教育的市场活力。

（二）充分的市场竞争是高校自主设置专业的前提

很多学者在分析我国高校本科专业设置面临的问题时，都把赋予高校自主设置专业的权力作为了解决问题的重要途径之一。通过前文的分析，我们知道，在发达国家中，只有美国的高校能够享有完全自主设置专业的权力，并且还是在充分的市场竞争和政府的合理规治之下。因此，在政府通过间接手段发挥宏观调控作用的同时，充分的市场竞争机制是高校自主设置专业的重要前提。因为，高校作为一个社会组织，在没有市场竞争的压力下，很可能会做出逐利性的选择，从而导致高校学科专业设置雷同、重复设置等现象比较严重。在政府管理力度比较大的今天，我国高校本科专业设置的这方面特征已经十分明显。所以，在高等教育市场机制还不完善的今天，简单地赋予高校自主设置专业权并不是解决高校本科专业设置问题的关键。

在美国，学生作为高等教育消费者的权利得到了充分体现，他们可以选择学校和学科。在高等教育非常发达，不同类别、层次的高等院校竞争激烈的情况下，学生的需求在高等教育市场竞争中起着举足轻重的作用。因为，学生的选择是高等教育市场的杠杆，学生作为消费者可以任意选择学校，也可以随意退出，从一所学校转向另一所学校。各高校要想生存下去就必须满足学生的教育需求，依靠优质的教育服务来吸引学生，为学生提供个性化的教育服务。所以，很多高校都努力形成自己的特色，而不是被动地接受统一的模式。在这种情况下，高校自主设置学科专业才能有效执行。

（三）社会参与高校本科专业设置需要政府的大力扶持

在高校学科专业设置中，充分发挥社会的力量是西方发达国家一贯的做法。这种做法既可以推动社会支持高等教育的发展；也可以提高高校人才培养适应性。1998 年联合国教科文组织发布的《21 世纪的高等教育：展望和行动世界宣言》提出："高等教育应加强与职业界的联系，让职业界的代表参与高等院校的管理工作，不断为师生增加国内和国外当学徒和边工作边学习的机会。职业界和高等院校之间要进行人员交流，紧密结合生产实际，修改课程。"① 为了强化学科专业设置与人才市场需求的联系，发达国家都非常重视社会参与高校本科专业设置工作。

---

① 兰冰，译. 世界高等教育宣言（节选）[J]. 云南广播电视大学学报，1999（4）.

在日本，与高等教育发展相关的委员会都有比例很高的社会人士的参与。1987 年，日本修订了《学校教育法》，并成立了专门负责大学事务的大学审议会。在日本文部省设立的大学审议会的第一届领导中，庆应义塾大学校长石川忠雄担任会长，作家三浦朱门和秩父水泥公司的总经理诸井虔任第一届副会长。在第一届委员 23 人中，大学校长、教授 9 人，教育、文化、研究机构的代表 7 人，企业界代表 7 人。在后来历届的大学审议会委员中都有企业界的代表。1998 年成立的第六届委员中大学校长、教授 10 人，文化教育研究机构代表 5 人，企业界代表 5 人。[①] 日本大学审议会的人员构成充分说明了日本重视社会在高等教育发展事务中的参与作用。由于大学审议会具有收集大学信息资料、调查审议大学问题等职能，从高校本科专业设置的角度来看，来自社会产业界的委员在一定程度上能够保证社会人才需求的变化并能够及时反映到高校本科专业设置中来。

（四）学生选择权的落实是激发高校专业设置活力的前提条件

1998 年 10 月，联合国教科文组织在巴黎举行的世界高等教育大会发表的《21 世纪的高等教育：展望和行动世界宣言》指出："在当今这个日新月异的世界，高等教育显然需要有以学生为中心的新的视角和新的模式"，要求"国家和高等院校的管理者应把学生及其需要作为关心的重点，并应将他们视为高等教育改革的主要的和负责的参与者。这应包括学生参与有关高等教育问题的讨论，参与评估，参与课程和教学法的改革，并在现行体制范围内，参与制定政策和院校的管理工作"。[②] 这个宣言明确告诉我们，学生特别是大学生可以在一些影响他们生活、学习的领域和一些他们有能力提出建设性意见的领域发挥作用，例如可以适当地参与教学项目、教师评估和教学基础设施方面的管理，参与课外活动、学生服务和宿舍管理等。[③] 正如沃尔夫（Wolff R P）在《大学的理想》中说的：既然"所有政府的合法权利都来自被统治者的同意，那么所有与学生有重要关系的决策都应该征求学生的意见"[④]。

高校本科专业设置的"市场调节"是通过学生对高校和专业的选择来实

---

① 胡建华. 战后日本大学史［M］. 南京：南京大学出版社，2001：244.

② 卢晓中. 当代世界高等教育理念及对中国的影响［M］. 上海：上海教育出版社，2001：183.

③ 联合国教科文组织. 发展中国家的高等教育：危机与出路［M］. 北京：教育科学出版社，2001：51.

④ 约翰·S. 布鲁贝克. 高等教育哲学［M］. 王承绪，等，译. 杭州：浙江教育出版社，1998：42.

现的，而不是通过人才市场的需求变化来实现的。如果仅仅把高校本科专业设置的“市场调节”看作是高校本科专业设置受人才市场变化规律的影响是不恰当也是不全面的。

首先，从恰当性来看，在高校本科专业的设置中要区分两个市场，一个是高等教育市场，另一个是人才市场，两个市场是有根本性的差异的。而在分析高校本科专业设置时，我们经常把两个市场等同起来。高等教育市场是通过高等教育服务的机构之间的竞争来实现的，主要受有教育需求的人的选择影响。人才市场是通过进入劳动力市场的人的职场竞争力比较来实现的，主要受社会用人机构人才选拔标准的影响。从市场供求关系的基本要素来分析，高等教育市场和人才市场有本质的不同（见表4-1）。高等教育市场的供给方是各级各类高等教育机构，需求方是有教育需求的组织或个人，交换对象是高等教育服务；人才市场的供给方是进入劳动力市场的人，需求方是社会用人机构，交换对象是创造价值的知识和能力。通过对比，我国可以得出高校是高等教育市场的主体，而不是人才市场的主体；[①] 社会用人机构是人才市场的主体，而不是高等教育市场的主体。[②] 连接高校和社会用人机构的是选择了高等教育服务、经过几年学习、进入劳动力市场的大学毕业生。而当前，很多人在分析高校本科专业设置中市场行为时直接忽视了大学生的存在，把高校和社会用人机构直接放到了一起，分析他们之间的供给与需求关系，存在严重的逻辑性错误。主要体现在以下几个方面：①高校在人才市场中，由于与自身没有直接的利害关系，往往对人才市场的变化不是很敏感。并且出于对自身利益的考量，在专业设置与调整方面的成本意识比较强，导致本科专业设置调整比较滞后，往往落后于人才市场需求的变化。②社会用人机构直接面对高校，希望高校满足他们的人才需求，而高校提供的是高等教育服务，社会用人机构需要的不是高等教育服务，而是创造价值的知识和能力，创造价值的知识和能力依附在大学生身上，高校并不具有支配大学生的权力，所以，也就不可能直接满足社会用人机构的用人需求。所以，没有共同的交换对象的高校和社会用人机构被强行拉在一起，根本不可能解决高校本科专业设置的问题。解决这个问题的关键是发挥大学生对这两个市场的连接作用，因为大学生作为两个市场的主体，直接参与者，他们对市场的变化最敏感，能够很好地起到沟通两个市场的作用。而要充分发挥大

① 高校作为社会用人机构也可以成为人才市场的主体，但不是以人才培养机构的身份。

② 社会用人机构如果作为高等教育需求方，比如培训员工的需求等，也可以成为高等教育市场的主体，但不是以人才需求方的身份。

学生的作用，在人才市场实现双向选择、自主就业的情况下，最关键的是要赋予大学生自主选择专业的权力。大学生的选择权，是激发高校本科专业设置市场的关键。

表4-1　高等教育市场与人才市场的对比

	供给方	需求方	交换对象
高等教育市场	各级各类高等教育机构	有教育需求的组织或人	高等教育服务
人才市场	进入劳动力市场的人	社会用人机构	创造价值的知识和能力

其次，从全面性来看，人接受高等教育的目的具有多样性，就业虽然是一个方面，但是也不能排除有人出于自己的兴趣爱好或者好奇心来读书。从这个角度来说，高校本科专业设置不能仅从人才市场需求的角度进行，片面地认为所有大学生来读书都是出于经济利益的考量，都希望通过本科学习，找到一份好的工作，获得比较好的收益。在终身学习理念下，很多已经退休的老人重新走进大学学习，他们的出发点就不是经济利益的需求，而是精神生活的满足。经济学中利益的概念早已扩展到了物质利益的追求和精神生活的满足（包括好奇心的满足、荣誉等），而在分析高校本科专业设置时，我们还是把学生交费读书的目的简单地想象为是纯粹物质利益的考量，就有点简单化了。当然，我们不排除绝大多数学生来读书是双重目的的统一。但是，从一定意义上来说，精神生活的满足可能更重要，所以高校本科专业设置要特别注重发现、培养、强化学生的兴趣、爱好、好奇心。这就是为什么国外大学强调通识教育，投入巨大力量，进行哲学、科学技术史、思想方法论研究的重大原因。笔者曾经听到一个故事，说美国一个高中生成绩非常优秀，被哈佛大学录取，由于他的知识面很广并且文理兼备，因此，他可以自由选择哈佛大学的任何一个专业来读。在很多人认为，他会选择一个比较有“钱”途的专业时，他出人意料地选择了神学院。于是有些人，特别是一些中国留学生不是很理解，就去问他，为什么选择神学院。他的回答是，我从小就对宗教和哲学感兴趣，希望对此进行研究。去问他的人不甘心，继续追问：那你没有想过未来的就业和生活吗？他的回答是，现在还没有想过，况且在我没弄清楚人活着的意义时，想这些也没什么意义。这个故事有可能是虚构的，但是最起码告诉我们，并不是每一个到大学读书的人都是着眼于以后的工作和生活的。所以，把高校本科专业设置的市场调节看作是通过人才市场需求变化调节是不全面的。

根据上面的分析，本研究所指的“市场调节”模式是从保障大学生的专业选择权，激活高校本科专业设置的竞争机制来考虑的。

在保障高校自主设置专业的前提下，国外高校为增加自身的竞争力，都非常重视学生的专业选择权的保障。比如，在英国剑桥大学，大多数学生连续学习同一学科的荣誉学位课程系列（包括 Part Ⅰ 和 Part Ⅱ）。然而，在一种学科的荣誉学位课程 Part Ⅰ学完并通过考试之后，也可以变换到其他不同学科的荣誉学位课程系列继续学习。学科变更，大多数是在相关学科领域内进行的，如同为文科或同为理科。当然，也可以进行跨文、理科之间的学科变更，而这种变更的学科组合就非常多样了。① 在日本东京大学，本科教育采取传统的二二分段模式，学制一般为四年，分为前期课程和后期课程，各两年（医学部医学科和农学部兽医学后期课程六年）。本科生考入学校后不分专业，只分文科（三类）和理科（三类），头两年前期课程全部由教养学部实施（独立的校区）。前期课程结束后，根据本人意愿和学分成绩，再升入相应的专业学部（教养学部也有部分学生留下来继续学习本学部的后期课程）学习后期课程。即使升入了专业学部，在一定的时限内，满足所想去的学部的要求，也允许转学部。学部内又分为若干个学科和专业，在一定条件下，学部内可以转学科和专业。外校的学生和已经获得学士学位的人，具备一定的条件，通过一定的考试，也可以转入专业学部学习。②

① 孙莱祥．研究型大学的课程改革与教育创新［M］．北京：高等教育出版社，2005：141．

② 孙莱祥．研究型大学的课程改革与教育创新［M］．北京：高等教育出版社，2005：146．

第五章 我国高校本科专业设置利益相关者行为诉求分析

世界银行和联合国教科文组织于1998年合作成立了一个包括美国、日本、南非、巴基斯坦、印度、法国、智利等13个国家的前教育部部长、大学校长和教授组成的专家组，探讨未来发展中国家的高等教育问题。经过两年的研究，专家组于2000年6月发表了题为《发展中国家的高等教育：危机与前景》的报告。报告指出，高等教育体制必须形成以下的核心特征：充足的办学自主权，同时接受政府的指导与监督；明确的层次区分——给予高等教育机构以足够的空间发挥其各自的特长并服务于不同的需求；在竞争的同时进行合作；日益开放——鼓励高等教育机构的知识共享并且加强与社会对话的能力。① 该报告可以给我们以下启示：①在赋予学校充足办学自主权的同时，要加强政府的指导和监督；②高校要根据自身的实际情况制定合理的发展规划，而不是强调整齐划一；③高校要走向开放式办学，加强与学生以及社会的沟通。这些启示对我们研究高校本科专业设置主体的职能与角色定位提供了重要的基础。

一、政府在本科专业设置中的职能分析与角色定位

（一）政府职能转换的宏观理论背景

1．新公共管理运动的兴起

20世纪70年代末80年代初，一场声势浩大的行政改革浪潮在世界范围内掀起。在西方，这场行政改革运动被看作一场“重塑政府”“再造公共部门”的“新公共管理运动”。② 新公共管理运动兴起的主要原因是传统公共行政模式的理论缺陷。“它从经济学理性角度出发，要求对经济学中的公共选择理论、委托—代理理论和交易成本理论加以运用，因此追求三E，即经济（economy）、效率 efficiency）、效能（effectiveness）成为新公共管理的基

① 蔡克勇.21世纪我国高等教育办学和管理体制改革的走向［EB/OL］.［2009-12-28］. http://www.hie.edu.cn/fzqs/news.asp?new=1246.

② 于阳. 论“新公共管理运动”的兴起［EB/OL］.［2009-12-28］. http://paupc.bokee.com/3168119.html.

本目标。”[①] 新公共管理主要包含如下假设：①公共行政的焦点应放在获取结果而非遵循程序上；②为了获得预期结果，公共行政在产品和服务的提供方面应妥善运用各种市场竞争机制；③公共行政也应该强调“顾客导向”；④政府应该扮演“掌舵者”而非“划桨者”的角色；⑤政府应该放松管制；⑥公共部门的每一位员工均应被“授权”以充分发挥其服务顾客的创造性并使其积极地投入工作；⑦公共行政的组织文化应尽可能朝弹性的、创新的、解决问题的、具有企业精神的方向发展。[②] 澳大利亚学者欧文·E. 休斯在《公共管理导论》一书中将新公共管理理论归纳为以下六个要点：①注重结果的实现和管理者的个人责任；②脱离古典官僚制，使组织、人事、任期和条件更具灵活性；③明确规定组织和人事目标，这样可以根据绩效指标对工作任务的完成情况进行测量，同样，可以对计划方案进行系统评估；④资源管理人员更有可能地带有政治色彩地致力于政府工作，而不是无党派的或中立的；⑤政府职能受市场检验，将“掌舵”和“划桨”分开，政府介入并不一定指政府要通过官僚手段行事；⑥通过民营化和市场检验、签订合同等方式减少政府职能的趋势。[③]

新公共管理的主要观点如下：

（1）管理主体日益多元化。社会公共事务的复杂化，使得政府作为单一公共服务提供与管理者的状态受到极大的挑战。为了公众对公共服务多样且有个性化的需求，扩展公共管理主体，是一个必然的选择。虽然政府还是专门的公共管理机构，但却不是唯一的，它丧失了对公共管理的垄断权，除政府之外，还有非政府组织、非营利组织、社区组织、公民自治组织等第三部门和私营机构。政府是多元管理主体的组织者、协调者，是多元管理主体的核心。它引导、培育、监督其他公共管理组织，并与之合作，共同管理，提供公共产品和服务。

（2）在公共部门中引入市场竞争机制，广泛采用私营部门成功的管理方法。新公共管理理论认为，公共部门和私营部门也许存在着本质的区别，但并不意味着出自私营部门的行之有效的管理方式、方法和技术不能用于公共

---

① 程样国，韩艺．国际新公共管理理论与行政改革［M］．北京：人民出版社，2006：39.

② 戴维·H. 罗森布鲁姆，罗伯特·S. 克拉夫丘克，理查德·M. 克勒肯．公共行政学：管理、政治和法律的途径［M］．张成福，等，译．北京：中国人民大学出版社，2002：23－24.

③ 欧文·E. 休斯．公共管理导论［M］．张成福，等，译．北京：中国人民大学出版社，2002：12.

部门。因此，主张政府应该广泛采用私营部门的管理手段和经验。比如私营管理中的绩效管理、组织发展、合同雇佣制、绩效工资、弹性管理、组织激励手段的运用等。新公共管理理论认为，政府没有效率的主要原因在于政府独家提供公共服务，缺乏竞争机制。因此它主张用市场的力量来改造政府，让更多的私营部门参与公共服务的供给。进而在公共部门与私营部门之间，公共部门机构之间展开竞争，以降低成本、提高服务水平和政府的工作效率。公共选择理论认为，一个理性人必然受到对其行动有影响的激励机制的支配，而官僚同其他任何人一样，受其利己的利益刺激，更倾向于牺牲公共利益而使其个人效益最大化。因此，公共选择理论家们一致断定，最好的结果应是市场力量的作用最大化，政府的作用则相应减少。新公共管理运动也倡导充分发挥市场有效调节资源配置的作用，把政府的行为局限于弥补"社会不能"和"市场失灵"的范围，主张把企业经营理念和市场竞争机制引入公共部门。①

（3）明确政府责任，建立顾客导向的政府。委托—代理理论认为，公民与政府的关系可以看成是一种委托—代理关系，公民统一推举某个人以其名义进行治理，但必须满足公民的利益并且为公民服务。也就是说，公民在赋予政府及其工作人员治理国家的权力的同时，也附带着相应的政治责任。同时，由于代理人（即政府及其工作人员）具有自身的利益，而这种利益并不一定与公共利益相一致，而作为委托人的公民的力量又过于分散，无法有效地控制代理人，因此，这种理论提出应当明确政府责任。② 在明确政府责任的同时，要加强绩效管理，要注意用合理绩效评估指标来评价个人和机构的绩效。另外，传统公共行政模式下，公民只能被动地接受服务。新公共管理改变了这种关系，提出顾客导向，要求政府在管理中把公民当作顾客，以顾客为中心，通过各种具体措施给公民提供"用脚投票"自由选择服务机构的机会，并定期广泛征求公民对公共服务的满意程度。

（4）政府职能的调整和优化。传统公共行政模式下，政府职能不断扩张导致了政府面临的困境。主要体现在，第二次世界大战以后，在福利国家观念的推动下，西方国家政府的职能范围不断扩大，通过大量的立法管制干预人民的生活，其结果是一方面政府必须投入大量的资源以提供公共服务，另一方面为支付大量公共开支所采取的重税政策引起了民众的强烈不满。美国学者胡斯认为，对政府的抨击主要来自三个方面：一是认为政府的规模太大，消耗了过多的稀有资源；二是政府介入的活动过多，许多活动的提供皆

①② 卞菲．论政府职能定位——以新公共管理为视角［J］．法制与社会，2009（8下）：202.

有替代方法可以运用；三是僵化的官僚体制提供服务必然会导致效率低下和渎职腐败现象。[①] 新公共管理对此进行了反思，认为应对政府职能进行调整和优化。即首先解决应该管什么不应该管什么的问题，提出建立一个掌舵而不划桨的政府。通过非国有化、自由化、压缩式管理等改革措施缩小政府规模，减轻政府负担，提高政府工作效率。

（5）让管理者来管理。政府管理的不良绩效不是因为管理者缺乏能力和不履行职责，而是过多的程序和规则束缚了管理者的灵活性。管理者与市场中的理性经济人一样，具有趋利避害、自我利益最大化的内在倾向，“从市场的观点来看，传统官僚制存在的主要问题在于它们无法提供充分的激励机制以鼓励其组织成员有效率地做好分内工作”。因此，应该有效利用管理人员的自利、机会和风险的意识，使他们拥有合理充分的权力，适应激烈变化的外部环境，创造良好的管理绩效。

新公共管理的主张告诉我们以下两种趋势：一是公共部门逐步向市场化发展，“以市场为基础的、灵活的、提供回应性服务的企业化政府管理方式逐步取代了旧的、僵化的、科层制官僚体制的政府管理方式”[②]。二是不断的脱离传统的官僚体制的趋势。从某种程度上而言“新公共管理”基本上是建立在对传统公共行政的否定基础上的——传统的、官僚化的公共行政已经破腐不堪，并且民众已经丧失了对政府的信赖。[③]

2. 新公共服务理论的主张

自新公共管理诞生以来，对它的质疑和批判就从来没有停止过，在诸多对新公共管理的批判中，以美国学者登哈特最具代表性，在对新公共管理模式进行批判的基础上登哈特明确提出了新公共服务的学说。[④]

根据登哈特的分析，新公共服务与新公共管理在诸多方面都存在明显的差异甚至分歧。新公共管理的主要理论基础和认识论基础是经济理论，是基于实证社会科学的更精致的对话；而新公共服务则是一种民主理论，包括了实证方法、解释方法和批判方法在内的各种认识方法。新公共管理所主张的

---

① 卞菲. 论政府职能定位——以新公共管理为视角［J］. 法制与社会，2009（8下）：202.

② Lawton. Ethical Management for the Public Services（Managing the Public Services）［M］. Buckingham：Open University Press，1998：34.

③ Gore A L. From Red Tape to Results：Creating a Government That Works Better and Costs Less：The Report of the National Performance Review［R］. Washington D C：Government Printing Office，1993：1.

④ 於莉. 新公共服务与新公共管理：分道扬镳还是殊途同归？［J］. 中山大学研究生学刊：社会科学版，2006（4）：43.

理性是一种技术和经济理性，与之相关的人类行为模式是经济人或自利的决策者；而新公共服务则倾向于战略理性或形式理性，主张对政治、经济和组织的多重检验。在对公共利益的界定上，新公共管理将其视为个人利益的聚合；而新公共服务则视其为是就共同价值观进行对话的结果。在新公共管理实践中，政府的角色是“掌舵”，是为了促进个人做出选择和实现效率而释放市场力量，因此公务员的回应对象是顾客，行政官员和公务员的假定动机基础是企业家精神和缩小政府规模的理念愿望；而新公共服务则认为，政府的角色是服务，公务员的回应对象是公民，行政官员和公务员的假定动机基础是公共服务和为社会做贡献的愿望。①

基于以上差异，新公共服务理论提出了自己的观点②：

（1）政府的职能是服务，而不是“掌舵”。公务员日益重要的角色就是帮助公民表达并满足他们的共同的利益追求，而不是试图通过控制或“掌舵”掌控使社会朝新的方向发展。

（2）公共利益是目标而非副产品。公共行政官员必须致力于建立集体的、共享的公共利益观念，这个目标不是要在个人选择的驱使下找到快速解决问题的方案，而是要创造共享利益和共同责任。

（3）在思想上要具有战略性，在行动上要具有民主性。满足公共需要的政策和方案可以通过集体努力和协作过程得到最有效并且最负责任的实现。

（4）为公民服务，而不是为顾客服务。新公共服务理论认为，公共利益不是由个人的自我利益聚集而成的，而是产生于一种基于共同价值观的对话。因此，公务员不仅仅是要对“顾客”的要求做出回应，而且要集中精力与公民以及在公民之间建立信任与合作关系。政府与公民的关系不同于企业与其顾客的关系。在公共部门，我们很难确定谁是顾客，因为政府服务的对象不只是直接的当事人。而且政府的某些顾客凭借其所拥有的更多资源和更高技能可以使自己的需求优先于别人的需求。

（5）承担责任并不简单。公务员应该关注的不只是市场，他们还应该关注宪法法律、社区价值观、政治规范、职业标准以及公民利益。无论是传统的公共行政理论还是新公共管理都倾向于将责任问题过于简单化。例如，前者将公共行政官员视为只是简单地直接对政治官员负责，而后者则认为行政官员应像企业家那样有更多的行动自由，其工作绩效的评估主要应从效率、

① 於莉．新公共服务与新公共管理：分道扬镳还是殊途同归？［J］．中山大学研究生学刊：社会科学版，2006（4）：44.

② 珍妮特·V. 登哈特，罗伯特·B. 登哈特．新公共服务：服务，而不是掌舵［M］．丁煌，译．北京：中国人民大学出版社，2004：6－7.

成本—收益以及对市场的回应性等方面进行。然而，新公共服务理论认为，这样的理论模型并未反映当今公共服务的需求与现实，责任问题其实很复杂，公共行政官员已经受到并且应该受到包括公共利益、宪法法令、其他机构、其他层次的政府、媒体、职业标准、社区价值观念和价值标准、环境因素、民主规范、公民需要在内的各种制度和标准等复杂因素的综合影响，而且他们应该对这些制度和标准等复杂因素负责。

（6）重视人，而不只是重视生产率。如果公共组织及其所参与其中的网络能够以对所有人的尊重为基础而通过合作和分享领导权的过程来运作的话，那么从长远的观点来看它们就更有可能取得成功。

（7）公民权和公共服务比企业家精神更重要。新公共服务理论认为，与那些试图将公共资金视为己有的企业管理者相比，乐于为社会做出有意义贡献的公务员和公民更能够促进公共利益。在新公共服务理论家看来，新公共管理理论鼓励公共行政官员采取企业家的行为方式和思维方式，这样便会导致一种十分狭隘的目的观——即所追求的目标只是在于最大限度地提高生产率和满足顾客的需求。而新公共服务理论则明确地认识到，公共行政官员不是他们机构和项目的所有者，政府的所有者是公民。公共行政官员有责任通过担当公共资源的管理员，公共组织的监督者，公民权利和民主对话的促进者，社会参与的催化剂以及基层领导等角色来为公民服务。这便是一种与看重利润和效率的企业所有者大不相同的观点。

新公共服务理论是在对新公共管理理论进行反思和批判的基础上建立起来的。它试图摈弃新公共管理理论过于注重市场、经济、顾客、效率等的价值取向，建立一种更加关注民主价值和公共利益、更加适合现代公民社会发展的新的理论体系。为我们提供了以下启示：①政府应聚焦于公共利益，而不是某个人或某些人的私人利益；②政府应该通过分享领导权力等方式，为公民提供参与共同治理的机会；③政府的责任目标是多元化的。

3. 全球治理理论的发展

英语中的治理一词（governance）源于拉丁文和古希腊语，原意是控制、引导和操纵。1989 年世界银行在概括当时非洲的情形时，首次使用了“治理危机”（crisis in governance）一词，此后“治理”便广泛地被用于政治发展研究中，特别是被用来描述后殖民地和发展中国家的政治状况。[①] 20 世纪 90 年代以来，治理一词被广泛应用到社会经济领域，含义不断扩展。以至于像研究治理问题的学者鲍勃·杰索普（Bob Jessop）所说的那样：过去 15 年来，它在许多语境中大行其道，以至成为一个可以指涉任何事物或毫无意义

① 俞可平. 治理和善治引论［J］. 马克思主义与现实，1999（5）：37.

的“时髦词语”。[①] 当然，很多学者也试图对治理进行清晰的界定。治理理论的主要创始人之一罗西瑙（J. N. Rosenau）在其代表作《没有政府统治的治理》和《21世纪的治理》等文章中将治理定义为一系列活动领域里的管理机制，它们虽未得到正式授权，但却能有效发挥作用。与统治不同，治理指的是一种由共同的目标支持的活动，这些管理活动的主体未必是政府，也无须依靠国家的强制力量来实现。[②] 罗茨（R. Rhodes）认为：治理意味着“统治的含义有了变化，意味着一种新的统治过程，意味着有序统治的条件已经不同于以前，或是以新的方法来统治社会”，他分析了六种关于治理的不同定义，其中“作为社会—控制体系的治理，它指的是政府与民间、公共部门与私人部门之间的合作与互动”[③]。库伊曼（J. Kooiman）和范·弗利埃特（M. Van Vliet）指出：“治理的概念是，它所要创造的结构或秩序不能由外部强加；它之所以发挥作用，是要依靠多种进行统治的以及互相发生影响的行为者的互动。”[④] 格里·斯托克（Gerry Stoker）在系统分析各种治理概念的基础上，提出了治理的五个要点[⑤]：

（1）治理意味着一系列来自政府，但又不限于政府的社会公共机构和行为者对传统的国家和政府权威提出挑战，它认为政府并不是国家唯一的权力中心。各种公共的和私人的机构只要其行使的权力得到了公众的认可，就都可能成为在各个不同层面上的权力中心。

（2）治理意味着在为社会和经济问题寻求解决方案的过程中，存在着界线和责任方面的模糊性。它表明在现代社会，国家正在把原先由它独自承担的责任转移给公民社会，即各种私人部门和公民自愿性团体，后者正在承担越来越多的原先由国家承担的责任。这样，国家与社会之间、公共部门与私人部门之间的界限和责任便日益变得模糊不清。

（3）治理明确肯定了在涉及集体行为的各个社会公共机构之间存在着权力依赖。进一步说，致力于集体行动的组织必须依靠其他组织；为达到目的，各个组织必须交换资源、谈判共同的目标；交换的结果不仅取决于各参

---

① 鲍勃·杰索普. 治理的兴起及其失败的风险：以经济发展为例的论述［J］. 国际社会科学杂志：中文版，1999（2）.

② 罗西瑙. 没有政府统治的治理［M］. 伦敦：剑桥大学出版社，1995：5//俞可平. 治理和善治引论［J］. 马克思主义与现实，1999（5）：37.

③ 罗茨. 新的治理［J］. 政治研究，1996（154）.

④ J. 库伊曼，范·弗利埃特. 治理与公共管理［A］//J. 库伊曼，等. 管理公共组织. 加利福尼亚：萨吉出版公司，1993：64.

⑤ 格里·斯托克. 作为理论的治理：五个论点［J］. 国际社会科学杂志：中文版，1999（2）.

与者的资源，而且也取决于游戏规则以及进行交换的环境。

（4）治理意味着参与者最终将形成一个自主的网络。这一自主的网络在某个特定的领域中拥有发号施令的权威，它与政府在特定的领域中进行合作，分担政府的行政管理责任。

（5）治理意味着办好事情的能力并不仅限于政府的权力，不限于政府的发号施令或运用权威。在公共事务的管理中，还存在着其他管理方法和技术，政府有责任使用这些新的方法和技术来更好地对公共事务进行控制和引导。

在关于治理的各种定义中，全球治理委员会的定义具有很大的代表性和权威性。该委员会于1995年发表了一份题为《我们的全球伙伴关系》的研究报告，并在该报告中对治理做出了如下界定：治理是各种公共的或私人的个人和机构管理其共同事务的诸多方式的总和。它是使相互冲突的或不同的利益得以调和并且采取联合行动的持续的过程。它既包括有权迫使人们服从的正式制度和规则，也包括各种人们同意或以为符合其利益的非正式的制度安排。它有四个特征：①治理不是一整套规则，也不是一种活动，而是一个过程；②治理过程的基础不是控制，而是协调；③治理既涉及公共部门，也包括私人部门；④治理不是一种正式的制度，而是持续的互动。[①]

上述的概念告诉我们，“治理的目的是在各种不同的制度关系中运用权力去引导、控制和规范公民的各种活动，以最大限度地增进公共利益”[②]。其主要特征“不再是监督，而是合同包工；不再是中央集权，而是权力分散；不再是由国家进行再分配，而是国家只负责管理；不再是行政部门的管理，而是根据市场原则的管理；不再是由国家‘指导’，而是由国家和私营部门合作”[③]。与传统管理过程中权力运行通过发号施令、制定政策和实施政策，对社会公共事务实行单一向度的管理、自上而下的向度不一样，治理则是一个上下互动的管理过程，它主要通过合作、协商、伙伴关系、确立认同和共同的目标等方式实施对公共事务的管理。治理的实质在于建立在市场原则、公共利益和认同之上的合作。它所拥有的管理机制主要不依靠政府的权威，而是合作网络的权威。其权力向度是多元的、相互的，而不是单一的和自上而下的。[④] 政府由传统的统治向治理的转变最主要体现在两个方面：①建立

① 俞可平．全球治理引论［J］．马克思主义与现实，2002（1）：22.

② 俞可平．治理和善治引论［J］．马克思主义与现实，1999（5）：38.

③ 弗朗索瓦－格扎维尔·梅理安．治理问题与现代福利国家［J］．国际社会科学杂志：中文版，1999（2）.

④ 俞可平．治理和善治引论［J］．马克思主义与现实，1999（5）：38.

政府与市民社会之间的合作互动关系，培养公民精神，发挥民间组织的主动性。②改变中央和地方的关系，向地方放权，使其承担起更多与本地居民有关的各种职能。治理不仅涉及公共权力的运作，而且涉及权力的配置，统治者或管理者通过公共权力的配置和运作，管理公共事物，以支配、影响和调控社会。①

（二）政府职能转换

1. 从全能型政府到有限型政府："掌舵"而不是"划桨"

在市场经济条件下，政府、高校、社会对经济发展承担着不同的分工，发挥着不同的作用，它们的角色也是各不相同，相互不可代替的。而在高等教育管理的现实中，政府往往以"全能者"的身份出现，许多管理超出了其权限范围，涉足到了本应由高校自己管理的内部事务，管了许多不该管、管不了也管不好的事情，如过多干预高校的专业设置、课程安排、学位授予等。② 作为在新公共管理领域最具影响力的学者，戴维·奥斯本对政府的角色定位进行了精辟的分析。他认为，在传统的公共行政活动中，政府行政部门居于整个社会的中心位置，政府集决策、行政、监察等权力于一身，对整个社会的经济、政治、文化等各方面的工作做出全面干预，政府机构的触角伸向了社会的每一个角落，这必然意味着政府规模的扩张和庞大臃肿，最终将导致人浮于事，行政效率低下。因此各级政府机关都陷入了一个自认为自己是社会活动的中心，且存在的主要目的就是收税和为社会提高公共服务的误区。实际上，政府机构没有必要也不可能事必躬亲，尤其是在当今社会中，变化多端，需求多元，政府已经不可能再把持着公共服务提供的垄断性地位，政府的工作重心应该从烦琐的具体事务当中解脱出来，集中精力于国家的大政方针政策，即政府的真正职责是"掌舵"而不是"划桨"，"如果让其他人干更多的划桨工作，他们就能更有效地进行掌舵。如果一个组织最佳的精力和智慧都用于划桨，掌舵将变得很困难"。③

奥斯本在《重塑政府》一书中提出了一种旨在运用企业家精神来对政府进行重新塑造的"企业家政府理论"，提出了十条政府体制改革原则④：

---

① 许杰. 教育分权：公共教育体制范式的转变［J］. 教育研究，2004（2）：12.

② 龙献忠. 论高等教育治理视野下的政府角色转变［J］. 现代大学教育，2004（1）：74.

③ 戴维·奥斯本，特德·盖布勒. 改革政府——企业家精神如何改革着公共部门［M］. 周敦仁，等，译. 上海：上海译文出版社，1996：7.

④ 珍妮特·V. 登哈特，罗伯特·B. 登哈特. 新公共服务：服务，而不是掌舵［M］. 丁煌，译. 北京：中国人民大学出版社，2004：6.

（1）政府应集中精力“掌好舵”（即做好决策）而非“划好桨”（即做好具体的服务性工作），以便由上而下，用政策吸引竞争者，保持最大的灵活性来应付变化着的环境，出色地扮演好自己的角色。

（2）政府的行政专家们不应事必躬亲，而是要善于授权，鼓励民众参与管理。

（3）政府应通过各种形式引入竞争机制，增强成本意识，提供优质服务，改善行政管理。

（4）政府应摆脱繁文缛节的束缚，只指导做什么（即要人们实现什么目标）并根据目标制定必要的规章和预算，放手让人们去履行各自的责任，至于怎么做则无须管制过细。

（5）政府应讲究效果，对各部门业绩的衡量重在成果而不是投入项目的多少。

（6）政府是受顾客驱使的，其宗旨是满足顾客的需要，不是官僚政治的需要，故政府应像企业一样具备“顾客意识”，建立“顾客驱使”的制度。

（7）政府应具有一种“投资”观点，应把利润动机引进公共服务的活动中，变管理者为企业家，学会以花钱来省钱，为回报而投资。

（8）政府应着眼于预防为主，而不是通过事后服务来挽回损失，他们在做出决定时，应尽可能考虑到未来，以防患于未然。

（9）政府应善于下放权力，实行参与式管理，通过参与及合作，分散公共行政机构的权力，简化其内部机构上的等级。

（10）政府在行政管理工作中应采取市场取向的思维，应引进市场机制，改善公共服务，政府的管理政策应以市场为依托，组织市场、规范市场，通过市场的力量推进变革。

从我国目前的高校本科专业设置管理体制来看，政府的触角已经伸到了本科专业设置的各个方面，造成了几个不好的后果：①政府承担了很多不是自己擅长的专业职能，侵犯了高校的专业自主权。②在政府能力有限的情况下，承担过多的职责，导致政府行政的无效。普通高校本科教学评估就反映了这样一种现象。③政府权力的过多干预，导致社会参与没法实现，影响了本科专业设置的科学性。所以，现代政府职能应该是一个职能有限的政府，应该从不该进入的领域退出，成为一个职能有限但非常有效的政府。

2．从管制型政府到服务型政府：服务而不是管制

新公共管理理论把企业管理中“顾客至上”的理念应用到公共行政管理中，认为政府的职能就是服务。因为“顾客导向的制度可促使公共服务提供者对它们的顾客真正负起应有的责任；顾客导向的制度使选择提供者不受政治因素的影响；顾客导向的制度可以促进革新；顾客导向的制度可让人们选

择不同类型的服务；顾客导向的制度浪费较少；顾客导向的制度授权顾客做出选择，被授权的顾客可以成为更加尽责的顾客；顾客导向的制度可以创造出更多公平的机会；无论顾客的背景如何，都能得到不同提供者的成本、质量和顾客满意度的准确信息，并监督市场的欺骗行为，以促进公平”①。

顾客导向的服务型政府改革主要有以下几个方面的内容②：

（1）建立一套完善的顾客信息系统，保障顾客的知情权和选择权。公众是公共部门的顾客，是公共服务的消费者，他们有权了解有关公共物品的真实信息，政府作为公共服务的提供者，有义务使顾客了解公共服务提供的运作过程和服务成本信息。为此，必须建立专门的顾客信息系统，让顾客能够清楚地了解公共服务的信息，客观理性地选择公共服务的提供者。

（2）政府应该建立一套快速反应机制，对顾客的需求保持高速的回应性。建立一套快速反应机制能够减少僵化的行政程序对公务人员和顾客的束缚，增强公共部门和顾客之间的沟通与交流。比如通过建立行政首长热线电话、市长信箱、政府网站等可以对顾客的建议和批评做出快速反应，不断改善公共服务质量，提供更多适合顾客需要的公共产品和服务。

（3）顾客导向的行政改革要求加快公共行政模式由管制型政府向服务型政府转变。在传统管制型行政模式下，政府管了许多不该管、也管不好的事情，滋生众多问题。那么在顾客导向的服务型政府理念下，政府不应再是凌驾于社会之上的统治者管制者，而是面向市场和顾客的服务者，公共部门的职责就是为顾客服务，对顾客负责，向公众提供透明、高效、优质的服务，实现真正意义上的服务行政。

（4）顾客导向的公共服务应以顾客和服务对象为中心，建立一套顾客介入机制，保证公共服务的质量。在顾客导向的模式下，将以前行政管理的主体中心主义转化为客体中心主义，在公共服务的提供过程中主动要求顾客的介入，建立一套完善的顾客需求表达机制，保证公共服务符合公民的利益。

（5）顾客导向要求公共部门制定一套明确的顾客服务标准，在公共服务的提供上实行竞争性的选择制度。明确的顾客服务标准是公共部门向社会公众的主动承诺，是衡量公共服务的标尺。在制定了公共服务的标准之后，还应建立一整套的公共选择制度来保证这些标准不是一纸空文。因此，在公共服务的提供上就要实行竞争机制，允许顾客在公营或私营的提供者之间进行

① 戴维·奥斯本，特德·盖布勒．改革政府——企业家精神如何改革着公共部门［M］．周敦仁，等，译．上海：上海译文出版社，1996：164．

② 王光营．论新公共管理理论及对中国行政改革的影响［D］．济南：山东大学，2009：18－19．

选择，确立顾客的消费者主权地位，使用市场机制，满足不同顾客的需求。

在传统的计划经济体制下，对高校而言，“政府成了规则的制造厂”，政府主管部门总是想方设法制定出各种规章制度来管住高校，政府为高校服务的意识淡薄，认为政府对高校的管理就是控制、审批、监管和处罚，在管理方式上习惯发号施令。[①] 而顾客导向的服务型政府改革理念告诉我们，政府应以顾客的需求为导向，为其提供高质量、高效率的服务。在高校本科专业设置中，政府应提供的服务包括：①提供有效的信息，为高校自主设置专业、学生自由选择专业提供信息支持；②制定有效的制度规则，保证公平竞争的环境；③建立通畅的信息沟通渠道，维护各利益相关者的权益。

3. 从权力集中型政府到权力分散型政府：多元而不是单一

新公共管理理论认为分权能够使组织之间的沟通更加顺畅，提高公共部门的应变力和行政效率。治理理论认为，政府的治理过程绝非政府单独行使权力的过程，政府、社会和公民之间存在着权力的依赖和互动，各参与主体间会形成一个自主管理网络，共同承担政府的责任。[②] 按照爱德华·菲斯克的观点，教育分权化是一种重新分配权责、将有关决策权从较上层的政府下移到较低层政府或基层组织的过程。教育分权所带来的变革，往往隐喻着价值观的变化。[③] 奥斯本认为分权的机构有很多优越性[④]：①它们比集权的机构有多得多的灵活性，它们对于情况和顾客需求的变化能迅速地做出反应。②权力分散的机构比集中的机构更有效率。③分权的机构比集权的机构更具创新精神，好的思想观点常常来自于干实际工作、同顾客打交道的雇员。④分权机构产生更高的士气，更强的责任感，更高的生产率。

在新的社会发展形势下，政府想成为唯一的治理者存在一定的难度，而分权又具有这么多的优越性。所以在高校本科专业设置管理体制中，政府分权是一个必然的趋势。进行教育分权的关键是引入市场机制，向教育的不同利益相关者如社会、学校、教师、学生、家长分权和赋权，强调竞争、择校、教育民营化、学校自主，打破科层制的束缚，对学校本身的性质进行重新定位，对学校与政府的关系进行重构，将政府各级教育行政机构对学校的管理直接办学转化为间接调控，建立一种以学校自主权和家长、学生的选择

① 王向华，颜丙峰. 高等教育的生成与变革［M］. 济南：山东教育出版社，2008：147.

② 王向华，颜丙峰. 高等教育的生成与变革［M］. 济南：山东教育出版社，2008：149.

③ 冯大鸣. 美、英、澳教育管理前沿图景［M］. 北京：教育科学出版社，2004：135.

④ 戴维·奥斯本，特德·盖布勒. 改革政府——企业家精神如何改革着公共部门［M］. 周敦仁，等，译. 上海：上海译文出版社，1996：235－236.

权，而不是以直接的民主管理为中心的公共教育体系。[①] 政府通过教育分权，实现了权力在不同主体之间的转移，形成了权力的多中心化。特别是将权力特许给社会，以此转向更多依赖民间机构和公民个人对教育的各方面参与，加强同地区、学区和地方、学校以及家长、学生之间的联系，建立起公私部门的伙伴关系。[②] 当然，政府分权并不意味着会导致政府作用的衰退，政府只是“从被没完没了的琐碎小事所淹没的黑暗平原上撤退，进而在明朗的、可策略性的‘总揽全局’的制高点上避难”[③]。

（三）政府在高校本科设置中的角色定位

根据前文的分析，在新公共管理和治理理论视角下的政府角色定位的核心“就是政府不再垄断高等教育的管理权力，应与社会、高校、公民组织合理分权，政府只保留对例外事项（即对高等教育事业发展起决定作用的重要事项）的决策权和控制权”[④]。喻岳青先生认为，政府对高等教育宏观管理的职能就是调控和服务。其作用具体体现在：①制定教育标准；②保证教育质量；③促进教育发展；④规范教育活动的行为；⑤做好教育服务工作。[⑤] 周川先生从另一侧面撰文认为：“我国政府对高等学校的管理职能，不应在学校内部的运作过程和环节上，更不应在学校内部的日常事务上，而应在学校系统内外部的宏观关系上，在高等教育事业的方向和质量标准上。具体地说，政府对高等学校的管理职能主要应体现在以下几个方面：①规划与立法；②拨款与筹款；③评估与监督；④制定各级各类高等学校设置基准，审批新建高等学校；⑤制定高等学校干部任免标准。”[⑥] 在高校本科专业设置过程中，政府在实现职能转换的过程中，要注意以下几点：①在下放权力的同时，强化对高校自主设置本科专业的监管和宏观调控。因为，转变政府角色并不只是政府一味地放权，一味地削弱政府职能。实际上，在某些方面，如政府的宏观调控等，政府的权能还应得到加强，即在这一权限内，政府应该是全权全能的。正如美国首席大法官所言：“虽然权力是受到限制的，但在它的活动范围内却是至高无上的。”[⑦] ②强化高校本科专业设置的信息服务功

①② 许杰．教育分权：公共教育体制范式的转变［J］．教育研究，2004（2）：13．

③④ 龙献忠．论高等教育治理视野下的政府角色转变［J］．现代大学教育，2004（1）：77．

⑤ 喻岳青．政府对高等教育宏观管理的职能：调控与服务［J］．辽宁高等教育研究，1995（6）．

⑥ 周川．高校与政府关系的几点思考［J］．高等教育研究，1995（1）．

⑦ 加里·沃塞曼．美国政治基础［M］．陆震纶，等，译．北京：中国社会科学出版社，1994：113．

能。通过建立国家社会经济发展与人才需求预测中心等形式，发布人才需求信息；建立权威、公开的高校本科专业设置信息平台，为高校、学生、社会了解和分析高校本科专业设置提供信息基础。③建立一种机制，保障政府、高校、社会和学生能够共同参与高校本科专业设置过程，让高校本科专业设置的利益相关者都有发出声音的渠道。具体来说，政府在高校本科专业设置中应履行三个角色：宏观调控者、信息提供者、规则制定者。

1. 宏观调控者

政府宏观调控不是直接的行政干预而是利用法律手段、经济手段的间接调控。在高校本科专业设置中，各利益主体都是以追求自身经济利益最大化为直接目的，要通过法律手段塑造公平竞争和有序、规范的环境；也可通过经济手段引导高校专业设置方向的调整。

（1）专业设置布局调控。从宏观层面来说，高校本科专业设置是国家控制高等教育规模、保持高等教育合理结构、控制高等教育专业质量的重要手段，主要是指国家对高校本科专业设置的宏观管理，具体包括根据全国高校本科专业布点情况以及对市场人才需求的宏观预测对本科专业设置进行宏观调控。比如，对一些增长速度过快、布点密度过大、人才培养过剩的专业进行适当的控制，而对另一些与市场人才需求联系不大，但对于我国的基础研究、文化传承有重要影响的投入大、产出少的冷门、边缘专业进行扶持和保护等。

我国高等教育规模快速发展，为我国社会经济的快速、健康和可持续发展做出了巨大贡献。但是，高校人才培养的数量、结构及质量还不能完全适应社会经济发展的需要。比如，专业设置与社会需求脱节，“农、林、水、地、矿、油、信息、生命科学等国家急需学科和未来优势学科的人才培养不足，而法学类、管理类专业的毕业生则出现结构性过剩”[①]。这些问题的出现都有赖政府宏观调控的纠正。

（2）专业质量调控。从我国目前的高校本科专业设置来看，一些高校的做法不能从根本上保障专业质量。具体表现有：①在专业设置过程中，高校可能会做出“逐利性”的选择，具体体现就是哪些专业办学成本低就办哪些、哪些专业热门就办哪些。②在高校内部存在不顾及自身办学条件，教学设施缺乏、落后，教学方法枯燥、单一等一系列问题。③不少高校的专业设置结构不尽合理，人才培养的质量不尽人意，人才培养模式、教学内容和方法亟待转变。④高校在专业设置上追求全面齐全，导致高校专业设置重叠，

① 高思. “质量工程”：提高高校本科教学质量重大举措［N］. 中国教育报，2007－01－26（3）.

不利于高校专业质量的提升与特色专业的形成。这些问题的出现都需要加强高校专业设置的调控与管理，提高高校专业设置的质量。政府应在专业进入标准、专业质量评估、专业退出机制等方面进行有效的管理，避免专业人才培养质量的下滑。

2. 信息提供者

政府作为信息提供者有三方面的作用：（1）保障公众的知情权：帮助学生对专业状况、专业就业前景以及未来收益率有大致的了解；帮助社会用人机构了解专业人才培养的基本状况等。（2）为高校设置调整专业提供依据。（3）为国家宏观调控提供信息支持。从国家宏观调控来说：①缺乏预测信息支持的宏观调控，效果不是很明显。比如，为了与人才需求相适应，1998 年的专业调整主要采取的是“宽口径”人才培养模式，把过去的相近或相关或过窄的专业归并为一个专业，以增加本科毕业生的就业适应性。但实际情况是，在人才供给充足，很多用人单位要求大学毕业生是“熟手”，到了岗位就能够发挥作用，强调毕业生的具体技能和技术方面。②政府宏观调控的依据比较模糊。举例来说，一所高校能否办某一专业，必须综合考虑未来人才需求的变化趋势、其他高校已有相关专业人才培养的状况、高校自身的条件等众多因素。如果不能建立相关数据库、通过数据处理进行大致的预测分析，宏观调控也会失去应有的价值。

为了实现上述三个作用，政府应提供下列一些基本信息：

（1）提供人才需求预测信息。高等教育人才培养具有超前性，而人才使用具有滞后性的特点，也就是说当你发现人才市场急需某种人才再去设置相应专业时，可能已经来不及了。如果没有未来预测信息作为支持，仅是简单地凭感觉设置本科专业，什么热门办什么，就必然会导致高校本科专业设置重叠，人才培养质量不高等诸多问题。2007 年年初，为了实现高校专业设置与社会人才需求的良性互动，教育部启动了高校本科专业设置预测系统的课题研究。自项目研究启动以来，引发了众多的讨论，可谓仁者见仁，智者见智。其实，高校专业设置预测并不是一项新鲜事物，历史上，很多国家为了使高校人才培养与社会人才需求相适应，都曾经尝试通过社会人才需求的预测进行高校专业设置的调整与优化，并且随着预测技术的发展以及信息采集手段的进步，基于人才需求预测的高校专业设置预测的科学性与可行性也在不断地提高。当然，高校专业设置预测是否科学、可行，目前学术界也有不同的看法。很多学者认为，从国家层面进行高校本科专业设置预测不必要也不可行。其实，与高校和个人相比，政府更有利于开展高校专业设置预测。

当前，我国高等教育已经进入了一个全新的历史时期，高校人才培养与社会人才需求的关系日益密切。随着我国人才市场体系的完善，市场导向的高校人才培养机制已经初步建立，这就意味着高校专业设置既要遵循高等教育发展的基本规律，也要适应市场经济发展的人才需求。把握人才市场对高校人才培养的基本要求，根据人才市场供求状况进行高校专业设置预测，寻找高校专业设置的市场依据，将是高校专业设置的未来发展趋势。

高校专业设置需要大量信息的支撑，信息的采集与整理不是某一所高校或个人所能承担的，需要从政府层面整合多个部门的力量获得相对完整和准确的数据。由此可见，作为全国高等教育发展的规划者，政府进行高校专业设置预测要优于高校或个人的预测。因为与国家相比，高校或个人整体把握人才市场信息的能力更低，对未来人才需求的推断远不如规划者或专家的预测准确。简单地认为高校在专业设置上主动适应社会需求就可以解决问题的想法忽视了高校与国家一样，在专业设置上同样受信息缺乏的困扰，而在信息的获得能力上，高校还远不如国家。由此来看，从国家层面进行宏观预测，为高校专业设置提供信息支持十分必要，并且更为可行。另外，高校专业设置预测必须考虑人才的流动性。因为，全国性的人才流动是自由竞争的市场经济发展的必然趋势。高校人才培养不可能针对一个封闭的地域或行业，高校人才培养必须面向全国人才市场，这就意味着高校专业设置预测从国家层面进行是更有可行性的。

当然，国家也不能垄断高校专业设置预测，政府应积极协助一些社会机构和高校开展预测。不同的机构采取的预测方法和技术可以不同，预测结果可以相互验证。高校作为面向人才市场的办学主体，也可以根据自己的预测进行专业设置。比如，美国大学和高等教育机构都在不断地进行科技发展和经济发展以及人才需求情况的预测，并据此来调整自己的办学方针和专业设置，以满足未来劳动力市场对人才的需求，使得他们的毕业生能够在劳动力市场上找到工作。[①] 在市场经济条件下，专业人才的供给必须遵循人才需求的市场规律。为了提高高校专业设置的科学性，政府和高校必须从宏观上把握社会人才需求的变化趋势，找到高校专业设置和调整的科学依据。为此，建立高校专业设置预测系统，通过社会专业人才需求预测，定期发布社会人才需求预测和专业设置的建议报告，为国家和高校前瞻性地调整专业结构、优化专业布局提供科学依据，避免高校专业设置与调整的盲目性和随意性是非常必要的。另外，随着预测科学的发展以及人类搜集分析数据能力的加强，高校专业设置预测也具备一定的可行性。

（2）提供高校本科专业设置的相关信息。“建立大学学科专业设置、调

① 王义道，闵维方，史宁旭．美国高等教育的现状与发展趋势——美国大学访问见闻与思考［J］．比较教育研究，1996（1）：13－18.

整和评估的公共信息管理平台……为社会和各大学提供一个权威、公开和共享的教育信息平台，让社会公众和大学了解高等教育发展的态势和各专业发展的情况”①，是非常重要的一项工作。根据笔者做论文调研的体验，目前我国高校本科专业设置方面的信息一般不会向公众开放。高校本科专业设置是教育主管机构必须组织好的、职能范围内的公共事务。就公共事务来讲，涉及有关公众的那些相关信息，是必须免费披露给他们的。这在知情权的理论规定中，属于“国民必要情权”②。而实际上，公民要想获得高校本科专业设置方面的信息还是比较难的。通过教育部的阳光高考网站以及招生简章我们只能了解各高校设置什么专业，而与专业密切相关的师资、课程、往年毕业生就业率等重要信息是很难获取的。基本信息的缺乏直接影响政府的宏观调控、学生的理性选择以及高校的专业设置。

因此，政府应建立面向公众开放的高校本科专业设置数据库，为高校本科专业设置利益相关者提供基本的信息服务。具体来说，一是政府通过数据库实现以下功能：①管理和监督。对各高校的基本情况、人才培养的现状以及社会各行业对专业人才的现有需求有客观的统计及分析，辅助政府部门对高校的发展现状进行管理和监督。②规划。在对人才供给及需求现状有客观统计分析的基础上，掌握各高校的人才培养能力，能够对未来不同时间段各区域各行业对不同层次人才的需求量做出科学的预测；每年都能为未来趋势生成滚动报告，为政府部门对高校招生（人才需求量）及专业结构调整做总体规划提供必要的信息。③制定政策。根据现状分析及预测结果，借鉴国内外对高校专业设置的理论研究成果，生成符合自身实际的综合性（或者包括各类专题）的研究报告，为科学预测提供不断修正的理论依据，也为国家制定相关政策提供决策建议。二是高校通过数据库实现以下功能：①对宏观形势的把握。通过数据分析，及时了解国家发布的各种政策、社会各领域发展的趋势及其对人才培养及需求的影响。②追踪人才市场需求。包括粤港澳、全国、国外等区域对不同层次不同专业的人才需求信息。③相关研究基础。根据对各层次高校的人才培养现状的了解、对未来人才需求的预测做研究（包括现状分析、预测分析、专题研究、培养能力研究及政策研究等等）。④调整专业规模及专业结构。高校能够根据预测系统提供的报告及自身实际，对本校的专业、方向、结构、层次和规模做出合理的调整。三是学生通过数据库实现以下功能：了解国家的相关政策，了解各专业的就业情况及收

---

① 汪晓村，等. 我国大学本科专业设置与调整的历史演变和现实思考［J］. 高等教育研究，2006（11）.

② 任剑涛. 过度市场化与公众知情权［N］. 南方周末，2003-06-26（评论版）.

入情况，了解各专业的层次水平，了解各专业的发展前景。四是社会通过数据库实现以下功能：①人力资源管理。了解高校的人才培养现状，特别是不同区域不同学校的专业层次及人才供给量。②人才市场需求。了解不同区域同行业或同专业的人才需求现状及未来发展趋势。

为了达到上述目标，数据库的信息要全面，至少包括以下内容：各高校的基本情况，各专业的人才培养现状，各专业的就业情况、人才培养能力，社会各行业对专业人才的现有需求，社会各行业对专业人才需求的未来预测，国外高校的专业设置情况，各学校各专业的层次水平，各专业的就业情况及收入情况，各专业的发展前景，各高校的人才培养现状，不同区域同行业或同专业的人才需求现状等。

3．规则制定者

根据新公共服务理论的观点，政府在高校本科专业设置方面成为规则的制定者。在新公共服务理论家看来，公共行政关系在其管理公共组织和执行公共政策时应该集中于承担为公民服务和向公民放权的职责，他们的工作重点是既不应该为政府这艘航船掌舵，也不应该为其划桨，而应该是建立一些明显具有完善整合力和回应力的公共机构。[①] 尽管过去政府在为社会掌舵方面扮演着十分重要的角色，但当今时代为社会领航的公共政策实际上是一系列复杂的相互作用过程的结果，这些相互作用涉及多重群体和多重利益集团，这些为社会和正式生活提供结构和方向的政策方案是许多不同意见和利益的混合物。如今政府的作用在于：与私营及非营利性组织一起，为社区所面临的问题寻找解决的办法。其角色从控制转变为议程安排，使相关方坐到一起，为促进公共问题的协商解决提供便利。在这样一个公民积极参与的社会中，公共官员将要扮演的角色越来越不是服务的直接供给者，而是调停者、中介人甚至裁判员。而这些新角色所需要的不是管理控制的老办法，而是做中介、协商以及解决冲突的新技巧。[②]

二、高校在本科专业设置中的行为机制——追求专业设置自主权

从一定意义上来说，我国高校本科专业设置的历史就是一部高校不断争取获得专业设置自主权的历史。我国的高校体制形成于计划经济时代，随着

① 珍妮特·V. 登哈特，罗伯特·B. 登哈特. 新公共服务：服务，而不是掌舵［M］. 丁煌，译. 北京：中国人民大学出版社，2004：6.

② 珍妮特·V. 登哈特，罗伯特·B. 登哈特. 新公共服务：服务，而不是掌舵［M］. 丁煌，译. 北京：中国人民大学出版社，2004：7.

科学技术的进步、社会的发展和市场经济体制的建立，这一体制的弊病日益显现出来，其弊端之一便是高校缺乏适应社会、面向社会的办学自主权和办学活力。[①] 随着高等教育大众化的到来，高校本科专业设置在市场经济条件下所表现出来的“笨拙”与高校不能面向市场自主设置专业有一定的关系。高校是否应该有自主设置专业的权力，高校获得自主设置专业权力后能否解决高校本科专业设置中存在的问题，高校怎么去行使自主设置专业的权力等问题有待我们去解答。

（一）高校自主设置专业是高校办学自主权的重要构成部分

1. “自治”是高校的基本特征

一般认为，世界上第一所高等学校是意大利博洛尼亚大学。博洛尼亚大学诞生于1088年，博洛尼亚大学曾经提出：大学是大家来学、来讨论的地方。即一个自治团体，一个学者的自治团体，一个传授和产生知识的实体。[②]

在历史上，第一个对现代大学的学术目的、性质和秩序给予理念层次上规定的，可能是德国哲学家康德（Immanuel Kant，1724—1804）[③]。康德认为大学是一个“学术共同体”（learnd community），“大学学术共同体中包含一个教学独立于政府支配之外的学部（按：康德指的是哲学部）是绝对必要的；没有任何外界对它下达指示，它可以自由评估一切。它仅关心那门科学自身的利益，也就是说仅关心‘真理’；在这样的学部中，理性有权公开立说，没有这种学部，‘真理’不会呈现；理性按基本性是自由的，在‘真’的问题上它不承认任何外在的命令”[④]。大学应独立，学术应自由，这是康德关于大学的直截了当的主张。在康德思想的影响下，德国大学逐步形成了影响深远的现代大学基本理念：一是修身，大学是培养人的，要追求人的发展，使人具备很高的修养。二是科学，大学的目的是要追求真理。三是自由，大学要有学术自由；同时，大学由教授治校，体现教授的自由意志，这是大学内部管理上的自由。四是寂寞，这是较之以前的创新理念，即研究者需要潜心做学问，不要怕被人冷落，要耐得住辛苦，才能产生重要的成果；

---

① 于大水. 略论《高等教育法》中规定的高校办学自主权［J］. 烟台师范学院学报：哲学社会科学版，2000（6）：85.

② 李福华. 大学治理的理论基础与组织架构［M］. 北京：教育科学出版社，2008：28.

③ 张岂之，谢阳举. 西方近现代大学理念评析［J］. 高等教育研究，2003（4）：2.

④ Immanuel Kant. The Conflict of the Faculties［M］. Translated by Mary J. Gregor. New York：Abaris Books，1979.

这一点也体现了大学和社会之间的关系。[①]

在大学发展的历史上，威廉姆·洪堡是一位举足轻重的里程碑式人物，他在1809—1810年创办柏林大学过程中，发表了一系列有关大学教育的主张，构成了其大学理念。他的大学理念及其所创办的柏林大学，曾引领了德国大学及世界大学的发展方向，对世界大学的发展产生了深远的影响。[②] 洪堡的大学理念包括：①大学是以纯学术研究为任务的教育机关。大学应该实施普遍人性与个性化教育，要向社会提供具有完美人性的人（这一点他受到好友席勒的影响）。②大学应兼顾研究与教学两方面。③大学不应受政府和教会等外界势力的干扰，而应享有充分的学术自由和学校自治。[③] 洪堡坚定地认为，大学自治是更好地发挥作用的前提，他提出："国家不应该以直接的利益和功利来要求大学，而要让其保持独立性。大学与国家的终极目标和利益是一致的，大学发展，学术昌盛，这正是国家的福祉；而且只有大学的发展才可能为国家的发达创造条件。而为了大学的发展，国家能做的就是无为，让大学保持自主独立地运作。"[④] 在洪堡看来，大学相对独立和学术自由并不是特权生活的保障，它的意义在于，它能为国家和社会保存一支校正力量，以便能校正那些在政治和社会上形成了优势力量的东西，并能将这个社会引向一个绝对健康的方向。[⑤]基于以上认识，洪堡认为，只有尽可能让所有的高等学术机构都面对着学术的纯粹理念，它们才可能达到自己的目标。正因为这样，寂寞与自由便成为高等学术机构范围内起支配作用的原则。[⑤] 其中"寂寞"主要有三层意思：其一，大学为纯粹学术机构，独立于国家所有组织形式，不应受到国家的任何干预。其二，大学致力于纯粹学术和修养，故大学应独立于社会经济生活，不可纠缠于世事俗务。其三，大学师生应沉潜学问，持守"寂寞"。[⑥] 自由也包含三层意思：首先，自由是针对国家而言的。同是讲大学与国家的关系，寂寞强调大学、科学与国家或政治本质的差异，自由则注重大学的权利与国家的职责。根据科学的内在要求，大学只

---

① 陈洪捷. 德国古典大学观及其对中国大学的影响［M］. 北京：北京大学出版社，2002.

②⑤ 王向华，颜丙峰. 高等教育的生成与变革［M］. 济南：山东教育出版社，2008：67－68.

③ 张岂之，谢阳举. 西方近现代大学理念评析［J］. 高等教育研究，2003（4）：3.

④ 孙周兴. 威廉姆·洪堡的大学理念［J］. 同济大学学报：社会科学版，2007（2）.

⑤ ［德］威廉·冯·洪堡. 论柏林高等学术机构的内外组织［M］//洪堡文集：第四卷. 斯图加特，1982：255.

⑥ 陈洪捷. 德国古典大学观及其对中国大学的影响［M］. 北京：北京大学出版社，2002：39.

能在自由的条件下进行活动。洪堡指出，无论是国家还是大学机构本身，都应该给予充分的自由促进科学的发展。其次，是教师的自由。根据洪堡的观点，在寂寞和悠闲中从事其学术的大学教师不受国家的约束，不受社会种种利益的牵制，完全服从科学的内在要求，自由自在地进行科学的探索，当然享受着完全的自由。最后，是学生的自由。在洪堡看来，大学生与教师具有共同的任务，都是为了学术，均是“为科学而共处”，因而也应像教师一样享有充分的自由。按照洪堡的设想，大学生应自主地从事科学思考，可以接受教师的指导，与教师共同研究，也可独立从事研究。① 洪堡所确立的大学自治与自由的理念，顺应了时代发展的潮流，深刻影响了世界高等教育发展的模式，也成就了德国高等教育很长时间的辉煌。1892 年，一位法国学者指出：“德国在科学的各个领域中，毫不例外地居于领先地位，各国对此均表承认。仅德国一国所取得的科学成就，已远远超越世界其他国家的总和，这已是不争的事实。德国在科学中的优势堪与英国的贸易和海上优势相媲美，甚至有超越之势。”②

进入 20 世纪，英国著名哲学家雅斯贝斯在其经典著作《大学理念》中重申了高校自治的主张。首先，雅斯贝尔斯指出“大学是学者与学生求真的共同体”③，认为民主是社会与政治生活的主张，大学虽然也是民主共同体，但是不能绝对地将民主概念延用于知识和思想领域，在学术上不能简单地采用少数服从多数的方法，有时候，大学必须设法保护小部分人求真的权利，不能牺牲求真而维护大学民主生活，否则平庸会取代创新。④ 大学既然是追求“求真”、追求真理的地方，那么“学术自由是真理授受义务应享有的特权，大学内外任何人不得剥夺”⑤。所以，“大学与党派、教会、财团之间应保持区别，后者们总想方设法将自己的观点强加于前者”⑥。实现区别的重要途径就是大学自治。

美国大学是仿效欧洲高校的模式建立起来的。在经济发展的带动下，美国高等教育后来居上，逐步成为世界高等教育的中心。这与美国高校很好地保持了“自治”的大学传统有密切的关系。美国当代著名教育家德里克·博

---

① 陈洪捷. 什么洪堡的大学思想? [J]. 中国大学教学，2003 (6).

② 肖海涛. 一种经典的大学理念——洪堡的大学理念考察 [J]. 深圳大学学报：人文社会科学版，2000 (4).

③ Jaspers, Karl, Deutsch, Karl W, Reiche HAT. The Idea of the University [M]. Boston: Beacon Press, 1959: 1.

④ 张岂之，谢阳举. 西方近现代大学理念评析 [J]. 高等教育研究，2003 (4): 5.

⑤⑥ Abrabam Flexner. Universities: American, English, German [M]. New York: Oxford University Press, 1930: 68.

克认为："美国大学的突出特点之一是享有显著的不受政府控制的自由。"[①] 自治主要表现为两个方面：其一，任何团体和组织都具有开办大学的权利，政府并不限制或干预创办大学；其二，大学内部事务管理高度自治。在美国，大学具有无须经过政府审查而任命教授的权力，大学具有自由招收学生的权力，大学具有自主开设课程的权力，大学具有从不同渠道筹措经费和自行支配经费的权力。在将美国大学与欧洲大学进行比较之后，博克宣称："美国大学享有的自由比世界上任何主要国家的大学都要多。"[②] 博克认为，大学自治给美国高等教育带来了无尽的益处：①促使校际之间产生激烈竞争，并使之成为大学发展的动力；②使大学对外界环境的反应能力增强；③鼓励改革，调动大学办学的积极性和主动性；④促进高等教育多样化，满足社会多元需求；⑤自治制度具有"内在固有的保护性质，防止大学只受某一集团控制的危险"；⑥自治制度具有"防止严重错误判断的内在机制"；⑦大学自治能够防止政治骚乱的扩散。[③]

通过上面的分析，不难得出，从大学创立时期的欧洲到当代高等教育最发达的美国，大学自治是西方高等教育最悠久的传统。可以说，大学"自治"是高等教育卓越发展的重要保证。首先大学自治可减少大学受政府、教会以及其他任何官方或非官方组织对大学的干预，为高校创设一个自由的学术科研环境，这样，"教授们才能够在一个不受约束的外界干扰的自由环境中开展工作"[④]。其次，大学自治可促进大学积极发展特色，以保持在竞争中的优势，从而增强高等教育发展的活力。

我国现代意义上的高等教育是在模仿西方教育的过程中艰难发展起来的，所以，从一开始就有大学自治的传统。比如我国近代高等教育发展中最著名的蔡元培先生就极力推崇德国的学术自由和学术自治，并提出了"兼容并包""思想自由"的办学思想。蔡元培认为大学要成为研究高深学位的机关，要避免外界对学术的干预，因此，教育应该独立，大学应该由教授治理。1922 年 3 月，蔡元培发表《教育独立议》提出："大学的事务，都由大

① 德里克·博克. 美国高等教育［M］. 乔佳义，译. 北京：北京师范大学出版社，1991：3.

② 德里克·博克. 美国高等教育［M］. 乔佳义，译. 北京：北京师范大学出版社，1991：6.

③ 陈学飞. 美国、德国、法国、日本当代高等教育思想研究［M］. 上海：上海教育出版社，1998：92.

④ 德里克·博克. 走出象牙塔——现代大学的社会责任［M］. 徐小洲，陈军，译. 杭州：浙江教育出版社，2001：19.

学教授所组织的教育委员会主持，大学校长，也由委员会举出。”① 在蔡元培的支持下，北京大学在短短几年的时间内，“从一个官僚养成所变为名副其实的最高学府”。足以看出大学自治、教授治校的先进性。梅贻琦先生也是践行大学自治的著名学者，他在执掌清华大学期间，追随蔡元培先生的理念，极力维护学术自由，推行教授治校。“所谓大学者，非谓有大楼之谓也，有大师之谓也”，“凡一校精神所在，不仅仅在建筑设备方面之增加，而实在教师之得人”。② 这些朴实无华的言语都是梅贻琦先生把教授视为学校的办学主体和依靠力量的真实写照。后人如此评价梅贻琦先生：“梅校长主掌清华，始终以民主思想、学术自由和开民政策为治校原则，他对左右派思想兼涵并容，从不干涉。” “梅师一生尊重学术自由，不干涉教授与同学的政治思想。”③ 不可否认，梅贻琦先生倡行的“学术自由”与“教授治校”等大学自治思想，使得清华大学学术兴旺，人才辈出，成了国内外知名的高等学府。

新中国成立以来，中国的大学按照苏联模式进行了改造。在这 30 年（1949—1979）里大学几乎没有什么自主权可言。学生由政府统包统分，专业由政府统一审批，教学计划统一制订，教材统一编写，学校领导由上级主管部门统一任命，在职教师的职称由上级教育行政部门统一审批。④ 1979 年 12 月 6 日，复旦大学校长苏步青、同济大学校长李国豪、华东师范大学校长刘佛年、上海交通大学党委书记邓旭初，在《人民日报》发表文章，呼吁“给高等学校一点自主权”⑤。从此，高校自主权问题正式进入人们的视野，并得到越来越多人的关注。1985 年《中共中央关于教育体制改革的决定》提出：“要改变政府对高等学校统得过多的管理体制，在国家统一的教育方针和计划指导下，扩大高等学校办学自主权。”1986 年 3 月 12 日，国务院颁发《高等教育管理职责暂行规定》，明确了高等学校管理权限扩大的八个方面：招生、经费、基建、人事、师资、专业、科研、对外交流。1992 年，国家教育委员会提出了进一步转变政府职能，“理顺政府与学校的关系，逐步

---

① 蔡元培. 教育独立议［A］//高平叔. 蔡元培教育文选［M］. 北京：人民教育出版社，1980：146.

② 刘述礼，黄延复. 梅贻琦教育论著选［M］. 北京：人民教育出版社，1993：109.

③ 刘述礼，黄延复. 梅贻琦教育论著选［M］. 北京：人民教育出版社，1993：158.

④ 曹汉斌. 我国高校办学自主权研究的历史、现状与问题［J］. 内蒙古民族大学学报：社会科学版，2005（1）：107.

⑤ 上海四位高校负责人呼吁：给高等学校一点自主权［N］. 人民日报，1979－12－06.

确立高校的法人地位，进一步明确学校的权利、义务、利益和责任”[①] 的改革思路。1998 年颁布的《高等教育法》明确了高校拥有招生、学科专业设置、教学、学术研究等七个方面的自主权。在政府逐步放权的过程中，我国学者对高校办学自主权的研究也在不断加强。这种趋势也反映出，办学自主是现代大学的本质特征之一。2010 年 1 月 26 日，国务院总理温家宝在听取来自科教文卫体各界的 10 位代表对《政府工作报告（征求意见稿）》的意见、建议时深有感触地说：“一所好的大学，在于有自己独特的灵魂，这就是独立的思考、自由的表达。千人一面、千篇一律，不可能出世界一流大学。大学必须有办学自主权。”这种表达可以说是切中了中国高校发展的要害。

需要指出的是大学自治、办学自主并不等同于大学“独立”。大学在获得自主办学权的同时，一方面要强化政府的宏观调控对高校的约束，另一方面高校也要具有自我约束的能力。

2. 自主进行学科专业设置是高校“自治”的重要内容

学科专业设置是高校正常开展教学活动的基础，是高校设置课程的重要依据。从高校内部来看，“大学专业是课程的一种组织形式”[②]。从国内外高校自治的要素和范围来看，自主进行学科专业设置是高校“自治”的应有之义。

美国学者埃里克·阿什比认为，大学自治包括六个方面的内容：①在学校管理中抵制非学术干预的自由；②学校自主分配经费的自由；③聘用教职员并决定其工作条件的自由；④选择学生的自由；⑤课程设置的自由；⑥决定考试标准与方式的自由。[③] 美国卡耐基高等教育委员会认为，大学自治主要包括以下六个方面的内容：①指定资金使用于特殊之目的；②支出费用仅受审计上的监督；③决定大学雇员的分配、工作负担、薪资及升迁；④选择教师、行政人员及学生；⑤建立有关等级、学位授予、开设课程及发展计划上的学术政策；⑥研修有关学术自由以及研究和服务活动的行政政策等。[④] 我们知道，在西方高等教育中，大学专业一词是指大小不同的专门“领域”，

---

① 国家教委进一步转变职能，扩大直属高校办学自主权［N］. 中国教育报，1992-08-22.

② 潘懋元，王伟廉. 高等教育学［M］. 福州：福建教育出版社，1995：128.

③ Kaiser F, Florax R J. Koelman J B J, et al. Public Expenditure on Higher: A Comparative Study in the Member States of the European Community [M]. London: Jessica Kingsley Publishers, 1966: 296.

④ 周志宏. 学术自由与大学法［M］. 台北：尉理法律出版社，1989：121.

大体相当于《国际教育标准分类》中的课程计划和主修课程。[①] 因此，我们可以认定，在西方高等教育话语中，课程设置的自由就属于我们所说的高校本科专业设置自主权力。

从我国相关政策和法规的规定来看，专业设置也属于高校办学自主权的范畴。1993 年《中国教育改革和发展纲要》提出大学要真正成为面向社会、自主办学的法人团体，至少应该拥有七项办学自主权：①自主设置专业权；②自主决定招生办法，单独命题、单独考试、单独录取学生的权力；③依据干部标准，自主选聘校级院级领导，自主选拔系处级干部；④自主评审教师职务，自主聘任或解聘各职级的教师和其他员工，自主决定工资分配办法和奖罚办法；⑤自主安排自筹资金的用途；⑥自主调整院系及行政机构；⑦自主派出或接收留学人员。尽管目前我国高校在政府力量的挤压下，很难成为面向市场自主办学的独立实体，但是政策法律在规定高校办学自主权的范畴时，明确把自主设置专业权列为首位，足以看出在我国高校以设置专业为基础的课程与教学是获得办学自主权的重要着力点。

（二）高校自主设置专业的必要性分析

1. 增加高校本科专业设置的灵活性，以更好地适应社会人才需求

长期以来，我国高校本科专业设置是在政府的规制下按学科逻辑进行的。这种状况导致高校本科专业设置的灵活性和适应性不足，很多高校的学科专业设置还是严格按照学科的界限设置，与当代科技发展融合交叉的趋势有较大的距离。在教育部专业设置目录的约束下，我国高校本科专业设置最明显的特点是专业目录内的专业布点多，导致专业设置重复，缺乏特色，很多高校尤其是一般高校在自主设置专业权力有限的情况下，很难根据当代科技发展的趋势、学科发展的前沿、经济社会发展的需求来设置新的专业、培养新的人才。在市场经济条件下，高校已经成为教育服务市场的竞争主体，目前，我国高校在招生、学生就业等方面的竞争已经十分激烈。而缺乏专业设置自主权力的高校就像被捆住了手脚，很难充分利用学校的各种资源，获得更有利的竞争优势；也不能根据人才市场的变化灵活调整专业设置。因此，改革现行的学科设置，以给若干所研究型大学在学科设置方面的自主权为突破口，使这些学科能够按照当代科技发展的潮流和社会需求，自主设置相应学科，培养中国科技发展和经济建设所急需的高层次人才，[②] 是十分必

---

① 汪晓村，等. 我国大学专业设置与调整的历史演变和现实思考［J］. 高等教育研究，2006（11）.

② 常小勇. 我国高校办学自主权的现状及其迫切性分析［J］. 教育与现代化，2004（3）：12.

要的。

2. 增强高校在专业设置方面的责任意识

在政府主导的高校本科专业设置下，能否设置某个专业的最终审批权掌握在政府手中，导致很多高校在专业设置方面缺乏一定的责任意识。权力与责任是相互依存的，权力掌握在谁的手中，谁就应该承担更大的责任，反之亦然。因此，赋予高校自主设置专业的权力也就意味着高校应该在高校本科专业设置方面承担更多的责任，从而有效避免高校在专业设置过程中的投机行为，保障本科专业设置的质量。不可否认，在自主权力长期被限制的情况下，我国高校在自我发展、自我约束、自我规范的能力方面还需要提高。但从专业设置自主与专业设置责任的关系来看，高校只有拥有专业设置自主权才能更好地履行保障专业设置的责任。否则，在起码的权力都没有的情况下，要么不用承担责任，要么在不合理的制度背景下承担着不合理的责任，这种不合理不但不能起到改善高校本科专业设置的作用，还可能导致高校本科专业设置的进一步恶化。在现代社会里，自主就意味着责任。因此，高校获得了高校本科专业设置权力，同时就必须承担基于这种自主权力的责任。这种责任是高校利益相关者的共同诉求，也是高校制度化、规范化管理的必然要求。

3. 尊重高校本科专业设置的专业性

高校本科专业设置要基于两个逻辑进行：其一，高校本科专业设置是社会专门人才培养的重要机制，因此，高校本科专业设置要循序人才市场的基本规律，为国家社会经济发展提供数量充足、结构合理、质量过硬的人力资源储备；其二，高校本科专业设置涉及学科基础、师资力量、办学条件、课程设置等重要因素，因此，高校本科专业设置要考虑高校的办学条件，保证专业设置的质量。也就是说，一所高校能不能设置一个专业，不能只看人才需求的情况，还要看高校是否具备专业开设的条件以及高校发展的规划。长期以来，我国过于强调高校本科专业为国民经济发展培养专门人才的功能，因此，几次大规模的学科专业调整都是在政府的支持下完成的，尤其是新中国成立之初，高校开设什么专业都是在政府的计划之中，完全没有考虑高校本科专业设置的专业性。高校自主设置本科专业是尊重高校本科专业设置专业性的重要体现，也就是说能不能设置某个专业，怎么设置某个专业应该由高校去决定，不能受到外界的干涉，以保证专业设置的质量。

（三）高校自主设置专业权力的约束机制

西方大学都有很强的自治传统，与高校本科专业设置相关的课程设置等领域都属于大学的自治范畴，外界无权干涉。在长期的自治过程中，“大学和其他高等教育机构都拥有自己的一套机制确保他们的工作质量”，在这套机制中，大学都有自己关于学生录取、取得学位以及教师上岗、升迁的标准。[①] 另外，随着大学在社会经济发展中的作用日益重要，国外大学逐步走向了利益相关者共同治理的管理模式。与西方不同，我国高校一直没有自治的机会。很长一段时间以来，政府几乎包揽了大学从专业设置、招生、人才培养计划等全部事务，高校从来没有得到自治的训练。高校在获得自主权力的同时，经常会出现自主权力使用不当的情况。因此，在赋予高校自主设置专业全力的同时，要加强约束机制的建设。

1. 建立利益相关者共同治理的高校本科专业设置管理模式

西方高校自治大都经历了自我管理、国家干预、共同治理的路径。殊途同归表明，共同治理模式是大学自治的理想选择。进入市场经济时代，政府不再是高校本科专业设置的唯一主体，高校本科专业设置的利益主体呈现出多元化的趋势，简单来说，政府、高校、社会、学生都是高校本科专业设置的利益主体。在赋予高校专业设置自主权力的同时，要注意发挥多元利益主体参与高校本科专业设置的积极性，从而让本科专业设置形成一个立体监督网络体系。所以，政府要在加强宏观调控的同时，促进共同治理模式的形成。政府下放高校本科专业设置的权利并不是放手不管，而是由原来的直接管理转变为运用政策、拨款、评估等方式进行的间接管理。另外，根据治理理论的观点，政府还应该积极创造条件，搭建高校本科专业设置共同治理的平台，让社会力量、学生在参与高校本科专业设置的过程中，对高校形成一定的约束。

2. 建立健全高校内部专业设置机制

根据前文的分析，高校本科专业设置在高校内部也面临着激烈的利益之争，如果不能建立健全高校内部的专业设置机制，高校自主设置专业的权力也不可能得到很好的履行。具体来说，当前我国高校内部条块分割的高校本科专业设置模式是导致高校内部在专业设置方面利益争议的根本。①高校教师固定于某一个院系内，学科归属的需要促使他们一定要有自己的本科专业。因为，根据相关文件的规定，一个专业只有在培养三届本科生后才能申报硕士点。在这种情况下，很多院系在本科专业设置上都有当仁不让的姿态，全然不考虑学生就业等其他问题。②很多高校的利益分配与院系的专业招生人数密切相关。招生人数多就意味着利益分配多，导致院系不断增加专业数量，以实现扩招的目的。在这种情况下，高校在设置专业时可能会出现不顾及专业设置的质量，盲目申报的问题。所以，建立健全高校内部专业设

① 马廷奇. 论大学教学自主与教学责任［J］. 中国高等教育，2008（11）：30.

置机制的目标是调动高校在自主设置本科专业中的自律行为，强化高校对办学条件和办学水平的坚持，保障高校本科专业设置的质量。

（1）高校要建立健全高校本科专业设置决策机制。根据1999年颁布的《高等学校本科专业设置规定》，各高校应设置专业设置评议机构，学校的专业设置评议机构为校学术委员会。校学术委员会根据社会人才需求、学校发展规划和专业建设等情况，对本校的专业设置和调整方案进行评议。各高校要根据相关规定制定学校的本科专业设置管理规定。比如清华大学在2006年发布了最新的《清华大学本科专业设置管理规定》（见资料1），中南大学在2008年发布了《中南大学本科专业设置暂行规定》（见资料2）。两所高校通过制度建设把本科专业设置的原则、条件、流程等规范下来，保证了本科专业设置的质量。

资料1：《清华大学本科专业设置管理规定》

清华大学本科专业设置管理规定

为适应国家经济建设、科技进步和社会发展的需要，形成适应需要、规范发展的本科专业管理机制，做好自主设置本科专业的管理工作，根据教育部《高等学校本科专业设置规定》（1999年颁布）、《普通高等学校本科专业设置目录》（1998年颁布，以下简称《专业目录》）、教育部《关于做好普通高等学校本科学科专业结构调整工作的若干原则意见》（教高〔2001〕年5号）的精神，制定本规定。

第一章　专业设置原则

第一条　本科专业的设置与调整，应适应国家经济建设、科技进步、文化繁荣和社会发展的需要，遵循教育规律，符合学校总体发展规划，正确处理需要与可能、数量与质量、近期与长远、局部与整体、特殊与一般的关系，形成适应需要、规范发展的本科专业管理机制。

第二条　本科专业的设置与调整，要有利于促进教学改革，有利于提高教育质量和办学效益，形成合理的专业结构和布局。严格控制设置新专业，凡能在现有专业基础上通过更新、改造、拓宽等途径满足学校人才培养目标要求的，一般不再另设新专业。

第三条　本科专业的设置与调整，要进一步拓宽专业口径，积极推进按照《专业目录》中的二级类设置相关专业，按二级类组织招生及培养，在考虑到就业需要的情况下，在宽口径专业内灵活设置专业方向。

第四条　本科专业的设置与调整，要以发展高新技术类学科、综合交叉学科为重点，重视人文社会学科专业和医学、艺术类专业的建设和发展，加强传统学科专业的改革和改造。在专业结构上积极推进“中西兼容，古今贯通，理工结合，文理渗透”，努力建设综合化的学科专业体系，推动人文教育、科学教育的交叉融合。

第二章　专业设置条件

第五条　校内设置和调整本科专业，必须具备下列基本条件：

（一）符合学校总体发展规划和学科专业建设规划，适应社会发展需求，有符合专业培养目标的人才培养方案和其他必需的教学文件；

（二）具备完成专业教学要求所必需的教师队伍及教学辅助人员，其专业专任教师数量及资质应符合学校有关部门制定的相关标准；

（三）具备该专业必需的开办经费、实验室及仪器设备、图书资料、实习场所等办学基本条件；

（四）新设专业一般应有已设相关专业为依托。

第六条　缺乏前期工作基础，未达到本科专业设置基本条件的，不得增设新专业。

第三章　专业设置权限

第七条　按照教育部授权，我校可在《专业目录》所列全部学科门类范围内自主设置、调整专业，经学校专业设置评议机构评议并经学校批准后，报教育部备案。

第四章　专业设置评议机构

第八条　清华大学学术委员会为我校本科专业设置的学术评议机构，对拟设置或调整的本科专业进行审议。

第五章　专业设置工作程序

第九条　学校每年组织一次本科专业审核。需要设置或调整本科专业的院系应在每年8月31日前向教务处提交书面申请材料（本项第十条所列），学校于每年10月31日前完成专业审核工作，并报教育部备案。

第十条　调整原有专业、增设新专业，需提交以下书面材料：

（一）专业建设规划；

（二）申请报告（简要说明设置或调整专业的主要理由、人才需求预测及其他有关情况）；

（三）增设本科专业申请表（采用教务处统一制定的规范文本，需签署论证意见）；

（四）拟设专业的培养方案与教学计划；

（五）其他补充说明材料；

（六）申报增设目录外专业，还须附专业论证报告；论证报告主要内容详见本项第十三条。

第十一条　在《专业目录》内调整原有专业和增设新专业，按以下程序办理：

（一）各院系调整原有专业、申报新专业，必须经所在院系学术委员会讨论，并将讨论通过后的书面申报材料报教务处；

（二）教务处负责汇总各院系上报的申报材料，并提交校学术委员会审议；

（三）校学术委员会根据我国经济、科技、文化和社会发展的需要、学校办学规模、办学条件以及申报院系所具备的教学科研基础条件，对院系申请进行研究和审议，并提出审议意见；

（四）经校学术委员会审议通过后，由教务处报校务会议审批；

（五）教务处将校务会议批准的专业设置情况报教育部备案。

第十二条　申报增设《专业目录》外新专业，在提请校学术委员会审议前，需安排设置该专业的专门论证。论证由所在院系主办，邀请学校教学、科研、人事部门及相关单位专家、学者组成论证小组进行。论证小组一般不少于9人。

第十三条　对《专业目录》外新专业的论证应着重考察该专业设置的必要性和可行性，主要包括以下内容：

（一）拟设专业名称的科学性、规范性分析；

（二）拟设专业人才需求的分析；

（三）拟设专业与国内外相关或相近专业的比较分析；

（四）拟设专业的人才培养目标、基本要求（主要指知识、能力、素质结构）、主干学科（或主要学科基础）、主要课程、修业年限、授予学位；

（五）拟设专业的培养方案与教学计划；

（六）拟设专业的办学条件分析；

（七）其他需说明的问题和情况。

论证后，由论证小组提出论证意见，提交校学术委员会审议。

第十四条　以实验班形式招生、培养的本科专业，须按照本项规定的申报程序报校学术委员会审议，其招生专业名称及专业代码在招生专业目录内处理。培养单位（学生所在院系）须在该专业学生毕业前一年确定毕业专业名称，如属于新增的本科专业，须按照本规定的工作程序申报增设专业。

第十五条　实行大类招生、大类培养的本科专业，应在招生简章中明确本科毕业专业名称。用于大类招生的专业名称，如属于新增的本科专业，须按照本规定的工作程序申报增设专业，以便组织招生。对于毕业专业名称，如属于新增的本科专业，也须按照本规定的工作程序申报增设专业。

第六章　附则

第十六条　本规定由教务处负责解释。

第十七条　本规定自发布之日起实施。2002 年 1 月公布的《清华大学本科专业设置管理暂行办法（试行）》同时废止。

资料 2：《中南大学本科专业设置暂行规定》

中南大学本科专业设置暂行规定

为促进学校教育规模、结构、质量、效益协调发展，加强对学校本科专业管理，根据教育部《高等学校本科专业设置规定》（教高〔1999〕7 号）精神，结合学校实际，特制定本暂行规定。

一、本科专业设置基本原则

1. 专业设置和调整应适应国家经济建设、科技进步和社会发展的需要，遵循教育规律，正确处理需要与可能、数量与质量、近期与长远、局部与整体、特殊与一般的关系。

2. 专业设置和调整应有利于提高教育质量和办学效益，形成合理的专业结构和布局，避免不必要的重复设置。

3. 通过现有专业扩大招生、拓宽专业服务面向等途径，能基本满足人才需求的专业领域不应再新设置专业。

4. 专业设置和调整应符合教育部颁布的《普通高等学校本科专业目录（1998 年颁布）》（以下简称《目录》）及有关要求，对国家控制布点的专业和专业目录以外专业的设置与调整应从严控制。

5. 专业设置实行淘汰机制。凡社会需求量很少、专业教育质量达不到要求的专业，建议停办；凡专业评估未通过，经整改后仍无起色的专业所在院系（所）两年内不能申报新专业。

二、本科专业设置条件

（一）设置和调整专业必须具备下列基本条件：

1. 符合学校发展规划，有人才需求论证报告，年招生规模一般不少于 60 人。

2. 有拟设专业建设规划和符合专业培养目标的人才培养方案（或教学计划），以及相应的教学文件。

3. 能配备完成该专业人才培养方案（或教学计划）所必需的教师队伍及教学辅助人员，具有良好的生长点和生长条件。

4. 具备该专业必须的相应教学设施，如实验室及仪器设备、图书资料、实习场所等基本办学条件。

（二）专业设置实行总量控制，学校年度增设专业数一般不超过 3 个。

院系（所）应全面考察、论证专业设置所需条件是否成熟，原则上各院系（所）两年内增设专业数不超过1个。

（三）对批准设立的新增专业，学校将投入一定的经费用于专业的建设与发展，并定期进行评估检查，凡评估不合要求的专业，该院系（所）三年内不允许申报新专业。

三、本科专业申报程序

本科专业设置由教务处归口管理，每年进行一次，以院系（所）为单位统一申报。申请设置和调整专业程序如下：

1. 院系（所）向教务处提出申请，领取申请表（一般在每年6月30日前）。

2. 院系（所）向教务处递交申请材料：

（1）拟设专业申请报告（含人才需求论证、设置专业的必要性、可行性、师资基本情况等等）；

（2）拟设专业建设规划；

（3）拟设专业人才培养方案（或教学计划）；

（4）申请表；

（5）其他补充说明材料。

3. 教务处组织审核。

4. 学校教学委员会评议，报主管校长批准。

5. 学校向教育部报送申报材料，并同时报送省教育厅备案（一般在10月31日前）。

目前由我校自主审定的理学、工学、医学、管理学四个学科门类的专业设置也按上述程序执行。

四、《目录》外专业的设置

凡《目录》以外专业的设置和调整，除须经学校组织专家进行论证外，还须由上级教育主管部门组织专家论证。申报目录外专业除满足前述条件外，还须递交如下材料：

1. 专业论证报告（着重论证设置该专业的必要性和可行性），主要包括：

（1）拟设专业人才需求分析；

（2）拟设专业与国内外相关或相近专业的比较分析；

（3）拟设专业的培养目标、业务范围、主干学科、基本课程、授予学位；

（4）拟设专业人才培养方案（或教学计划）；

（5）拟设专业办学条件；

（6）其他需要说明的情况。

2. 参加论证的专家名单（一般不少于7人，其中校外专家不少于3人）。

3. 专业介绍。

4. 专家论证情况及其他说明材料。

五、本规定自发布之日起施行，由教务处负责解释

（2）高校在学科专业设置方面要勇于创新。比如参照美国高校的做法，注重课程体系的建设，淡化教师对专业的依附。长期以来，专业一旦在高等学校设定，就要有属于这个专业的教师和学生以及属于这个专业的设备和设施、教学机构和环节。① 在这种情况下，作为大学教师如果没有自己的专业归属就总是找不到自己的位置。如果参照美国大学“学科—课程—专业”的路线，淡化专业，强化课程体系，有两个优势：①教师不会被专业“绑架”，从而避免开设自己没有什么研究的课程。教师可以面向全校开设自己有研究的课程，不再局限于某一个院系，或某一个专业，可以解放教师的能量，避免不同院系不同教师开设同一门课程的现象，整体优化教师配置。②课程体系的建设为课程的自由搭配提供了条件，可以提高高校专业设置适应社会的能力。

3. 加强校际间民间约束组织的建设

高校自主设置专业约束机制仅有宏观的调控及高校内部机制建设还不够，还需要加强校际间的约束力量，因为“高等学校的自我调节包括大学内部的自我约束活动和校际间的自我约束活动”。高等院校之间形成的约束组织，是大学自我约束机制中的主要方式。这些组织主要是指由各院校专业人员自愿发起组织的各种学术或专业组织。这些组织的作用主要有两个：一方面可以起到保护大学办学自主权和协调大学与社会关系的作用；另一方面，也可以起到协调、约束大学办学行为和活动的作用。② 美国从19世纪末20世纪初建立了良好的校际约束的民间机构，并且这些民间机构对美国的大学质量鉴定和认可所做出的评价的权威性已日益被公众所普遍承认，③ 为美国的高等教育规范化、标准化发挥了重要的作用。所以，在高校校际之间通过自发组织各种学术或专业组织，开展高校本科专业设置学术评估活动，自觉

① 阳荣威. 高等学校专业设置与调控研究［M］. 长沙：湖南大学出版社，2007：24.

② 陈列. 市场经济与高等教育——一个世界性的课题［M］. 北京：人民教育出版社，1998：128－130.

③ 张智敏，唐昌海. 进入WTO高等教育应做的必要改革——兼论高等教育改制问题［J］. 建材高教理论与实践，2001（6）：6.

保护大学自主设置专业的权力，协调约束大学本科专业设置是非常必要的。

三、社会在高校本科专业设置中的行为机制——参与高校本科专业设置

在全球治理运动的推动下，社会力量参与公共事务管理已经是大势所趋。作为高等教育发展的根基，高校本科专业设置是全社会共同关心的公共事务，吸纳社会力量参与决策是符合共同治理要求的合理选择。随着高等教育改革的深入，社会力量对高等教育发展的影响日益扩大，忽视社会力量的存在不利于高校本科专业设置的良性发展。本文所指的社会力量是一个综合性的概念，包括社会用人单位、社会捐资者、利益集团、社区、媒体等，这些社会力量都或多或少地影响着高校本科专业设置的发展。在信息传播技术日益发达、公民社会逐步形成的今天，各类社会组织对公共事务的影响力都在不断增强。另外，从近几年大学生就业的去向来看，各类社会组织已经成为吸纳大学生就业的主要力量。在人才市场初步建立、大学生自主择业的今天，社会力量（主要是社会用人单位）对高校本科专业设置的影响主要是通过其需要什么样的人才来发挥作用的。也就是说，社会用人单位对人才的用人需求已经成为重要的影响高校本科专业设置的力量。赵中建教授提出高等学校应当不断加强与业界的合作以及对社会预期需求的分析与预测。具体包括：①应当加强高等教育与职业界以及社会其他部门的联系，以顺应经济的变革和促成以知识应用和信息处理为基础的生产模式的产生；②职业界的代表应参与高等院校的管理，双方的人员交流可使高等教育更紧密地结合实践；③高等院校应系统地考虑职业界及科学、技术和经济部门的发展趋势，并在预测职能的范围内创造新的工作岗位，但这不应成为唯一目标，高等教育还应和职业界共同设计和评估理论与职业培训相结合的教学过程和衔接性课程；④为方便毕业生就业，高等教育应主要关心培养学生的创业技能与主动精神，因为毕业生不仅是求职者，而且也将是工作岗位的创造者。① 上述观点告诉我们，高校本科专业设置不能囿于高校内部，应该允许社会用人机构参与，多了解社会用人机构的用人需求，从而有针对性地设置或调整相应的专业。由此可见，社会用人机构也是高校本科专业设置的重要主体之一。

（一）社会力量参与高校专业设置的现状

1. 社会力量没有获得参与专业设置决策的权力

从我国目前高校本科专业设置管理的过程来看，社会力量基本被排除在

---

① 赵中建．21 世纪世界高等教育的展望及其行动框架［J］．上海高教研究，1998（12）：6－10．

了专业设置决策过程之外。具体表现就是“目前在我国公办高校的治理结构中几乎没有外部利益相关人的参与”①。首先从相关的政策法规来看，社会力量参与本科专业设置没有得到明确的授权。教育部印发的《高等学校本科专业设置规定（1999 年颁布）》，对政府行政部门和高校的权利、义务进行了详细的界定，但是社会力量参与高校本科专业设置基本没有涉及。只是在第 26 条，提出“省（自治区、直辖市）或国务院有关部门专业设置评议委员会由本地区（部门）高等学校、教育行政部门、计划部门、人事部门及其他有关单位的专家、学者组成”。而其他有关单位具体包括什么没有做具体界定。其次，从我国高校本科专业设置的具体实践来看，社会力量基本没有参与的机会。根据教育部两届学科专业设置委员会以及部分省市学科专业设置委员会的成员构成来看，社会力量在专业设置委员会中的代表几乎可以忽略不计。专家委员会的成员主要来自高校校长群体及教育部相关司局的领导。这充分反映出高校本科专业设置的管理者认为高校本科专业设置与社会的关系不是很大。

2. 高校与社会的联系缺乏必要的中介机构

高校和各类社会组织都有自身的社会功能定位，其主要的精力一般都会放在自己主要的社会功能内。社会发展使各类组织的功能越来越分化，导致各类组织之间缺乏必要的联系与沟通，高校与社会（组织）的联系与沟通也受制于此。在过去计划经济体制下，高等学校和用人单位非常简单，一对一，而且靠计划调整。在市场经济调节下，特别是劳动力市场中，这种关系越来越复杂，② 原有的联系机制已经不适应现在的高校与社会（用人单位）的关系处理，而新的机制还没有建立起来。于是，我国高校与社会的联系还是处于一种简单化的状态。具体体现就是高校只负责人才培养，人才培养出来之后，通过政府大学生就业机构举办各种类型的招聘会等方式把毕业生推向人才市场。在这个过程中，高校与社会的联系很少。高校与社会（用人单位）联系的简单化，导致了高校人才培养与社会人才需求的脱节问题。

国外经过多年的实践，逐步建立起了各种加强高校与社会联系的中介机构，比如各种各样的大学生就业促进机构。我国目前这种机构还非常少，大学生就业还是依靠政府以及高校举办的招聘会进行。社会上专门从事大学生就业的中介机构非常少，因此，高校与社会联系的长效机制还没有建立起来。

---

① 黄崴. 公办高校法人治理结构及其建设［J］. 高等教育研究，2008（8）：52.

② 谢维和. 中国大学生就业体制的分析［J］. 中国大学生就业，2003（10）：6.

3. 高校没有主动与社会联系的意识

首先从清华大学和中南大学的本科专业设置管理规定来看，本科专业设置基本是学校内部的事情，没有与社会联系或者要求社会人士参与论证的条款。其次，根据问卷调查的结果，可以看出高校主动联系社会的意愿还不是很强。从高校教师对“学校近年来有没有到用人单位调研人才需求的情况”问题的回答来看（见表5－1），在154位教师中，回答“有”的仅有6人，占3.9%；回答没有的有67人，占43.5%；回答不清楚的有81人，占52.6%。这个统计结果充分表明，高校在本科专业设置方面还缺乏与社会沟通的意识。

表5－1　学校近年来有没有到用人单位调研人才需求的情况

		Frequency	Percent/%	Valid Percent/%	Cumulative Percent/%
Valid	1	6	3.9	3.9	3.9
	2	67	43.2	43.5	47.4
	3	81	52.3	52.6	100.0
	Total	154	99.4	100.0	—
Missing	—	1	0.6	—	—
	Total	155	100.0	—	—

在你认为“当前高校本科专业设置，存在的最大问题是什么”的回答中，155位教师中有100位勾选了“其他利益主体没有参与专业设置的机会”的项目，占64.5%（见表5－2）。这个结果也能够反映出，大部分教师不太认可囿于学校内部自己设置专业的现象。

表5－2　专业设置存在问题统计结果

其他利益主体没有参与专业设置的机会		Frequency	Percent/%	Valid Percent/%	Cumulative Percent/%
Valid	0	55	35.5	35.5	35.5
	1	100	64.5	64.5	100.0
	Total	155	100.0	100.0	—
Total		155	100.0	—	—

（二）社会力量参与高校专业设置的作用分析

1．密切高校人才培养与社会人才需求的联系，促进大学生就业

从市场的角度来说，高校是人才的培育者，社会是人才的消费者，对人才培养最有发言权的是人才的消费者，因为他们最了解人才的质量要求。从这个意义上来说，社会力量必须参与人才培养的过程，并在管理上拥有发言权，这样才能够密切人才培养与人才需求的联系。当前我国大学生就业出现的一种现象可以很好地说明这个问题。这种现象就是普通高校本科毕业生就业难，而高职院校的毕业生就业易。造成这种差异的主要原因就在于当前高职院校注重了与社会的联系。以广东轻工职业技术学院为例，其在专业设置上注重企业的参与，“专业要不要办、专业方面要不要调整，由企业说了算”，该校每个专业的专业指导委员会都以相关企业专家为主。① 在这种理念的指导下，该校毕业生就业率非常高，在2009年学校举办的毕业生供需见面会上，200多家单位提供了5 800个职位，毕业生人均一个多职位。这就说明了社会力量参与可有效地强化高校人才培养与社会人才需求的联系，增强人才供给的对口性。当然，本科院校与高职院校毕竟存在定位的差异，但在与社会联系，增强人才培养的适应性问题上应该是一致的。从国外应用性高等教育②发展的经验来看，加强与企业等社会组织的联系已经成为本科教育最重要的趋势。因为，在知识经济时代，对劳动者全面能力提出了更高的要求，企业用人的标准也随之不断提升，传统的校企分离、以学术为基础的高等教育培养的学生无法满足企业的需求，这种状况带来的直接后果是学生无法就业，企业招聘不到合适的人才，学生的就业率偏低。③ 而加强与企业的联系，可在密切高校人才培养与社会人才需求、提高学生就业率等方面都起到很好的作用。比如，为了强化与企业的联系，德国推出了“双元制”教育模式。学生既在企业里接受职业技能和与之相关的专业知识培训，又在学院里接受专业理论和普通文化知识的教育。“双元制”人才培养模式大大提高了毕业生的人才市场适应性。

---

① 叶小明．职校谋求与企业无缝式衔接［N］．南方都市报，2008－12－16（C19）．

② 高林．应用性本科教育导论［M］．北京：科学出版社，2006：序二．应用性高等教育是指本科以上层次的高等教育，是培养经济社会发展需要的高级专业人才的教育。其主要是培养工作在生产一线的各级各类工程技术人员、生产管理人员，也包括为经济社会发展服务的各种专业技术人员。这类教育的出现是现代社会发展的需要，也是高等教育大众化的产物。

③ 高林．应用性本科教育导论［M］．北京：科学出版社，2006：4．

2. 增强高校本科专业设置的活力，改善本科专业设置的质量

首先，社会力量的参与意味着高校在本科专业设置上必须积极回应社会力量的要求，这有利于增加高校本科专业设置的活力。美国的教育家说，在美国几乎找不到完全一样、一个模式的两所学校，造成学校个性差别的恰恰是社会参与。也因为参与才使得教育、学校异彩纷呈、充满竞争、充满活力和富有特色。社会参与把教育与国家需要、社区需要和个人需要紧密地结合起来，使学校获得了广阔的生存和发展空间。① 其次，社会参与形成的有效监督会对学校产生一定的压力，有利于学校不断改进专业设置工作，提高专业设置的质量。企业的介入和社会力量的参与，可以把社会对人才的需求和教育要求及时传递给学校，使学校在专业设置和培养规格上，由以自身的条件为取向转变为以社会需求为取向，从而促进高校的改革与发展，提高办学效益。② 在对社会需求的积极回应中，高校本科专业设置在适应市场变化能力上将得到一定程度的提升，这对打破高校专业设置调整的惰性，提高本科专业设置质量有很大帮助。

3. 改善高校本科专业设置管理机制，推进高校内部管理体制改革

社会参与高校本科专业设置管理，既有利于克服高校内部官僚主义、促进本科专业设置的民主化，提高专业设置的质量；也有利于高校本科专业设置积极应对外部环境的变化，增强自身的竞争力。首先，社会力量参与高校本科专业设置能够对高校内部管理形成一定的监督力量，将有利于高校内部管理体制的改革；其次，社会力量参与高校本科专业设置可为学校提供畅通的信息渠道，使学校及时掌握社会人才需求的变化趋势，从而对本科专业进行调整，保持竞争优势；最后，社会力量参与有利于高校与支持学校发展的社会组织和个人达成共同利益，从而获得更多的社会支持。

（三）高校本科专业设置加强社会力量参与的机制分析

在市场经济条件下，高校本科专业设置就是通过各种市场主体的反应来实现资源配置、调整本科专业设置的目的。所以说，市场只是提供了高校本科专业设置改变的环境，市场要真正发挥作用，还要看各类市场主体的具体行动。社会力量是重要的市场主体，通过有效的手段，保障社会力量参与高校本科专业设置，是在高校本科专业设置中发挥市场作用的关键。

1. 政府要加强法制建设，保证社会力量参与的权力

在西方某些国家，社会团体及公众参与教育管理的权利甚至被写进了国

---

① 刘振天. 西方国家教育管理体制中的社会参与［J］. 比较教育研究，1996（3）：14.

② 刘兴. 社会力量参与高校管理探析［J］. 北京邮电大学学报：社会科学版，2003（3）：52.

家的根本大法——《宪法》之中。例如，西班牙《宪法》就规定地方行政机构和部门及学校当局应积极创造条件确保社会参与的实现并提高其质量，对于那些阻挠社会参与的违宪行为，宪法法院将做审理和裁决。① 在专门的教育法律法规及规范性文件中更是对社会参与权进行更为明确、具体的表达。比如，英国《教育改革法》（1988 年）以很大篇幅规定了社会参与学校管理和决策的专门性机构（学校委员会）及机构的人员组成、活动内容、程序等。法国 1989 年之前的法令曾设立两个全国性的社会参与和咨询机构，即“国民教育高级委员会”和“普通教育和技术教育委员会”；1989 年颁布了新的《教育指导法案》，它的一个指导思想就是扩大“社会参与”，把原来的两大平行机构合并为一，成立了新的“教育高级委员会”（le Conseil Superieur del'Education），相应地扩大了代表的成分、增加了代表的数量。②我国在一些政策法规中对社会力量参与也做了诸如“企业事业组织、社会团体及其他社会组织和个人，可以通过适当形式，支持学校的建设，参与学校管理”等的一些原则性规定。这些规定基本都停留在原则化、抽象化的阶段，没有对社会参与的权利、义务、责任、参与方式等做出具体的规定。所以，我国应该加强高校本科专业设置中社会参与的制度建设，在修订《高等学校本科专业设置规定》时应加入社会参与的内容，另外要求各高校在专业论证等专业设置环节，必须有社会人士的参与。

2. 社会要推进中介机构建设，发挥社会力量的“呼吁”作用

支持、鼓励联系高校与社会的中介机构建设。当前，由于高校本科专业设置中缺乏与社会的沟通导致大学生就业难问题相当严重。而在一些发达国家里，大学生就业同样存在着很多问题，但是他们有一个专业的劳动力人才机构。将毕业后一时找不到工作的大学生或者研究生的材料放在人才机构，由这个机构与用人单位进行联系、合作、沟通，不断地由这些机构把项目提供到中介机构，他们根据需要，安排不同的大学生做这样或那样的工作。③这种中介机构就起到了联系高校人才培养与社会人才需求的作用。并且在国外，尤其是日本，这种中介机构数量多并且大都提供免费的服务，在联系高校和社会方面发挥了重大的作用。

鼓励社会力量自己或通过社会机构积极发出“呼吁”。在相关权力不能有效保障的情况下，很多社会组织力量选择了“退出”，比如很多企业在招不到满意人才的情况下，只能是“驼子里拔将军”，招到之后再自己去培训。

---

①② 刘振天. 西方国家教育管理体制中的社会参与［J］. 比较教育研究，1996（3）：10－11.

③ 谢维和. 中国大学生就业体制的分析［J］. 中国大学生就业，2003（10）：6.

但是，如赫希曼所言，退出是相当原始的回应方法，而呼吁则是一种更为聪敏的回应。通过呼吁，消费者可以更清楚地表达他们需要的是什么，并能够更容易地描述其不满的程度。通过退出，消费者只能表达其不满。[①] 而且在退出太容易的情况之下，社会力量根本不愿意进行呼吁。这就要求通过各种切实可行的方式让社会力量能充分表达自己对高等教育服务的需求。在各种社会力量比较分散，并且对高校内部信息掌握有限的情况下，通过中介组织整合社会的声音进行呼吁，是一种有效的方式。通过呼吁把社会对高校人才培养的需求表达出来，从而影响高校本科专业设置，是密切社会与高校联系的重要途径。

3. 高校要深化内部管理体制改革，密切与社会的联系

当前，我国高校内部管理体制改革的一个重要方面就是建立法人治理结构。法人治理结构的一个重要理论基础就是利益相关者理论。该理论认为，公司治理不仅涉及股东的利益，事实上还广泛涉及相关人的利益。他们发现，公司的存在和运行不仅需要股东的投入，而且还同时需要广大职工、债权人、供应商等相关利益人的投入和支持，否则公司难以有效地运行。[②] 根据利益相关人理论，公办高校不仅要把所有人——国家（经费的主要投入者）或政府的教育利益作为办学的目标和标准，而且要考虑到与办学有关人的利益。[③] 根据这种基本理念，高校本科专业设置管理改革要引入共同治理的理念，通过建立利益相关者共同治理结构，密切与社会的联系。

四、学生在高校本科专业设置中的行为机制——获得选择权

大学生专业选择直接关系到其未来的职业、收益以及人生发展的方向。在高校本科专业设置中，赋予大学生专业选择权是合情、合理、合法的选择。专业选择权是指“在自由和平等的原则下，取得大学学籍的高校在校学生，在了解和认识专业的基础上，为了促进自身更好的发展，根据自身特征、学习能力、兴趣爱好和发展等拥有一次及以上自由选择或调整专业的权利”[④]。在高等教育改革不断深入的背景下，获得专业选择权已经成为大学生比较强烈的愿望。赵松平等人对浙江省五所高校的调查发现，95.47%的在

---

① Dowding K, John P, Mergoupis T, et al. Exit, Voice and Loyalty: Analytic and Empirical Developments [J]. European Journal of Political Research, 2000 (37): 469－495.

② 徐强胜. 公司相关利益人理论的法学述评 [J]. 中共中央党校学报，2001 (4).

③ 黄崴. 公办高校法人治理结构及其建设 [J]. 高等教育研究，2008 (8): 48.

④ 任丽清，刘剑虹. 论大学生专业选择权 [J]. 教育发展研究，2009 (17): 30.

校大学生对专业选择权的渴望程度为强烈和较为强烈。①

（一）学生接受高等教育的宏观背景变化分析

1. 高等教育供需不对称需要保障学生的选择权

长期以来，我国高等教育发展的基本矛盾就是供给不足而需求旺盛。在中国，成千上万的家庭和个人每年都为能够获得良好的高等教育机会而展开激烈的竞争。为了缓解高等教育需求过旺的事实，自1999年起中国政府实施了连续多年的高校扩招，在一定程度上缓解了高等教育供求紧张的压力。然而，高等教育的扩招并没有从根本上解决高等教育供求间的矛盾。②“由于我国高等教育所面临的巨大的适龄人口压力，由于经济建设和社会发展对高级专业人才的需求，由于我国高等教育的总体规模相对我国人口而言还是比较小的”③，所以短期来看，我国高等教育的供求关系格局并不会出现明显的变化，高等教育需求在数量、质量等方面的不断增长与高等教育供给的有限性和单一性之间仍然有很大的矛盾。

在这样一种供求格局下，学生作为高等教育的个人需求者，不可能获得平等“博弈”的机会。这种供求双方不能进行有效“博弈”的状态极有可能导致高等教育供求关系的失衡，带来严重的社会问题。具体体现就是：一方面个人高等教育需求与高等教育供给失衡；另一方面社会人才需求与高校人才培养失衡。要避免失衡状态的出现，就要给予学生选择权，要他们有平等参与“博弈”的机会。现在的高等教育市场还是卖方市场，需要政府的合理规制，在高校招生问题上，考生没有讨价还价的余地。高校本科专业设置是联系社会人才需求与高校人才培养的重要一环，在高等教育供需不对称的情况下，保障学生的选择权，有利于高校本科专业设置的合理化，有效避免高等教育供需失衡。

2. 高等教育成本分担制度的实施促成了学生消费者权威

随着我国市场经济体制的建立和高等教育改革的深入，尤其是1997年以来的高校收费制度改革之后，高等教育真正步入了市场的大门，原来计划经济条件下的大学生免费上学制度一去不复返了，我国正式开始了高等教育成本分担制度。伴随着高等教育成本分担制度的实施，高等学校与大学生的关系也发生了根本性的改变。高校与大学生除了传统意义上的教育者和受教

---

① 赵松平，等．大学生选择权的现实状况及实现途径［J］．辽宁教育研究，2004（8）．

② 马永霞．冲突与整合：高等教育供求主体利益分析［M］．北京：高等教育出版社，2006：1．

③ 丁小浩．中国高等学校规模效益的实证研究［M］．北京：教育科学出版社，2000：174．

育者的关系，还增加了一种教育服务提供者与教育服务消费者的关系。高等学校收费制度的实行，使得我国高等教育的性质发生了变化，高等教育不再仅仅是一种国家的权利和责任，而是一种消费，一种服务消费。于是，大学生的角色也悄然发生了变化，大学生不再仅仅是一个受教育者，而是这种服务消费关系中的一个消费者，一个特殊的教育服务消费者。①

学生成为消费者直接改变了学生的身份和地位。“学生消费者”就是把学生看作市场中的消费者，把学校与学生的关系作为以卖方和买方为前提，以学校满足学生的需要为基础，注重和保障学生权益的“市场管理哲学”②。约克·柯尔曼认为，市场机制引入高等教育领域的实践形式之一是资助方式的改变，尤其是政府资助方式的转变，即从功能预算向行为目标预算转变，这种改变加剧了高等学校经费对需求者的依赖，导致了消费者权威的形成。③学生消费者权威的形成意味着学生是否有接受高等教育及选择专业的权利。

3. 大学生自主择业形成的学生承担学业后果的现状要求赋予学生选择权

在过去计划经济体制下，大学生作为“天之骄子”、稀有资源，一直由国家包学费、包分配。随着高等教育改革的不断深入，自费入学、自主择业已经成为市场经济条件下高等教育的常态现象。我们知道专业选择对学生未来的发展是有重大的影响的。因为专业选择会对劳动力职业生涯中的很多问题，如工资水平、职业定位、行业选择及流动收益产生作用，专业选择表明了教育的职能由通用（一般）性人力资本培训第一次进入到了专用性人力资本培训，路径依赖导致初始专业选择形成的专业专用性投资（major-specific investment）积聚了基本的职业专用性人力资本（career specific human capital），限定了未来可能的职业选择和流动方向。④ 美国学者的研究表明，大学所学专业与毕业后的工资收入以及职业匹配程度有密切的关系。比如，大学毕业生“平均报酬依赖于大学毕业生在各种专业中的分布情况，而当学生在各专业的分布情况发生变化后，大学生工资水平自然会发生改变。美国在20世纪70年代中期专业的分布发生很大变化：从1976—1984年，商科专

① 李福华. 大学治理的理论基础与组织架构［M］. 北京：教育科学出版社，2008：151.

② 陈学飞. 美国高等教育发展史［M］. 成都：四川大学出版社，1989：108.

③ Kaiser F, Florax R J, Koelman J B J, et al. Public Expenditure on Higher Education: A Comparative Study in the Member States of the European Community［M］. London: Jessica Kingsley Publishers, 1992: 123.

④ 孟大虎. 拥有专业选择权对大学生就业质量的影响［J］. 现代大学教育，2005（5）：94.

业所占比例从16%上升为24%，工科专业从5%上升为10%，而教育学专业所占比例从17%下降为10%”。[①] Hearn 和 Bunton 的研究表明，对美国学士学位获得者来说，只有25%左右的毕业生未就业于专业相关领域[②]，专业与职业也存在很密切的联系。

现在的大学生就业工作已经真正转入到了市场竞争、自主就业的轨道上来。与大学生就业制度改革的深入相比，高校本科专业设置好像还处于计划的堡垒中，专业设置的种类、招生人数等还是通过计划手段来控制。具体到高校内部，因为有政府的计划性管制，学生选择专业的机会也非常小。这就形成了一种不合理的现象，一方面大学生就业被推向市场，学生要自主承担学业选择的结果；另一方面，专业设置制度又不给予学生自主选择专业的机会。这在一定程度上形成了责任与权力的分离现象，导致很多学生产生不能就业不是我自己的原因，而是政府专业结构设置不合理的原因，进而引发一些社会问题。所以，在让学生自主承担学业后果的同时，应赋予学生专业选择的权力。

（二）学生获得“选择权”的原因分析

1．专业选择权是大学生权力的重要构成部分

大学生权力的存在有着悠久的历史，它的最早出现需从大学起源说起。近年来，许多学者从政治学、法学、高等教育学等多种学科视野，对高校内部权力进行了大量的分析，肯定了大学生权力的存在。[③] 20 世纪 60 年代以来，学生权力在世界各国大学中的作用迅速扩大，从选拔校长到决定与学生有关的事务，学生都能广泛地参与。美国一些大学选拔校长的遴选委员会里有学生代表。日本大学里学生自治会和研究生自治会是学部的“三权”之一，在涉及学生利益的学部事务上不仅拥有参与权，而且有着相当的影响力。在法国大学的主要权力机构校务委员会中有学生的代表，60 年代的学生运动促成了1968 年的大学改革，在改革后的法国高等教育体系中，学生权力发挥着重要作用。德国大学无论是校务委员会还是系务委员会，学生代表

---

① Altonji, Joseph G. The Demand for and Return to Education When Education Outcomes are Uncertain. Journal of Labor Economics, 1993 (11): 1, 48 - 83.

② James C. Hearn and Sarah A. Bunton. “‘The Effects of Students’ Fields of Study on Their Earnings and Other Outcomes of Postsecondary Education”, Policy Brief 01 - 02, Postsecondary Education Policy Studies Center, December, 2001.

③ 章维慧. 存在、缺失与实现——当代大学生权力现状分析 [J]. 扬州大学学报: 高教研究版, 2009 (5): 30.

都有规定的比例。① 可见在西方国家，在激烈的高等教育竞争下，尊重大学生的权力已经得到普遍认可并有相关的政策作为保障。道理其实很简单，高等学校作为教育服务机构，学生是高校组织体系的核心，因此，高校必须满足学生的需要，在学校事务中给予学生发言权是必然的趋势。

著名社会学家戴维·波普诺指出："政治的精髓在于权力。权力（power）是指个人或群体控制或影响他人行动的能力，不管这些人是否愿意合作。"② 所以，拥有权力是掌握发言权，发挥影响力的关键，拥有权力就意味着掌控了话语权。加塞特在向马德里大学学生联合会演说时表示，很想把整个"大学的使命"移交给学生，他认为："大学以学生为中心的概念必须得到贯彻，以达到能够影响其物质组织的程度。像过去一直以来所认为的那样，把大学看作教授接待学生的房子的观点是荒谬的；事实上应该是恰恰相反：让学生来管理大学这幢房子，使全体学生成为机构的躯干和骨架，而教员或教授们则作为辅助或补充。"③ 诚如唐纳德·肯尼迪教授所言："将学生放在首位只是一个简单的设计原则，但它有很大的力量。"④ 我们必须认识到"学生虽没有多少权力能直接推动方针政策的实施，但他们也确实能对政策的实施产生巨大的影响——这并不是由于参与很多的集体行动，而是因为他们有能力拒上他们不喜欢的大学，通过持续、无声的压力迫使大学进行课程和教学方法的改革"⑤。以上观点可以说明以下两点：①大学生的权力的确存在；②专业设置与大学生学习密切相关，应该给他们发言的机会，也就是选择的权利。

2. 专业选择权是大学生作为高等教育消费者的基本权利

根据前文的分析，大学生是高等教育的消费者。那么作为高等教育的消费者，大学生有哪些权利呢？消费者保护运动始于19世纪末20世纪初，在20世纪60年代获得迅速发展。1962年3月15日，美国总统肯尼迪在《关于保护消费者利益的国情咨文》中指出，消费者是美国经济中一个重要但组织不健全、意见不受重视的团体，为保护其合法权益，应采取立法和行政措

---

① 陈玉琨，戚业国. 论我国高校内部管理的权力机制［J］. 高等教育研究，1999（3）.

② 戴维·波普诺. 社会学［M］. 10版. 李强，等，译. 北京：中国人民大学出版社，1999：482.

③ 奥尔特加·加塞特. 大学的使命［M］. 徐小洲，陈军，译. 杭州：浙江教育出版社，2001：71.

④ 唐纳德·肯尼迪. 学术责任［M］. 阎凤桥，等，译. 北京：新华出版社，2002：350.

⑤ 德里克·博克. 走出象牙塔——现代大学的社会责任［M］. 徐小洲，陈军，译. 杭州：浙江教育出版社，2001：97.

施，使消费者权利得以实现。具体表现为四项权利[①]：①安全的权利（the right to be safety），即保护消费者的生命及健康权利免受危险商品的侵害；②了解的权利（the right to be informed），即保护消费者免受广告欺诈及虚伪陈述的侵害，消费者有权要求明了真相，并使其具备选择商品所必须具备的知识；③选择的权利（the right to be chosen），即保护消费者能够自由选择，并以合理公正的价格获得达到一定规格的商品和服务的权利；④意见被尊重的权利（the right to be heard），即要求政府在决定某项经济政策时，应保证消费者的意见被充分考虑或采纳。从国内情况来看，1993 年 10 月 31 日第八届全国人民代表大会常务委员会通过《中华人民共和国消费者权益保护法》，明确规定消费者享有九个方面的权利：保障安全权、知悉真情权、自主选择权、公平交易权、依法求偿权、依法结社权、求教获知权、维护尊严权、监督批评权。借鉴消费者权益保护的内容，我们可以得出学生选择专业的权利是大学生高等教育消费的基本权利。在我国大学生接受教育的前提是选择一个专业就读（部分高校刚入校不分专业），也就是说专业选择是完成高等教育消费的重要前提。因此，为了保障学生的消费权益，在符合入学条件的前提下，学生有权根据自己的兴趣、爱好等条件选择就读专业。

3. 专业选择权是大学生作为契约关系主体的基本权利

高等教育成本分担，向学生收取学费，这在客观上就使学校与学生之间的法律关系带有某种契约的特性。学生交了钱，作为教育服务的购买者和消费者，有权要求学校提供适当的教育服务，包括教学设施、课程体系、师资队伍等等。[②] 高校与学生教育契约关系的确立，不仅意味着学校和学生在法律上是两个平等的主体，而且同时还承认了学生作为高等教育市场消费主体的独立身份和契约权利。在高等教育市场体系中，学校提供了一种可供选择的教育服务，作为教育服务消费者的学生则被赋予了一种新的权利，即根据自己的需要和满足度来主动选择适合自己的消费类别、消费水平和品位的（学校和教育内容）选择权。[③]

既然高校与学生之间是平等的契约关系，高校就要保障学生在法律上所拥有的基本权利。我国《宪法》第 46 条规定："中华人民共和国公民享有受教育的权利和义务。"我国《教育法》第 9 条规定："中华人民共和国公民

① 王择鉴. 民法学说与举例研究：第 3 册［M］. 北京：法律出版社，1996：16.

② 尹力. 试论学校与学生的法律关系［J］. 北京师范大学学报：人文社会科学版，2002（2）.

③ 郭为禄. 试论高等教育契约关系与教育消费选择权［J］. 上海：华东师范大学学报：哲学社会科学版，2005（3）.

有受教育的权利和义务。公民不分民族、种族、性别、职业、财产状况、宗教信仰等，依法享有平等的受教育机会。”从一定意义上来说，“公民的受教育权更多的应体现教育选择的自由权，以适应公民最大限度发挥个人潜能的需要”①。因此，高校保障学生的受教育权，首先就要保障学生教育选择的自由权，包括选择教师、选择课程、选择专业的权利等。

（三）赋予学生“选择权”的意义

1．学生对专业的选择权，将“逼迫”大学提高本科专业设置质量，提供更优质的高等教育服务

众所周知，由于受教育者可以自主选择大学，可以在大学中获得多张录取通知书，在求学过程中可以申请转校，所以美国的大学无不在教育质量、奖学金方面展开竞争，以获得学生的青睐。② 学生的选择权是促进高校自由竞争，提高高校办学质量的重要机制。在自由竞争的背景下，就连哈佛大学都不能掉以轻心，在保证教学质量，维持社会声誉的同时，还要在奖学金、贫困学生救助等方面采取各种必要的措施以吸引优秀生源。以 2009 年为例，在金融危机背景下，哈佛向当年入学的学生提供的各项资助总额创历史最高纪录，仅奖学金总额就高达 1.47 亿美元，比 2008 年高 8%。该校还派出专门负责助学项目的教师队伍与经济出现困难的学生家庭保持密切联系，以随时为不断增加的需要资助的学生补发助学金。③ 可见，在学生自主选择的前提下，美国高校逐步走上了不断提高高等教育质量，提供更优质的教育服务，培育优质人才，因而成功校友回馈母校的比例越来越高，高校以此获得持续发展的动力的良性循环之路。或者说，美国高校把培养学生当成一种长线投资，通过优质的教育质量把学生培养成才之后，高校自然而然就能获得回报。2010 年 1 月 4 日，美国耶鲁大学校长理查德·莱文教授宣布，耶鲁 2002 届毕业生张磊（音）已经承诺，将向耶鲁大学管理学院（SOM）捐赠 888 万美元。这是到目前为止，耶鲁管理学院毕业生捐赠的最大一笔个人捐款。④ 这个在中国读完小学、中学、大学，在耶鲁大学读 MBA 的张磊，引发了社会的广泛议论。不少网友对“中国辛辛苦苦培养的高才生帮着人家发

---

① 张静．学生权利及其司法保护［M］．北京：中国检察出版社，2004：141.

② 熊丙奇．强制消费的卡与学生的教育选择权［N］．南方都市报，2009－08－10（A23）.

③ 熊丙奇．强制消费的卡与学生的教育选择权［N］．南方都市报，2009－08－10（A23）.

④ 中国毕业生将向耶鲁大学捐款近 900 万美元［EB/OL］．［2010－01－06］．http://news.sina.com.cn/w/2010－01－08/193619429669.shtml.

展”表示不满甚至气愤，也有网友认为，张磊支配自己所赚得的钱根本无可厚非。用张磊自己的话说：“耶鲁改变了我的一生。”其实，这个事件发生之后，我们不应该气愤甚至谩骂，而应该仔细想一想，为什么会出现这种现象。对于这样的捐赠行为，不应该指责他人为什么不捐给自己，而应该思考他为什么做出这样的捐赠。校友捐赠率是衡量美国大学办学的指标之一，一般名校的校友捐赠率都在30%～40%，哈佛大学的校友捐赠率达到48%，普林斯顿大学的校友捐赠率更是高达61%。之所以有这么高的捐赠率，乃因学校办学质量一流，而学生离校之后，母校的联系一直伴随左右，有校友会帮助其找工作、实现人生理想，而不是离校之后，就失去联系，而在等其成功之后，才续上联系。捐赠者也确乎知道，自己捐赠的钱，将用到教育之中，培养与自己当年类似的学弟学妹。① 这种捐助背后，是学子对母校真实的情感。这种情感源自卓越的教育质量对其人生轨迹的改变，而卓越的教育质量来自高校的竞争，竞争的背后是学生自主选择高校的权利。

反观我国，不要说自主选择高校的权利，校内自主转专业的权利都没有，更不要指望求学期间转学了。大学录取招生就是“一锤子买卖”，只要被录取了，除非主动放弃上学的机会，否则就只能在录取的高校学习录取时的专业。尽管有高校承诺入学后可以调换专业，但实际上都有比较苛刻的条件，所以，真正能够转换到自己喜欢的专业的比例非常低。教育质量再低，只要招生批次不变，生源不会大变；教育服务再不好，就是强制消费，你进了门，就休想轻易出去。② 在这种情况下，大学会关注本科专业设置的质量吗？估计不太可能。现在有些大学不是在提高专业设置质量上下功夫，而是在毕业生就业率上造假，导致毕业生在毫不知情的情况下“被就业”。难怪一个大学本科毕业重返技校读书的学生说“我的大学白读了”，还引起了广泛的共鸣。我坚信，如果大学生能够自由转学并能方便地调换专业，“被就业”这种事情发生的概率就会大大降低，因为学生经常“被就业”的学校没有人选择了，就没有生存的空间了。

2. 学生对专业的选择权，将推动高校进行本科专业设置调整，增强高校本科专业设置的活力

现代经济学的进步充分说明，公共活动的参与者也受制于“理性经济人”的假设，都有使自己行为最大化的倾向，无行为主体的所谓的公共利益

---

① 熊丙奇. 教育的差距［EB/OL］.［2010－01－30］. http://xiongbingqi.blog.sohu.com/141906877.html.

② 熊丙奇. 强制消费的卡与学生的教育选择权［N］. 南方都市报，2009－08－10（A23）.

是不存在的。所以尽管高校本科专业设置属于公共活动的范畴，参与本科专业设置中的行为主体都是以自身利益最大化为目标的，高校当然也不例外。具体体现在：一方面在当前政校关系不是很明确，政府对高校本科专业设置干预比较大的情况下，很多高校明知高校本科专业设置有问题，但都不愿意积极行动以改变这种状况，存在“搭便车”的行为。按照著名经济学家曼瑟尔·奥尔森的说法，高校所组成的利益集团在和政府争取高校本科专业设置的权力时，这种集体利益是“相容性的”，而不是“排他性的”。[①] 即在一个集团范围内，集团收益是公共性的，集团中的每一个成员都能共同且均等地分享利益，而不管其是否为之付出了成本。于是，每个成员都想“坐享其成”，而不是积极采取行动去扩大集团利益。在这种情况下，高校只能坐等政府的权力施舍，不合理的高校本科专业设置管理体制将很难改变。高校本科专业设置在政府的规制下，缺乏应有的市场敏感度，最终受影响的是学生。另一方面高校作为理性经济人，在专业设置方面会权衡得失，追求最大的利益。从经济学的角度看，专业调整需要支出巨大的成本，这不仅是夕阳专业不能及时退出的原因，而且也是朝阳专业不能及时进入的原因。[②] 高校在专业设置与调整的成本考量中，往往缺乏专业调整的动力。高校教师往往也不会积极支持专业的变换，因为“重新学习新专业知识所投入的精力、时间和货币等，实质上是一种新的人力资本投资成本，包括直接货币成本和机会成本以及心理成本”[③]。

根据以上的分析，不难得出，如果没有其他力量的介入，无论在高校外部还是在高校内部，面对高校本科专业设置的调整要求，原有的行为主体处理利益的考量，一般都不会积极谋求改变。由此，导致了我国高校本科专业设置缺乏应有的活力，不能对人才市场的变化做出及时的反应。而如果学生对专业有选择权，就会打破原有的专业调整利益格局。因为从一定意义上来说，高校只是高等教育服务市场的竞争主体，其市场竞争的对手是其他高校，学生才是人才市场的主体，直接面对其他毕业生的就业竞争，所以他们对人才市场的变化更为敏感，他们的专业选择意愿在一定程度上能够反映人才市场的变化规律。相信在加强职业指导和信息服务的前提下，学生可以做

① 曼瑟尔·奥尔森. 集体行动的逻辑［M］. 陈郁，等，译. 上海：上海人民出版社，1995：5.

② 吴克明. 高校专业设置滞后的多元分析［J］. 河北师范大学学报：教育科学版，2005（3）.

③ 罗纳德·伊兰伯格，罗伯特·史密斯. 现代劳动经济学：理论与公共政策［M］. 潘功胜，刘昕，等，译. 北京：中国人民大学出版社，1999：259.

出理性的选择。在学生选择权得到保障的情况下，一些落后的、不适合人才市场需求的专业就没有人选择，从而被淘汰。这能够加强专业设置的危机意识，促进专业不断调整，增加专业设置的活力。

3. 学生对专业的选择权，将有利于学生根据自己的兴趣爱好学习，提高学习的质量

根据问卷调查的结果（见表5－3），如果学生对现学专业不满意，通常采取的措施有：排第一位的是“自学感兴趣的知识和技能”，68.6%的学生选择了这项；排第二位的是“选修自己感兴趣的课程”，45.9%的学生选择了这项；排第三位的是“辅修双学位”，20.2%的学生选择了这项；排第四位的是“混毕业”，7.7%的选择了这项；排第五位的是“努力调换专业”，6.8%的学生选择了这项；还有5.4%的学生选择“其他”。根据问卷统计的结果可以看出，学生在对专业的不满意情况下，基本上不能全心全意地进行专业学习，大部分学生选择的是按照自己的兴趣、爱好去学习其他知识和技能。一小部分学生选择了混毕业，虽然比例不是很高，但这些学生毕业后也可能面临很大的问题。只有45个学生，选择了努力调换专业，这在一定程度上说明了高校专业调换的难度。

表5－3　如果对现学专业不满意，你如何打算？（统计结果）

		Responses		Percent of Cases/%
		N	Percent/%	N
对专业不满意，如何打算（a）	努力调换专业	45	4.4	6.8
	自学感兴趣的知识和技能	454	44.3	68.6
	选修自己感兴趣的课程	304	29.7	45.9
	混毕业	51	5.0	7.7
	辅修双学位	134	13.1	20.2
	其他	36	3.5	5.4
	Total	1 024	100.0	154.6

访谈案例（见附录一）也证明了这一点。访谈案例二中的小王读的是管理科学专业，而实际上把大部分的时间放到了学习金融、证券方面的知识上去了。访谈案例五中的小梁从小对美术感兴趣，可家里没有条件让他学习，高中时自己找师傅学习了一段时间，希望读美术专业。可到报考时，因为美术专业的学费比一般专业要高很多，又放弃了，最后读了应用心理专业。进大学后，一直感觉很后悔，但是调整专业是不可能的，因为没有术科成绩。于是在本科专业学习的同时，还自学美术，希望实现自己的美术梦想。在聊

天过程中，他多次直言不讳地说，原本就读的专业只要混毕业就行了。

在分析现代大学生学习状态不佳的时候，很多人埋怨现在的大学生毅力差、不勤奋，没有人真正关注到他们是否真的愿意学、有兴趣学。上面的问卷统计结果和访谈结论告诉我们，对现学专业不满意可能是导致学生学习不在状态的重要原因之一。可见，学生对专业的选择权，将有利于学生根据自己的兴趣爱好学习，提高学习的质量，进而有助于人才培养质量的提升。作为学校，对学生转换专业要有正确的认识，无论是当初填报专业的盲目性，还是后来要求调整专业，都是这个年龄段的青年的特点，应该创造条件，尽量给他们提供一个二次选择的机会，弥补学生因“幼稚”而带来的“过失”，尽量避免因专业学习不适应而带来的人生遗憾。[①]

（四）学生专业选择权的保障机制

给予学生专业选择的权力还需要建立学生专业选择权的保障机制。因为学生专业选择权利的落实还面临着多种障碍。其一，有些组织和个人担心允许学生自主选择专业，在大学生不能理性做出选择的情况下，出现高校学科发展可能会失衡，某些对国家和社会发展非常重要而与就业没有直接联系的基础专业可能无法延续等问题。其二，高校在与学生关系的处理上具有一定的优势，这种优势地位有可能会限制或剥夺学生的自主选择权。因为在我国“学生不成熟论”观点根深蒂固，高校为学生提供受教育的机会，学生是受教育者，学校被认为是学生利益的代表者，因此，管理者往往忽视了受教育者作为独立自主的平等利益主体地位，忽视受教育者的权利。随着学校管理活动范围的扩大，学生权利与学校管理的冲突不断凸现。从学校的制度设计看，侧重于对学生的管理和规范，对于学生权利保障和救济则相对薄弱，高校与学生之间的关系的主要特征是隶属型的，主体双方具有不平等性，即便存在部分平权型法律关系，也是以学生依然承担认可和服从学校管束的义务为前提的。[②] 基于以上原因，仅仅确认学生有专业选择的权利还不够，要从政府、高校、社会等多个层面采取措施，保障学生专业选择权利的实现。

1. 政府加强制度建设，确立学生的专业选择权利

从我国高校目前学生专业选择的情况来看，各高校在学生专业选择方面的尺度不一、宽严不同，对学生专业选择权认识也各有不同。这充分说明我国学生的专业选择权利还需要法律、政策的明确。2005 年教育部颁布的《普通高等学校学生管理规定》明确提出：学生可以按学校的规定申请转专

---

① 郝永书，苑喜军. 学生的选择权与学分制［J］. 石油教育，2005（5）：33 – 34.

② 郭为禄. 试论高等教育契约关系与教育消费选择权［J］. 上海：华东师范大学学报：哲学社会科学版，2005（3）：40.

业。学生转专业由所在学校批准。这条规定看似赋予了学生转专业的权利，而实际上各高校在学生转专业方面都设定了比较苛刻的条件。不可否认，现在大部分高校都赋予了学生重新选择专业的权利，但同时也对转专业实行比较严格的控制。最常见的方式主要有：设定转专业的条件，而条件往往都相对比较苛刻，对学生成绩的要求比较多；限定转专业的人数，一个专业对转入转出的人数都有明确的规定，一般不能超过10%；规定转专业的时间，很多高校只允许学生在大一或大二学年结束的规定时间内转专业，在这个时候转到一个新的专业，往往学习比较吃力；制定转专业的流程，一般来说一个学生要想转专业，先要到教务处申请，然后争取所在专业的院系同意其转出，再向想转入专业的院系提出申请并经过考核（有笔试和面试等形式）同意其转入，再到教务处审定。在这些约束的规定之下，真正能够转换专业的学生比例是非常低的。学生的专业选择权落实状况不容乐观。

基于以上分析，政府应在教育法律中明确大学生的专业选择权是学生的一项基本权利，禁止高校设置学生转专业的不合理障碍，为学生转专业提供制度保障。当然，政府在通过法律保障学生专业选择权的同时，还要综合利用各种宏观调控手段，引导大学生合理选择专业。

2. 高校树立服务理念，落实学生的专业选择权利

西方教育界有一种观点认为，教育本来属于父母的自然权利。在现代社会单靠父母个人的力量已经不可能完全保障子女受教育权利的实现。学校教育权（包括教师的教育权）是受父母的委托而产生的。作为教育委托契约的当事者一方，“委托方”有权对“受托者”提出教育上的希望和要求，行使教育契约上的多种权利。① 因此，对高等学校而言，就是要坚持“以学生的发展为本”的办学理念，树立“教育是服务”的观念，体现办学特色，提高教育质量，切实保障学生作为教育消费者的权利。②

高校在激烈的高等教育竞争中要靠不断提升教育质量来维持自己的声誉。教育质量的重要体现就是学生在接受教育服务过程中所感受到的母校对学生成长的关注以及学校培养的人才在人才市场上的竞争力。如果一所高校不能有效地落实学生的专业选择权，其一，学生在接受教育服务的过程中不能实现自身潜力的最大限度发挥，不仅不会对母校产生感情，而且还可能认为学校的做法限制了自身的发展；其二，由于某些学生对所学专业不感兴趣，势必影响到学校人才培养的质量，进而影响学校声誉。所以，高校树立

① 郭为禄. 试论高等教育契约关系与教育消费选择权［J］. 上海：华东师范大学学报：哲学社会科学版，2005（3）：41.

② 程方平. 中国教育问题报告［M］. 北京：中国社会科学出版社，2002：54－55.

服务理念，落实学生的专业选择权利是最佳的选择。

3．社会要加强学生的职业指导，帮助学生履行专业选择权利

我国学生专业选择的盲目与从小缺乏职业指导有密切的关系。我国学生从小没有接受过正规的职业指导教育，直到大学才会开设职业指导的课程，而此时与自己职业规划密切相关的专业选择基本已经完成。而根据国外的经验，大学也没法完成职业指导的重任，因为高校“班级人数众多、学科本位教学的支离破碎以及教师相关素质的欠缺，学校难以为学生提供有效的职业指导”。与此相对应，国外一些学校在给学生增开富有职业指导使命课程的同时，又将对学生个体职业指导的责任逐渐转移到社区，职业指导与生理指导、心理指导、宗教指导等统合为社区机构所提供的服务内容。英格兰 2001 年 4 月起分阶段推进的面向青年人的“牵手”（connexions）机构，其一项重要职能即是与学校配合，为学生提供职业服务。[①] 并且国外逐步确立起了“全纳”的职业指导理念，强调“无论孩子和成人，都需要得到来自他人的帮助，才可能做出人生决策，这种帮助就是指导”[②]。这种从小就接受的专业职业指导，为孩子确认自己的优势，形成自己的职业定向有很重要的帮助，也为他们进入大学合理选择课程和专业提供重要条件。参照国外职业指导的经验，我国应尽快建立社会职业指导体系，从小对孩子进行专业的职业指导，帮助他们形成自己的职业定向，从而在读大学时能够更好地行使专业选择的权利。

---

① Department for Education and Employment. Connexions: The Best Start in Life for Every Young Person [R]. Nottingham: DfEE, 2000.

② 邓宏宝，菲尔·贝尼斯. 国外职业指导的两难与中国的抉择 [J]. 外国教育研究，2005 (4): 74.

第六章 我国高校本科专业设置利益相关者共同治理模式构建

我国高校本科专业设置的特殊性决定了我们不能照搬美国高校完全自主设置专业模式，但在市场经济条件下也不能延续传统的政府主导模式。本部分将在介绍法国和日本高校学科专业设置改革的基础上，分析我国高校本科专业设置的特殊性，然后提出我国高校本科专业设置主体关系模式的构想。

一、高校本科专业设置主体关系模式构建的背景分析

（一）国际背景——其他国家的改革经验

在第四部分分析了高校本科专业设置主体关系的三种主要模式，分别是以日本为代表的“政府主导”模式、以美国为代表的“市场主导”模式和以法国为代表的“欧洲模式”。随着高等教育管理体制改革的推进，法国以及日本的高校学科专业设置管理体制也在不断改革之中，并且呈现出一致化的改革目标。这里主要分析法国和日本的改革经验，以整体把握国际高校学科专业管理体制改革的趋势。

1. *法国改革的经验*

法国是世界上诞生高等教育较早的国家之一，在较长的历史时期中，对欧洲的一些国家和地区，如英、德、东欧国家的高等教育曾产生过较大的影响。但在英国的牛律、剑桥两大学诞生后，它的影响逐渐衰退。近世以来，法国高等教育尽管发展速度较为缓慢，但它仍以其中央集权、严格筛选制等特色丰富了世界高等教育。① 法国高等教育范畴的教育形式灵活多样，包括全日制的综合大学、“精英教育”的高等专业学院②（这类学校又称为“大学校”。学校为获得“法国学士”的学生或已学习 2 年时间准备课程的学生开设专门课程，提供至少 2 年的专门教育。第 1 年进行综合性教育，随后重点培养学生的应用能力和独立工作能力。高等专业学院的学制一般为期 3 年。这些学校一般规模不大，但声誉很高，许多高级官员、学者、工程师、

---

① 张宝泉. 高等学校管理比较［M］. 长春：东北师范大学出版社，1998：50.

② 杨波. 德、法两国教育体制及就业机制考察与分析——赴德国、法国考察报告（一）［J］. 华北工学院学报：社会科学版，2001（2）：87.

企业管理人才都毕业于此类学院。高等专业学院的毕业生一般都被授予“工程师”或其他专业资格证书，获得此类证书的学生也可转入大学进行第三阶段的学习。)、短期工程学院大学、高级技师学校等形式，其中前两者为主体①，本研究所指法国（大学）高校主要是指全日制的综合大学。

法国自1806年开始，就建立了中央集权的教育管理体制，中央集权成为法国教育体制的基本特征。“大学的管理结构、课程、学位要求、任命教师的程序，所有这些事项都是在中央一级的，只给学院和各大学留了很少的自主权。”② 这种状况导致法国大学缺乏自主性和活力，压制了教师和学生参与学校管理的积极性，大学内部管理的自主化与民主化程度不高，最终导致法国大学发展越来越困难，与社会的关系越来越疏远，大学生所学知识和能力不适应社会需求，就业形势越来越不乐观。因此，法国民众尤其是大学生群体都希望法国高等教育管理体制能够尽快变革，以增强法国高等教育的活力。但是，在传统的高等教育价值观及集权式管理体制下，法国大学教育改革比较缓慢，这最终导致了1968年5月的“五月学生风暴”，该事件促使法国政府开始了艰难的高等教育管理体制改革，一系列的改革对高校学科专业设置也产生了重要的影响。

（1）改革的目标。

抛开政治与文化的因素，法国“五月学生风暴”爆发的直接原因是在中央集权的统治下法国大学管理落后，课程教学内容不合时宜，学校中权威性过强，学生学习的主体地位得不到体现。因此，从1968年11月颁布的《高等教育方向指导法》开始，法国的高等教育管理改革就一直在朝三个目标迈进：①推进高校自主，强化高校之间的竞争；②吸引社会参与，密切高校与社会的联系；③给予学生选择的权利，尊重学生的主体地位。这三个目标与高校学科专业设置都有一定的关系。具体分析如下：

第一，高校自主。受法国传统政治文化和价值观的影响，法国的大学一直处于政府当局强有力的领导之下，高度中央集权，以国家来保障教育公平以及大学机构之间的平等。因此，法国大学的自治一直较弱。③ 体现在高校专业设置上就是专业设置权力一直掌控在国家手里。高校自主的改革目标本

---

① 陈通，任明，宫立新．法国大学治理模式及对我国的启示［J］．西安电子科技大学学报：社会科学版，2006（4）：82.

② 约翰·范德格拉夫，等．学术权力——七国高等教育管理体制比较［M］．王承绪，等，译．杭州：浙江教育出版社，1989：57.

③ 陆华．建立“新大学”：法国高等教育改革的逻辑［J］．复旦教育论坛，2009（3）：63.

身就包含着赋予高校自主设置专业权力的含义，让高校在专业、教学等方面能够自行设置专业，制订教学计划，决定教学方法、考试及考查方式等。

第二，社会参与。在中央集权管理下，法国高校管理的社会参与程度很低。从高校外部来看，在欧洲高等教育传统的影响下，法国大学与社会分离，较多地封闭在象牙塔中，大学的职能仅限于培养人才。从高校内部来看，长期以来法国高校的内部事务都由少数知名教授掌控，社会力量参与高校内部管理的机会比较少，由此导致高校与社会的联系不是很紧密。体现在学科专业上，就是“大学教学重理论、轻实践，有些学科落后于社会发展的需要，毕业生面临较大的就业压力，大批的学生认为‘毕业就等于失业’‘前途暗淡’”①。所以从1968年开始，法国的高等教育改革就一直努力把大学与社会联系起来，吸引更多的社会人士参与高等教育管理。正如布鲁贝克指出的那样“就像战争意义太重大，不能完全交给将军决定一样，高等教育也相当重要，不能完全留给教授们决定”②。社会参与的改革目标就是促进高校教师、学生以及其他社会力量共同参与高校事务管理，以加强高校与社会的联系，改变大学长期封闭的传统。

第三，学生选择。在教育民主思想的影响下，法国大学生的主体意识都比较强。在“五月学生风暴”中，他们强烈要求改变法国高校内部传统的权威型师生关系，参与到与自己切身利益相关的事情中去。时任总理蓬皮杜也指出，必须“让学生广泛参与安排自己的工作和安排自己的未来”③。因此，自改革启动以来，推进学生入学选择、课程选择的努力一直没有停止。最近，在法国前总统萨科齐亲自推行的高等教育改革中，“入学选择”还是最重要的一个改革领域。

（2）改革的途径。

第一，立法。在法国高等教育发展史上，有几部比较重要的法律，都对高校学科专业设置产生了影响。其中1968年11月颁布的《高等教育方向指导法》提出高等教育要贯彻“自治、参与和多科性”三原则，即“法国大学由教学与研究单位组成，在行政、财政、教学方面享有自主权，大学可在设有多种学科的前提下有自己的主攻方面，校内外各类人员民主参与大学的

---

① 廖萍. 法国“五月风暴”及其对高等教育影响的历史考察［D］. 苏州：苏州大学，2005.

② 约翰·S. 布鲁贝克. 高等教育哲学［M］. 王承绪，等，译. 杭州：浙江教育出版社，1987：32.

③ 乔治·蓬皮杜. 恢复事实真相——蓬皮杜回忆录［M］. 龚元兴，译. 北京：世界知识出版社，1984：189.

管理”。所谓“自治”就是在遵守国家法律的前提下，高校在内部管理、教学和科研组织、人事安排、经费分配等方面享有广泛的自治权；所谓“参与”是指学生、教职员工及社会有关人士均有权以一定的方式参与对高校的管理；所谓“多科性”是指每所学校在继续保持自己专业特长的同时，努力向多学科、跨专业的综合方面发展。① 该法对高校学科专业设置的影响主要有以下几个方面：高校在学科专业设置方面有了一定的自主权，可以确定自己的优势学科（主攻方面）；为了强化人才培养与社会人才需求的关系，注重社会人士参与高校学科专业设置的决策；为了应对社会经济发展的需求，注重综合学科专业的发展；为了要学生更好地就业，大学要保证对学生就业方向的指导，使他们有最好的职业活动的选择，使职业出路与大学提供的教学互相适应。1984 年颁布的《高等教育法》进一步提出：高校学科专业设置必须改变过于注重理论的现象，要加强职业性，要加强与企业的联合办学。同时，在社会参与方面提出了一些具体的策略，其中对大学内部校务委员会、校科学委员会和学业与大学生活委员会的人员构成进行了具体规定：“校务委员会的名额分配如下：教师、研究员的代表占 40% ~50%；校外知名人士占 20% ~30%；学生代表占 20% ~25%；行政、技术、工人和服务人员的代表占 10% ~15%”；“科学委员会的名额分配如下：校内人员代表占 60% ~80%；第三阶段的学生（即研究生教育阶段）的代表占 7.5% ~12.5%；校外知名人士占 10% ~30%”；“学业与生活委员会名额分配如下：教师—研究员、教师和学生的代表占 75% ~80%，其中学生和教师—研究员、教师的代表人数相等；行政、技术、工人及服务人员的代表占 10% ~15%；校外知名人士占 10% ~15%”。②《高等教育法》在大学学科专业设置方面的影响主要体现在两点：①增强了学科专业设置的职业性；②以法律形式保证了社会参与的达成。但是，这部法律也带来了一些问题，主要包括大学校长在协调三个委员会方面耗费了大量的精力，决策效率不高；大学内教授的影响力在降低，有悖于欧洲的高等教育传统。于是 1986 年法国又提出了一个新的《高等教育法》草案，增加了教授在各委员会的比例，以保证教授在大学中的地位和影响力。还有就是强化了高校的经费自主权和教学自主权，规定“各大学可在一定范围内自行确定本校的注册费（法国大学无学费，每学年仅收少量注册费）；在教学方面，高校可以颁发自己的文凭，组

① 许庆豫，葛学敏. 国别高等教育制度研究［M］. 徐州：中国矿业大学出版社，2004：45 -78.

② 吕达，周满生. 当代外国教育改革著名文献：德国、法国卷［M］. 北京：人民教育出版社，2004：178.

织教学和科研”[①]。

2007年8月法国议会两院通过了《大学自由与责任法》，进一步推动大学自治。该法案要达成三个目标：首先要提高高等教育的质量，改善综合大学的吸引力，具体则要降低本科阶段的学业失败率，缩短毕业生找到第一份工作所需要的时间；其次是要摆脱目前大学治理结构的瘫痪状态，加强校长的职能和权力；最后则是要提高法国大学的国际竞争力，改善法国大学在国际排名的地位。[②] 在这项法案中，与本科专业设置相关的目标是第1条：“降低本科阶段的学业失败率，缩短毕业生找到第一份工作所需要的时间。”为了达成这一目标，法国政府赋予大学一项新的使命：主动向高中提供分流定向咨询。大学要主动提供各个专业的详尽情况以及高中生选择更适合自己的方向（比如让他们了解要想成功修完某门专业课所需掌握的基本知识），特别是让他们知道学习某一专业的就业出路的情况。[③] 这项使命明确要求高校要增加专业的透明度，为学生的就业负责。

第二，机构改革。法国在历次的高等教育改革中，通过机构改革实现了三个目标，其一是学科专业的综合化；其二是社会参与高校学科专业设置决策；其三是推进高校自治。长期以来，法国高校的学科专业发展都是孤立、封闭的，学科之间的融合很难实现。从高校外部来看，法国大学中的科研机构大多附属于国家科学研究中心（CNRS），并非由大学直接管理。CNRS既是行政管理部门又是研究机构，一方面负责分配科研项目和经费，另一方面又与大学合办实验室或研究小组。[④] 从高校内部来看，自1896年高等教育改革以来，法国大学形成了一种院系结构，即文、理、法、医、神五个学院组成一所大学，各学院之间互相封闭，差别巨大，各自为政。“作为学院代表的院长成为大学的真正负责人，大学只是一个空架子”，“系和其他组织形式没有任何实际权力，不掌握任何经费……校长，作为国家官员，主持大学理事会，只有象征性的代表权”。[⑤] 这种状况直接导致了科研与教学的分离，不

---

① 许庆豫，葛学敏. 国别高等教育制度研究［M］. 徐州：中国矿业大学出版社，2004：45－78.

② 刘敏. 解析法国高等教育改革趋向——综合大学迈向“自治”［J］. 比较教育研究，2009（9）：60.

③ 刘敏. 解析法国高等教育改革趋向——综合大学迈向“自治”［J］. 比较教育研究，2009（9）：62.

④ 卢乃桂，徐岚. 法国高等教育管理体制变革中的教师学术职业［J］. 高等教育研究，2008（1）：93.

⑤ 邢克超. 大学发展的一个新阶段——法国高等教育管理十年改革简析［J］. 比较教育研究，2001（7）.

利于学科专业的综合发展。为了实现学科专业的综合化，1968 年的《高等教育方向指导法》就提出：大学由“教学与科研单位”组成，取消了院、系、讲座的建制，大学成为两级结构，高校的基层单位为“教学与科研单位”，这样就从法律上规定了高校教学和科研并重及互相促进的关系，保证了高校对科研的重视，为法国科研的前进开辟了新的局面。而且各教学与研究单位可以确定“各自的教学活动、研究计划、教学方法、检查和考核知识与能力的方式”①，这样就改变了以往一切由国家统管的局面，赋予了大学较大的学术自治和学术自由，其结果是“以往那些需要联系，但是在旧的学院内无法结合的各类学科的学生、教师和研究人员，如今在制度上都能保证他们有机地结合起来”②。

为了推进高校与社会的联系，法国在高校内部管理机构方面进行了多次调整。1968 年的《高等教育方向指导法》提出大学是“公立科学文化性机构，由选举产生的理事会管理，由该理事会选出的校长领导”，“校长必须是教授，任期 5 年，不得连任”，“理事会由教师、研究人员、学生、行政和其他人员组成，还要有一定比例的校外人士参加”。③ 这项规定打破了高校封闭办学的惯例，在机构设置上开始注重高校外部人士的参与。随着众多人员参与大学的管理，大学改变了以往孤傲的象牙塔角色，开始注重外界的反馈，改进自身以提高其适应社会、服务社会的能力。“无论是教育和科研单位还是各个大学都开始了结构上的变化，并增强了适应性。”④ 2007 年颁布的《大学自由与责任法》要求综合大学采纳新的“治理”结构，治理结构改革的具体措施主要包括：将大学主管行政的行政委员会组成人数从目前的 30 ~ 60 人减少到 20 ~ 30 人，并在人选上增加校外成员，特别是地方政府（尤其是大区）、经济界及企业的代表。⑤ 为了推进高校自治，1984 年法规定设立校务委员会、科学委员会及大学生活委员会，建立大学校长选举机制，为高校自治奠定了一定的机构基础。

第三，管理机制调整。法国高等教育历来有重视政府控制的传统，在扩大高校办学自主权的同时，如何强化政府对高校的间接控制也是法国政府一

① 瞿葆奎，张人杰．法国教育改革［M］．北京：人民教育出版社，1994：158．

② 邢克超．法国战后教育研究［M］．南昌：江西教育出版社，1993：187．

③ 瞿葆奎，张人杰．法国教育改革［M］．北京：人民教育出版社，1994：161．

④ 约翰·范德格拉夫，等．学术权力——七国高等教育管理体制比较［M］．王承绪，等，译．杭州：浙江教育出版社，1989：67．

⑤ 刘敏．解析法国高等教育改革趋向——综合大学迈向“自治”［J］．比较教育研究，2009（9）：60．

直考虑的问题。如何协调高校自主与政府控制之间的关系，是法国高等教育改革的核心问题。为了解决这个问题，法国政府的高等教育管理机制也在不断调整之中。一般来说，法国政府通过其所掌握的六大类工具对高等教育的发展起导向作用：①部长的言论。作用虽然有限，但有时很有作用，如欧洲建立共同高等教育空间的“博洛尼亚进程”，即是部长们的言论推动而成的。②法律、法规。国家的规定越细，对高等教育的约束力越强。③财政拨款。④监控。⑤评估。与监控不同，评估关注的是高等教育质量，而不是是否符合规定。国家认证大学的教学质量和实验室研究质量，通过评估发放文凭授予证。⑥合同。指一种格式化协议，是国家管理大学的合同。[①] 过去，法国政府主要通过法律、监控等机制来管理高校，现在主要通过评估和合同管理，其中合同管理已经成为独具特色的高等教育管理机制。这种合同每四年签订一次，法国教育部为此将全法国分成四个部分，教育部每年与四分之一地区高校签订合同，以此明确双方的责、权、利，处理政府与大学之间的关系。法国教育部官员认为，实行合同制管理大学，一方面可以确保国家对大学的监督管理；另一方面，也保证了大学办学自主权能得到落实，是法国解决高等教育既要完成公共服务任务又要保障学校自主权的可行方法。合同内容涵盖学校任务和学校内部管理，包括了一所大学工作的所有部分。学校任务分为三大类：教学和科研、国际化以及学生生活。学校内部管理包括人事、设施、文化和信息等方面的管理。签订新合同时，需要对前一合同执行和落实情况进行总结，写明前面目标是否实现，没实现是何原因，根据上一合同执行情况提出学校今后的发展方向。在合同中，需要明确未来工作细节，提出工作重点。例如，关于教学任务，必须指出教学的重点，准备开设什么新课，后四年要颁发什么文凭，怎样保证质量等。这种合同草稿由大学提出，交教育部评估。教育部负责科研的官员考察大学实验室，高教司官员重点检查文凭发放质量，国际关系司和人事司官员等分别考察有关内容。在这一过程中，教育部官员会同大学进行非常坦率的讨论和谈判，指出和要求学校应改进的工作。合同共 40 多页（不包括附件），教育部审批合同的时间限为一年，现拟将审批时间改为 10 个月。学校草拟的合同稿提交后一旦通过，国家就予以承认。国家如批准合同，就等于承认并投资。对于学校没提出的一些工作教育部会提出，学校加进合同稿中。为保障合同顺利执行和按时保质完成，法国教育部通过评估对大学落实合同规定进行管理，为此会动

---

① 郭德红. 合同制成法国高等教育重要管理工具［N］. 科学时报，2008 - 01 - 15 (B03).

用所有的评估机制。①

（3）改革的成效及启示。

整体来看，法国学科专业设置管理改革一直围绕一条主线进行，就是赋予高校专业设置自主权，让学生选择，鼓励高校之间展开竞争，增加办学活力，发展综合学科，密切高校与社会的联系。而在欧洲传统大学理念的影响下，“法国的高等教育改革历来都会受到来自教师和学生团体的抵制，因为担心改革会造成大学之间的区别化以及危害法国的平等对待的原则”②。法国的学生和教师协会一直反对高等教育改革的“非法国式”的实践，他们认为“政府想让大学互相竞争而放弃其责任”③。所以，尽管多年来，法国政府一直在努力调整高校与政府的关系，试图赋予高校更多的自主权力并承担更多的责任，但实际上进展一直不大。而法国大学由于缺乏自治权力以及对政府投入的高度依赖，无法真正掌控自己的命运，正在困境中苦苦挣扎，大学的国际竞争力在逐步下降，大学生的失败率和失业率也高居不下，大学正在失去对青少年的吸引力。根据法国官方的统计，每年有 9 万大学生没有获得学位就离开了教育系统，第一年在大学注册的学生中有 50% 在一年的学习后处于失败的境遇，而经过四年大学学习获得学位的学生中有 53% 在毕业一年后仍在找工作。④

法国大学，或者说欧洲大陆的大学体系，如他们的社会价值结构一样，注重公平和平等。欧洲体制的传统，使各国政府一直在促使每个层次的各个机构获得真正的平等地位，甚至还促使不同层次机构之间的地位趋于平等。⑤通过改革让大学竞争，可能导致的大学层次分明、质量相差悬殊的局面是与法国的传统价值相违背的。所以，在“学科逻辑”⑥ 和市场逻辑之间，法国

---

① 郭德红．合同制成法国高等教育重要管理工具［N］．科学时报，2008－01－15（B03）．

② Musselin C. France ［A］//Forest J J F, Altbach P G （eds.）. International Handbook of Higher Education：Part Two, Regions and Countries ［M］. Netherlands：Springer, 2006.

③ 郑拓．萨科齐亲自再造法国大学体制［N］．东方早报，2007－06－28（A20）．

④ Nouvelle Université. Pourquoi la réforme de l'université ［EB/OL］. 2009－06－18. http://www.nouvelleuniversite.gouv.fr/-pourquoi-la-reforme-de-l-universite-.html.

⑤ 约翰·范德格拉夫，等．学术权力——七国高等教育管理体制比较［M］．王承绪，等，译．杭州：浙江教育出版社，2001：183．

⑥ “学科逻辑”是指：高等教育预算、资源分配都是基于学科的，没有地方将一个大学视为一个整体，获得教育部资源的最好方式就是提交各学科计划。参见陆华．建立“新大学”：法国高等教育改革的逻辑［J］．复旦教育论坛，2009（3）：64．

政府为摆脱大学危机一直试图推行市场逻辑，而在传统理念和价值观的影响下，很多民众又担心市场逻辑会侵害社会所恪守的公平与平等的基本价值，所以总是本能地抵制政府的改革，希望继续遵守学科逻辑。所以，法国政府虽然一直在推进改革，但实际上改革的效果都不是非常理想。

虽然法国高等教育改革在传统价值观的影响下进展比较缓慢，但是其努力的方向也能够给我们一些启示。首先，政府一直在通过各种努力改变自身的定位。政府不应通过行政命令管理大学，而应该作为重要的利益相关者即出资人、立法者的身份出现，譬如政府可通过董事会实现政府的目标和意图，从而影响大学的行为；政府也应改变对大学的管理方式，由直接管理向间接调控转变，即政府通过制定高等教育等的相关法律法规和决定董事会成员等方式引导大学的发展方向、影响大学的决策，以实现大学自治和政府调控的有机结合。[①] 其次，重视利益相关者的参与管理。大学治理是通过一套包括正式与非正式、内部或外部的制度或文化来协调大学与所有利益相关者之间的利益关系，以保证大学决策科学化，从而最终实现大学的目标。[②] 再次，注重学科专业与社会的联系。法国历次的高等教育改革都在强调高校对大学生就业的责任，要求淡化理论倾向，增加职业倾向。最后，引入竞争机制。比如，萨科齐推行的高等教育改革措施涉及入学选择、学费、私人赞助和大学间竞争等领域。学生的选择权、经费的划拨等是大学竞争的前提。

2. 日本改革的经验

日本现代高等教育发轫于19世纪末期，与我国一样，是在学习欧美的基础上逐步发展起来的。1877年4月12日，日本历史上第一所近代大学——东京大学由东京开成学校与东京医学校合并而成。日本教育史学者大久保利谦认为，东京大学的成立是日本“近代大学史上的划时代事件，可以看作是最早出现的欧美型大学”[③]。

发展到现在，日本高等教育已经形成了类型多样、层次分明的高等教育结构。从所有制结构来划分，日本的高等学校分为国立大学、公立大学和私立大学三种类型。国立大学由文部省直接管理，公立大学由地方管理，私立大学虽具有法人资格，但许多方面要接受文部省的管理。国立大学经费由文

① 陈通，任明，宫立新．法国大学治理模式及对我国的启示［J］．西安电子科技大学学报：社会科学版，2006（4）：85.

② Gayle，Dennis Jone Tewarie. Bhoendradatt Governance in the Twenty-First-Century University：Approaches to Effective Leadership and Strategic Management［M］．San Francisco：Jossey-Bass，2003，30（1）：1－113.

③ 大久保利谦．日本的大学［M］．东京：玉川大学出版部，1997：229.

部省核拨；公立大学经费由地方政府核拨，国家给予补助；私立大学经费由学校法人捐助，国家给予补助。[①] 日本高等教育发展是采取国家办好少数高水平国立大学，依靠私立高校实现高等教育规模扩张的策略。比如 1999 年，日本私立高等教育机构数与私立高等教育机构在校生数分别达到了日本高等教育机构与在校生总数的 75.9% 和 75.0% 。[②] 从层次上来划分，日本高等教育的层次结构有一个历史变化过程。1903 年，日本《专门学校令》颁布之后，主要分为大学和专业学校两类。两者的区别主要在于：大学“传授法学、理学、医学、文学等多科专门知识”，专门学校“传授一科专门知识”。[③] 1918 年的《大学令》公布之后，很多办得比较好的专门学校升格为私立大学，大学层次结构发生了变化。在《大学令》等有关高等教育法令之基础上形成的日本近代高等教育体制主要由四种机构组成，它们是大学、专门学校、高等学校与高等师范学校。这四种类型的高等教育机构在学制上各不相同，构成了一个复杂的高等教育体系。高等学校是最具日本特色且跨中等教育与高等教育两个阶段的教育机构。高等学校直接招收小学毕业生，学习年限七年，前四年为普通科，实施中等教育，后三年为高等科，实施高等教育。高等学校的毕业生或升入大学，或升入设在高等学校内的专门学科。大学主要招收高等学校毕业生和预科学生（预科的学习年限与高等学校的高等科相同），学习年限三年（医科四年）。专门学校招收中学毕业生，学习年限 3 ~4 年。男子高等师范学校与女子高等师范学校分别招收普通中学与高等男、女学校毕业生，学习年限均为四年。[④] 因为办学条件的差异，四类教育机构层次差异明显，国立大学处于金字塔的顶端，私立专门学校处于垫底的位置。

二战后，日本高等教育根据美国模式进行了全面的改造，在建立“新制大学”的过程中，对原有多种类型的高等教育机构进行了合并、调整，最终形成了以大学、短期大学和高等专门学校为主要类别的高等教育层次。其中大学是战前办学基础比较好的高等教育机构整合成立的本科大学，分为综合大学、医科大学、工科大学、农科大学、学艺大学等类别；短期大学是由办学条件差、教育质量低，不能合并、改组为本科大学的高等教育机构转化而

① 陈田初. 日本的高等教育管理［J］. 中国高等教育，1991（11）：48.

② 日本文部省. 文部统计要览［M］. 东京：大藏省印刷局，2000：2 -8.

③ 细谷俊夫，等. 新教育学大事典：7［M］. 东京：第一法规出版株式会社，1990：17.

④ 胡建华. 百年回顾：20 世纪的日本高等教育［J］. 南京大学学报：哲学·人文科学·社会科学，2001（4）：154.

来的，短期大学以私立居多，并且出于办学成本的考虑，在学科专业设置上往往偏重“文科”，以文学、法政商经（即法律、商学、经济等社会学科）与家政三学科为主。高等专门学校则是根据社会经济发展对理工类专门人才的需求而设立的，“高等专门学校招收初中毕业生，实行五年一贯制，集中等教育与高等教育于一体”①。本文所指的日本高校主要是本科大学层次。

（1）改革的目标。

根据前文的分析，我们知道二战前，日本高校学科专业设置往往是“国家利益”至上的，政府根据国家社会经济发展的需要调整学科专业设置，通过“敕令”的方式干预和控制高校学科专业设置。比如1960年日本科学技术会议在《关于十年振兴科学技术基本方案的报告》中指出，在国民所得倍增计划期间缺少大约17万理工科大学毕业生。日本理科学生的比例低于欧美发达国家，欧美发达国家文科与理科大学生的比例一般为3：2和1：1，而日本仅为2：1.3。因此增加理工科学生数量是高速经济成长期日本政府发展高等教育的一项基本政策，体现在高等教育的学科结构上就是增加理工科学生比例和降低文科学生比例。在政府的干预下，在1960年到1970年的10年间，文科类学生比例从15.4%下降到12.7%，工学类学生的比例则从15.4%上升到21.1%。② 在国家利益至上的理念下，高校自主权力非常小，高校学科专业设置雷同、没有特色与个性，很难适应多样化的教育需求。所以，日本高校学科专业设置改革的基本目标有如下几个：增加高等教育活性；回应社会需求；满足学生需要。

第一，增加高等教育活性。通俗来说，增加高等教育活性就是下放权力，让高校自主发展，并形成有效的竞争机制，以保证高等教育资源的分配效率。进入20世纪90年代，大学在国家发展中的重要地位不断促使日本改革传统的大学运营方式。1997年，文部省制订了“教育改革计划”，提出利用市场原理对高等教育机构进行改革，以自由竞争的市场调节为原则，推进高等教育的自由化、民营化，以保证社会资源配置的效率。

第二，回应社会需求。20世纪90年代以来，日本社会各界尤其是财政经济界关于推动教育适应未来的改革呼声高潮迭起。如1991年6月，日本经济同友会提出了《“选择的教育”——转换期的教育改革》报告；1995年4月又提出了关于学校合并的改革报告。就在这一报告提出的同时，日本经

---

① 胡建华. 百年回顾：20世纪的日本高等教育［J］. 南京大学学报：哲学·人文科学·社会科学，2001（4）：158.

② 全国教育调查研究协会. 战后30年学校教育统计总览［M］. 东京：行政株式会社，1980：72.

营者团体联合会也提出了《面对新时代的挑战：大学教育与企业的因应》报告；1996年3月日本经济团体联合会也提出了《面向创造性人才的培养：所需的教育改革与企业的行动》的报告；1999年4月，社会经济生产性本部社会政策特别委员会又提出了《选择·责任·连带的教育改革——以学校的机能恢复为目标》的报告等等。为了促进大学适应经济的发展，甚至企业系统还根据自己的标准做出了关于大学社会声誉的排行榜，并向社会予以公布，给大学也造成了相当的压力，从而促进了90年代以来各大学自身的改革。① 可见，日本高校本科专业设置改革在回应社会需求方面面临巨大的压力，如何与社会沟通，满足企业的需求，是日本高校本科专业设置改革必须解决的问题。产业结构的不断调整、分化与升级，要求高校培养更多的适应这种变化的既具有深厚的专业知识、技术基础，又具有宽广的视野和高度创造性的人才，这就向传统的学校人才培养目标提出了挑战，学校在回应社会需求方面需要做出切实的努力。

第三，满足学生需要。满足学生需要要求减少国家对高校本科专业设置的直接干预，以发展本科专业特色，形成个性，满足国民多样化的高等教育需求。到1998年高等教育的升学率已经达到68.3%，高等教育的普及使得学生的背景和需求朝更加多元化的方向发展，这就要求日本的高等教育满足学生日益多样化的学习需求。②

（2）改革的途径。

第一，立法。二战后，日本在美国的相关机构的帮助下开始了高等教育改革。其中1947年颁布的《教育基本法》奠定了战后日本教育发展的基本框架。《教育基本法》的制定实现了日本教育在指导思想及理念上的两个根本转变，即由战前的“敕令主义”转为战后的“法律主义”，由战前的臣民教育转为战后的国民教育。③ 以此为开端，日本政府不再直接干预高校的本科专业设置，而是通过立法等间接手段对高校进行宏观调控。1948年《教育委员会法》、1949年《文部省设置法》大大削弱了文部省的权限，较为一步到位地实现了教育的地方分权。然而，20世纪50年代国际国内形势的变化，地方分权的教育行政体制相应调整，以1956年的《地方教育行政组织经营法》为标志，不断加强文部省的权限，削弱地方的管理权，逐渐建立了中央集权与地方分权相结合以中央集权为主的高等教育管理体制，国家重视

---

①② 袁本涛. 教育新生：面向未来的日本高等教育改革［J］. 清华大学教育研究，2002（2）：29.

③ 胡建华. 百年回顾：20世纪的日本高等教育［J］. 南京大学学报：哲学·人文科学·社会科学，2001（4）：155－156.

运用法律手段管理高等教育。[1] 与此相适应，文部省加强了针对高等教育的立法。1956 年制定的《大学设置基准》，1974 年的《研究生院设置基准》，1975 年的《短期大学设置基准》《短期大学函授教育基准》，1991 年修订的《大学设置基准》等规章制度使得文部省对各类社会形式的高等教育机构的管理和控制有了法律保证。

第二，高校“法人化”改革。日本的国立大学与欧美的国立大学、州立大学不同的一个重要方面就是其国立大学长期以来属于国家行政组织的一部分，属于文部省的一个行政机关，没有独立的法人资格。这种制度严重束缚了大学在预算、组织、人事、运营等方面的自主权，致使国立大学缺乏活力，效率低下，不利于发挥大学的积极性。[2] 所以，日本高等教育改革的一个重要方面就是国立大学“法人化”改革。所谓国立大学的法人化就是使国立大学从国家行政组织中脱离出来，赋予国立大学在运营与管理上具有高度的自主、自律性权利并强化其自身面向社会服务的责任，给予国立大学独立的法人资格，成为如同自然人一样具有自身权利和义务的独立主体，减少国家行政部门的干预与统治，营造大学间相互竞争的环境，形成个性化的大学。[3] 国立大学法人化改革的目的就是让大学能够自主发展与自我负责，促进各大学充分发挥自身的优势，提高大学办学效益。高校法人治理另外一个目的就是允许社会人士参与高校管理，实现利益相关者共同治理机制，确立以校长、学部长为中心的运营体制，扩大校外人士参与学校的运营与管理范围。实现法人治理之后，各大学可根据学术研究发展动向以及社会的需求，自主设立或改废教育研究组织，自主重点投入相应的学科专业。

第三，大学课程改革。战后日本进行了两次重要的课程改革。第一次是 1956 年制定的《大学设置基准》，将“一般教育”引入大学课程，并使其具有与专门教育同等重要的地位。具体来说：①大学课程由四大类组成，即一般教育课程、外国语课程、保健体育课程和专门教育课程。②一般教育课程包括人文科学、社会科学与自然科学。③各类课程所占比例分别为，一般教育课程 29%（36 学分），外语课程 6.5%（8 学分），保健体育课程 3.2%（4 学分），专门教育课程 61.3%（76 学分）。[4] 这个课程体系在日本大学实

① 王勇. 法国、日本高等教育立法历史沿革的比较研究及对我国的启示［J］. 机械工业高教研究，2001（4）：87.

②③ 袁本涛. 教育新生：面向未来的日本高等教育改革［J］. 清华大学教育研究，2002（2）：33.

④ 田火田茂二郎，等. 战后历史与基本法规［M］. 东京：有信堂发行所，1970：198.

施了 40 年，影响了大学自主设置课程的积极性，不利于大学个性化发展。另外，由于一般教育课程基本上是由随新制大学改革而并入大学的原旧制高等学校、专门学校的教师任课，从而造成在新制大学内两种教师团体（专门教育课程任课教师和一般教育课程任课教师）对峙的状况。结果，对于一般教育制度的导入，不仅一般教育的任课教师，专门教育的任课教师也常怀不满。这种引入新制度的“消化不良”持续了半个世纪。① 因此，以 1991 年日本大学设置基准的改正为契机，废除原来全国统一的将一般教育科目与专门教育科目分别设置的制度（即原两年普通课程和两年专业课程分别设置模式），改由各大学自由决定课程的设置，以便学校根据人才市场需求的变化及时调整课程结构。从此全国各大学积极开展了课程改革，改组实施一般教育的教养部，实行四年一贯制的课程制度，教养课程由各学部共同协力充实。② 大学课程改革的主要目的是赋予高校自主设置课程的权力，发展高校特性。

第四，大学评价制度改革。大学评价制度的改革主要体现在两个层面，一是高校自评制度的建立。文部省在 1991 年修订《大学设置基准》时增加了自我评价的条款（第 2 条），要求各大学“对教育与研究活动的状况进行自我检查与评价，并公布评价的结果”。根据文部省的统计，到 1997 年国立大学的 100%、全部大学（国立、公立、私立）的 88% 开展了自我检查与评价工作。大学这一意识变化的原因主要有：关于促进公共机构信息公开法律的制定，18 岁人口急速减少所产生的大学办学危机感，媒体关于大学的评价（大学排序），一些国家正在进行的大学教育质量保障活动的影响，各大学为争取有限资源的竞争意识逐渐增强等。③ 二是引入第三方评估。第三方评估就是为了加强大学间的竞争、提高办学效益和质量而引进的一种管理手段。特别是随着国立大学的法人化，今后政府对大学的拨款也要参考社会对各大学的评价，尤其是科研经费，它要通过客观的公正、公平的第三方评估而确定，对于不同的学科，由各校申请，根据评估和审查结果，一旦选定了的优秀学科将给予连续 5 年的援助经费。近年来，实施校外评估的大学越来越多，1997 年时，全国有 99 所大学接受了校外评估，2000 年时，发展到 217

① 马越彻. 日本高等教育改革：回顾与展望［J］. 胡建华，译. 高等教育研究，2002（1）：95.

② 袁本涛. 教育新生：面向未来的日本高等教育改革［J］. 清华大学教育研究，2002（2）：30.

③ 马越彻. 日本高等教育改革：回顾与展望［J］. 胡建华，译. 高等教育研究，2002（1）：98.

所。而且这种评价结果大部分向社会公开，特别是对国立大学的评价结果，如2000年有82所国立大学接受评估，其中78所大学的评价结果公开发表。① 当初，决策者虽然对建立认证评估制度意见一致，但在采取何种认证评估机构上意见分歧。主要意见有三：一是采取国家认证评估机构的形式，二是采取美国式的社会团体认证评估机构的形式，三是采取英国式的独立认证机构的形式。最终采取了在日本现有国情的基础上，把美式和英式有机结合起来的形式。如上所述，日本主要的高等教育认证机构有大学评估·学位授予机构和大学基准协会。大学评估·学位授予机构原为文部科学省的下属机构，后政府把它从文部科学省独立出来，成为英国式的高等教育认证评估机构。而大学基准协会从一开始就是仿照美国模式设立的社会高等教育认证评估团体。② 目前，日本高校的第三者评估主要以这两个评估机构为中心展开。日本大学评价制度的改革是为了增加高校的透明度，建立完善的竞争机制。

（3）改革的成效及启示。

日本大学改革的一个重要目标就是要使日本高等教育在激烈的竞争环境中成为国家发展活力的源泉，并保证高等教育本身具有强大的国际竞争力，因而最大限度地利用教育资源、提高办学效益成为当前紧迫的课题。③ 所以，日本改革的核心就是国立大学法人化改革。但是，由于高等教育管理由政府主导的基本特征还没有改变，日本大学改革的成效并不是很显著。正如一位日本学者指出的“这种信息基本不公开、政府主导的国立大学法人化中存在着日本大学改革的危机”④。首先，假如像人们传言的那样，实施国立大学“独立行政法人化”后教师的身份将仍然是公务员，大学的财政预算也不低于现在的水平，那么这种改革对于国立大学来说只是“换汤不换药”，达不到提高竞争力的改革目的。⑤ 长期以来，根据日本《教育公务员特例法》的规定，国立、公立大学的教员是政府公务员，国家对教员实行年功序列的人事管理制度。这种人事制度具有封闭性的特点，这种封闭性被认为是日本大学教育研究活动停滞不前的重要原因，因为它不利于人员的流动与交流，导

---

① 袁本涛．教育新生：面向未来的日本高等教育改革［J］．清华大学教育研究，2002（2）：32.

② 徐国兴．日本高等教育质量保障体系的多样化、多元化和一体化［J］．高等教育研究，2009（5）：101.

③ 袁本涛．教育新生：面向未来的日本高等教育改革［J］．清华大学教育研究，2002（2）：34.

④⑤ 马越彻．日本高等教育改革：回顾与展望［J］．胡建华，译．高等教育研究，2002（1）：99.

致大学的近亲繁殖越来越严重。1996 年 10 月大学审议会向文部大臣提出了导入大学教员任期制度的咨询报告，以促进教员的流动和教育、研究质量的提高。同时，一些社会团体也向大学提出了打破封闭与保守、导入竞争机制的强烈要求。1997 年 6 月政府公布了《关于大学教员等任期的法律》（法律第 82 号）。① 但是这项改革遭到了教师的强烈反对，有些甚至绝食抗议，反对的人认为“制度的实施会导致雇佣不安、陷于业绩主义、从长远看不利于研究发展”。基于此，日本国立、公立大学的教师公务员身份并没有得到根本性的改变。其次，日本高等教育发展一直存在“国贵民贱”的现象，政府在财政投入等方面一直偏重于国立大学。在建立高校法人化的同时，如果不能实现国立（公立）高校与私立高校的平等竞争，那么这项改革也不可能取得很好的效果。

当然，日本在高校学科专业设置方面的改革也给了我们一些启示：①鼓励学校展开竞争，发展本科专业的特色与个性，避免高校本科专业设置的雷同，满足学生多样化的教育需求。②注重高校的分类分层次管理。每一类别高校在本科专业发展上有自己的定位与人才培养目标，避免高校本科专业发展的趋同性。在日本，大学、短期大学以及高等专业学校各司其职，保证了人才培养的层次性和多样性。③高校法人化改革。高校法人化改革是日本扩大高校学科专业设置权力的重要改革方面，为高校发挥自身优势，确定符合自身条件的优势学科提供了基础。另外，高校法人治理建立起的社会参与制度，也能够加强高校与社会的联系，回应企业系统对高校的要求。

（二）国内背景——我国高校本科专业设置关系模式构建的特殊性

1. 高等教育市场机制不健全

高等教育市场化有四条标准：①效率，公共服务要创造经济价值；②选择，消费者可以选择服务数量和质量；③责任，高等学校要考虑学生、企业和政府等股东的需求；④平等，教育服务的提供应以需要为基础，不要受到收入、社会经济地位和年龄等因素的影响。② 如果按照这四条标准来判断，很明显我国高等教育市场机制不健全，其中最明显的就是学生作为消费者的选择权利基本没有实现。根据前文的分析，高等教育市场的主体是高等教育服务的提供者——高校和高等教育服务的消费者——学生。尽管从 1999 年以来，我国高等教育通过连年的大规模扩招实现了高等教育大众化，但整体来看，我国高等教育仍处于卖方市场，即现有的高等教育服务数量远远不能

① 袁本涛. 教育新生：面向未来的日本高等教育改革［J］. 清华大学教育研究，2002（2）：35.

② 李盛兵. 高等教育市场化［J］. 高等教育研究，2000（4）.

满足高等教育需求的数量。如果从质量的角度来说，需求与供给的结构失衡就更为严重。所以，当一个学生进入高等教育市场时，他基本没有讨价还价的余地，只能被动地接受高校提供的高等教育服务。在这样一种情况下，高等教育市场是失衡的，高校与学生不可能有平等博弈的机会。这在一定程度上，成为我国高校学科专业设置问题的根源。

2. 高等教育发展路径的特殊性

我国高等教育大众化的实现方式与其他国家不同，从本科教育阶段来看，主要是通过挖掘原有本科院校的潜力来实现的。而美国、日本等国家更多是通过私立高等教育的发展来实现规模扩张的。这种通过国家实现高等教育大众化的路径，导致我国高等教育投入一直处于相对不足的状态，影响了高等教育服务供给的数量和质量。在国家投入不足、社会捐资助学不踊跃的情况下，我国采取的高等教育成本分担制度增加了学生的求学投资成本。按照经济规律，投资是需要回报的，大学毕业生都希望找到一份回报率高的职业，以获取更大的收益。在区域经济发展不平衡的情况下，我国大学毕业生为了获得更高的收益，往往趋向于到经济发达地区就业。于是，发达地区人才严重过剩，而落后地区又没有人才吸引力，我国高校人才培养出现了区域性过剩的问题。另外，在公办高校近乎垄断，公办高校之间又没有有效的竞争机制下，我国高等本科教育发展的同质化现象也比较严重。不夸张地说，几乎所有的本科院校都是11个学科门类齐全，而不同院校所开设的本科专业的课程设置也是大同小异。我国本科院校还没有形成合理的层次结构，人才培养计划是平面的，不是“立体的”“多样的”“个性的”。很多高校不管自身的办学条件，在学科专业发展方面也存在平均用力，追求大而全的现象，没有自己的优势学科或重点发展学科。① 在这种情况下，本科人才培养的“统一性”很难满足社会人才需求的多样性，导致了人才培养的结构性短缺。

3. 社会参与机制不完善

我国高校本科专业设置的主要流程是学校申报、政府组织专家论证审批。从学校申报的过程来看，高校一般由教务处负责专业申报的管理工作，教务处发出通知，学院转发通知，具体的教学组织单位系或教研室负责专业申报材料的撰写。② 系或教研室在考虑专业设置问题时更多是从学科建设的角度来考虑的③，很少考虑社会用人机构或其他利益相关者的需要。在回答

① 一些实力比较强的综合性大学可以实现多学科同时发展。

② 该流程是根据问卷统计和访谈归纳出的。

③ 有些规定的不合理性，也是导致很多高校学科专业发展平均用力的原因。比如，一个学科要申报硕士点，必须要满足有多少届本科毕业生等要求。

“学校近年来有到用人单位调研人才需求的情况吗?”的问题时，回答“有”的有 13 人，仅占 8.4%；回答“没有”的有 89 人，占 57.4%；回答“不清楚的”的有 53 人，占 34.2%（如表 6－1）。学校汇总各专业申报的材料后，学校一般设有学科专业设置评议委员会或学术委员会（学校内部人员构成），对各学院的专业申报进行评议，但一般都是在专业申报材料的格式上把把关，或者专业归属上有争议时进行协调，很少有不允许申报的情况。到省和国家教育行政部门，一般设有比较正式的学科专业设置委员会，以发挥审批功能。根据本书第三部分的分析，我们知道省和国家教育行政部门的人员构成基本以高校和教育部（厅）的领导为主，社会人士的构成基本可以忽略不计。所以，从整个过程来看，社会力量参与高校本科专业设置的机会基本没有。

表 6－1　学校近年来有到用人单位调研人才需求的情况统计结果

		Frequency	Percent/%	Valid Percent/%	Cumulative Percent/%
Valid	1	13	8.4	8.4	8.4
	2	89	57.4	57.4	65.8
	3	53	34.2	34.2	100.0
	Total	155	100.0	100.0	

4. 高校内部组织结构不合理

在分析我国高校本科专业设置调整缓慢的原因时，很多人认为高校没有获得自主设置专业的权力是根本原因。其实，从高校内部组织结构来看，高校专业设置依附于具体实体的组织结构也影响了高校专业设置的灵活性。我国高校的专业往往与一个教学系或教研室是同位一体的。因此一个专业就意味着有一支师资队伍、一批教学资源。在这种情况下，专业调整的阻力和成本往往比较大。阻力主要来自教师队伍的抵制，因为调换专业就意味着教师需要重新学习、重新适应，需要支付一定的成本，所以很多教师都习惯于固守自己原有的专业，不愿意主动改革。成本主要来自教学资源的淘汰与更新，一个办得比较久的专业往往积累了大量的办学资源，转换专业就意味着要淘汰已有的资源，重新购置新的资源，在办学成本的考量中，很多专业调整往往很难有效地推进。在美国，专业设置的灵活性主要在于他们相对合理的学科专业组织结构。一般来说，美国高校的专业是课程体系的组合。每个教师根据自己的研究兴趣开设相应的课程，然后参与到课程组合中，在这个过程中，若教师的研究与教学不再依附于某个专业，师资与教学资源的调配就可以更为灵活。我国在高校教学工作改革中，也一直在努力增加选修课的学分，但是归属于某一专业的教师开设全校选修课的积极性并不是很高。这与我国高校不合理的学科专业组织机构有密切的关系。

二、高校本科专业设置利益相关者共同治理模式建构

（一）利益相关者共同治理模式的提出

根据法国、日本改革的经验，考虑到我国高校本科专业设置的特殊性，我国高校本科专业设置主体关系模式必须建立利益相关者共同治理模式，以达成利益主体相互监督和约束，共同做出合理决策的目的。如果从高校本科专业设置的特点来看，我国目前的高校本科专业设置管理体制兼具早期法国和日本的特点，法国的中央集权、日本的国家利益至上等特点非常明显。这些特点所导致的高校本科专业发展缺乏活力、本科专业设置没有特色与个性等问题都在我国有所体现。但是与法国和日本相比，我国高等教育发展模式又具有明显的不同。法国一直遵循欧洲高等教育的传统，高校基本是公立的，学生入读公办高校只需交数额很少的注册费就可以了，高等教育发展以政府投入为主；日本高等教育是学习美国经验发展起来的，在保留政府对国（公）立高校控制的同时，私立高等教育非常发达，高校之间的竞争力度比较大。而我国高等教育发展模式是公办高校为主，民办高等教育发展还比较弱，学生入读公办学校的学费支出也比较大。所以，我国高等教育发展有其特殊性。最突出的特点是高校之间缺乏有效的竞争；学生作为高等教育的消费者没有选择的权利；社会力量基本没有参与高校事务管理的机会；政府统一管理面临既是“运动员”又“裁判员”的体制障碍。这几个问题，并不是孤立的，而是一个整体。在这种情况下，无论是政府主导还是高校自主都不能解决高校本科专业设置中存在的问题，建立利益相关者共同治理模式是当前最优的选择。

“利益相关者是能够影响一个组织目标的实现，或者受到一个组织实现其目标过程影响的所有个体和群体。”① 根据本书第二部分的分析，我国高校本科专业设置的利益相关者主要包括政府、高校、社会和学生。当前，从各利益相关者的地位来看，政府作为唯一的权力中心主导着高校本科专业设置的现象，亟待改变。而治理理论的核心内容之一就是要打破政府作为唯一管理机构和单一权力中心的现状，实现管理中心和权力主体的多元化。②

---

① Freeman R E. Strategic Management: A Stakeholder Approach. Boston MA: Pitman, 1984.

② 胡子祥. 高校利益相关者治理模式初探 [J]. 西南交通大学学报：社会科学版，2007 (1): 17.

在20世纪90年代以后，西方学者对公司治理的研究开始更多着落在利益相关者视角。他们认为公司治理的作用不仅包括调节股东与经理层的关系、大股东与中小股东的关系，而且还应该包括调节股东和其他利益相关者的关系，如债权人利益的保护、社区利益的保护等。① 公司治理的主旨应是在保护各利益相关者利益的前提下，实现公司价值最大化。国内利益相关者理论在公司治理中的运用，目前有两种观点②：一是利益相关者共同治理理论。该理论是在批评股东支配权理论的基础上发展起来的。共同治理理论反对股东是企业的最终所有者，强调企业的剩余权力应由股东、职工、供应商、用户等众多利益相关者共同分享。坚持共同治理理论的学者主张企业的存在不应只为股东的利益服务，而应当包含一些社会化目标，因而在企业剩余权力安排中也不赞成股东掌握最终控制权和剩余索取权的制度安排，他们认为让利益相关者，特别是那些投入了专用性人力资本的职工参与企业剩余权力分享，可能是一种更有效率的制度安排。二是股东主导下的利益相关者理论。该理论认为处于均衡状态的股份公司所有权是由股东与其他利益相关者共同分享的，但究竟谁是“其他利益相关者”，“其他利益相关者”应该分享多大比例的所有权等，这些问题是由股东根据股东利益最大化的要求决定的。从公办高校组织的属性来看，高校属于公共组织，没有明确的股东利益，所以高校本科专业设置更适用利益相关者共同治理理论。

国内学者与实践相关的研究以中国人民大学的杨瑞龙等为代表。杨瑞龙、周业安认为在政府扮演所有者角色的条件下，改制后的国有企业形成了“行政干预下的经营者控制型”企业治理结构。这种治理结构使国企改革陷入了难以摆脱的困境：一是由于政府追求的目标是多元的，当由政府对企业实施所有权约束时便会陷入“管”则干预过多，“不管”则失去控制的两难之中；二是信息不对称，经营者处于谈判的有利地位；三是行使监督权的政府官员可能与经营者合谋，侵蚀国有资产；四是职工和小股东难以行使监督权，其利益易受到损害。为克服这些难题，需实现企业治理结构的创新，其核心是扬弃“股东至上主义”逻辑，遵循既符合我国国情又顺应历史潮流的“共同治理”逻辑。这一逻辑强调，企业不仅要重视股东的权益，而且还要重视其他利益相关者对经营者的监控；不仅仅强调经营者的权威，还要关注其他利益相关者的实际参与。具体来说，就是在董事会、监事会中要有股东

---

① 杨瑞龙．西方发达国家企业治理结构及对我国企业改革的启示［J］．山东财政学院学报，2001（1）．

② 刘大可．股份公司所有权安排理论回顾与评析［J］．东岳论丛，2005（3）：193－194．

以外的利益相关者的代表，如职工代表、债权人代表。[①] 其实，我国公办高校也是政府扮演所有者的角色，国有企业治理的困境在高校本科专业设置中同样存在。主要表现在以下几点：①高校本科专业设置处于一管就死、不管就乱的状态；②高校本科专业发展的信息不透明，学生在选择专业时没有权威的信息来源，处于弱势地位；③政府监管者与高校很容易达成合谋，侵害求学者的利益；④学生和社会力量很难行使监督权，利益没有保证。所以，利益相关者共同治理理论是解决目前我国高校本科专业设置的有效理论工具。

（二）高校本科专业设置利益相关者共同治理模式的建构过程

根据前文的分析，当前我国高校本科专业设置还是在计划经济时代形成的政府主导的基于国家社会经济发展需求的管理机制。在高等教育成本分担制度实施、社会用人需求多元化、学科专业发展日益综合化的今天，这种管理机制已越来越不适应市场经济时代的高校本科专业发展。那么，我国高校本科专业设置的管理体制改革应如何调整？市场调节或高校自主能否解决当前高校本科专业设置中的问题？本部分将重点分析这些问题。

1. 高校本科专业设置中的“市场”作用有限

在计划经济时代，高等教育市场机制还没有形成，政府根据社会经济发展的人才需求向各高校下达人才培养计划，高校按照人才培养计划设立相应的学科和专业，学生毕业后由政府负责分配。进入市场经济时代，上述高校本科专业设置的过程由于不能有效满足高等教育市场参与者的需求，已经很难发挥应有的作用。于是，很多学者开始推崇市场的力量，认为高校面向市场自主设置专业是解决这个问题的最佳路径。但是，在分析的过程中很多人没有认识到高校本科专业设置中“市场”的特殊性。

高校作为一个公共组织，往往在多个市场中运行，“比如招生、科学研究、员工招聘和非学术性服务及资源”[②]，高校本科专业设置中的市场主要集中在招生方面，即满足学生的高等教育需求方面。高校本科专业设置市场交换的高等教育服务，从学生的角度来看，市场主体是高等教育服务的提供方——高校和高等教育服务的需求方——学生。[③] 高校在其他市场中运行的特征与一般意义上的企业没有多大区别。但是，在与学生利益密切相关的招生市场中运行时，由于学生的选择直接决定着消费者或纳税人的钱转移到哪

---

① 付俊文，赵红．利益相关者理论综述［J］．首都经济贸易大学学报，2006（2）：20.

② 佩德罗·泰克希拉，等．理想还是现实——高等教育中的市场［M］．胡咏梅，高玲，等，译．北京：北京师范大学出版社，2008：16.

③

里，因此高校本科专业设置中的市场运作就有其特殊性。

按照市场的基本原则，“市场中的每一个参与者都会对其他参与者需要的商品和出售中的商品的价格、质量和实用性的信息做出反应。每个参与者也都会通过行为或者交流发出自己的信息。参与者通过收集并处理信息为自己的决定提供依据”①。但是，我们知道在高校与学生的市场交换行为中，明显存在着信息的不对称。高中生通常很难知道他们真正学到了多少知识，更别说当他们申读大学时，能预期从一所从没见过的大学中学到什么，因此他们不可能做出明智的选择。他们几乎没有时间也没有足够的信息来分析他们所面临的选择，而且多数人的比较和分析判断的能力有限。在这种情形下，竞争未必能促使学生做出好的选择。相反，即使学生们将来接受的只是平庸的高等教育，他们也仍常常追逐那些表面有吸引力的课程或声誉高的学校。②这种信息不对称性会严重影响高校本科专业设置的质量，因为高等教育服务的提供者了解他们的服务，而高等教育服务的消费者不知道或无法获知产品的信息，信息的不对称性导致了交易中的不确定性，最终不会产生一个帕累托均衡点。所以简单地认为高校面向市场自主设置专业就能够解决问题的确有点天真。

另外，学生接受高等教育服务毕业后，学生还要进入人才市场以实现自己的收益。由此可以得出，学生是高等教育市场与社会人才市场的中介。或者说高校本科专业设置面临两个市场：一个是高等教育市场，另一个是社会人才需求市场。学生选择高等教育服务，毕业后到人才市场验证自己选择的正确性。学生到人才市场的就业情况会间接影响后来学生的选择，因此高校本科专业设置除了吸引学生就读外，还要考虑社会人才需求的状况。高等教育市场的竞争最终转化为高校本科专业设置能够适应人才市场需求的竞争。高校本科专业设置市场调节具有间接性的特点。

通过上面的分析，我们能够得出因为信息不对称性以及市场调节的间接性的存在，高校本科专业设置通过市场进行自我调节并不能带来专业设置的优化。在这种情况下，参与者共同治理是进行高校本科专业设置管理的唯一选择。参与者共同治理是在市场经济环境下，利益主体共同调节高校本科专业设置的过程。

2. 高校本科专业设置中的“高校自主”误区

根据前文的分析，高校也是理性经济人，“当前大学的商业行为正日益

---

① 高等教育发展会带来社会收益，因此国家也是高等教育服务的需求方。

② 佩德罗·泰克希拉，等. 理想还是现实——高等教育中的市场［M］. 胡咏梅，高玲，等，译. 北京：北京师范大学出版社，2008：69.

演化为大学的日常基本行为，影响着大学的职能和使命定位、大学的价值选择和发展方向”，“大学专业设置随波逐流，趋势、迎利、媚俗，对于市场一时的热门，不管自己是否具备条件，一窝蜂上……”，“大学还生编硬造出一些专业，冠以国际等桂冠，包装销售，高收学费，欺骗学生”①。为了经济利益，大学在专业设置上开始从传统专业（比如人文和社会科学专业）向以市场为导向的专业转型（比如电子商务、企业管理等专业）；为了获得政府更多的资助，高校都努力向研究型大学靠拢，教授只注重科研不关注本科教学，导致本科教学质量没有保证；为了获得有限的收益，大学不顾及自身的办学定位和追求，参与各个层次的高等教育和培训竞争等。上述各种现象都是大学迷失自身方向，过于追求经济利益的直接体现。因此，高校自主设置专业一方面需要自身的约束，另一方面也要有来自政府的监管和学生选择的压力。

从另一个方面来说，即使让高校自主设置专业，如果没有其他利益相关者的参与，高校也缺乏科学合理决策的能力。因为，高校也同样缺乏足够的信息来判断专业的质量。在一个对大学的经典分析中，科恩和马奇（Cohen and March，1986）认为大学是典型的“组织化的无政府主义者”，也就是说，它们不知道自己正在做什么！一个推动科恩和马奇形成组织化的无政府主义者表述的重要因素是大学教授对教育生产技术的粗略理解。教授缺乏将新生转变成受过教育的毕业生的核心生产过程的深入了解，借于此新生被转化成受过教育的毕业生，因此，在教学、学生学习和学术生产率上的提高是不稳定的也是不确定的。② 因此，高校虽然貌似在高校本科专业设置方面有专业权威，但实际上也不能准确把握高校人才培养的核心过程，仅靠高校自主设置专业也不是解决问题的良方。

3. 小结

通过以上的分析我们能得出以下一些认识：在市场经济条件下，高校本科专业设置管理延续以前的政府主导模式不利于高校本科专业设置的发展。但是，由于市场在高校本科专业设置领域的运行机制有其特殊性，市场并不能很好地发挥其资源配置的作用。即使在供求关系比较顺畅的实物交换领域，也存在“市场失灵”的问题。因此，在高校本科专业设置的质量认定上存在模糊性和间接性的情况，市场机制在高校本科设置中的作用将很难发挥应有的效果。在学生专业选择权力没有保障，社会参与机制不健全的情况

---

① 佩德罗·泰克希拉，等. 理想还是现实——高等教育中的市场［M］. 胡咏梅，高玲，等，译. 北京：北京师范大学出版社，2008：总序.

② 佩德罗·泰克希拉，等. 理想还是现实——高等教育中的市场［M］. 胡咏梅，高玲，等，译. 北京：北京师范大学出版社，2008：88.

下，高校自主设置本科专业也面临着“理性经济人”思维的侵蚀，并不能保障高校本科专业设置的质量，更何况高校自身基于专业的逻辑也不能判定一个专业质量的优劣。基于以上原因，我们可以得出高校本科专业设置是一个具有个人和社会收益的公共事务，无论是政府控制还是市场调节都很难发挥出其优势，不管是政府主导还是高校自主都不能解决其存在的问题。从部分发达国家改革的经验来看，合理确定政府发挥作用的领域，合理约束大学的自主权力，保障学生的选择权，吸引社会人士参与是重要的改革趋势。从中我们可以得出，利益相关者共同治理、相互制约，合理决策是高校本科专业设置管理体制改革的方向。

三、高校本科专业设置利益相关者共同治理模式的内涵及特征

（一）高校本科专业设置利益相关者共同治理模式的内涵

高校本科专业设置利益相关者共同治理模式的目标是通过各利益相关者共同参与的方式来激励竞争。我国高校本科专业设置存在的最大问题就是没有建立合理的竞争机制。在政府主导的高校本科专业设置中，高校本科专业设置是整齐划一的、垄断的，不能很好地满足顾客的教育需求。当然现代市场经济的发展也表明完全的竞争并不见得是最优的选择，哪里有竞争，哪里就需要调控已经成为常识。问题就在于有些调控是压制竞争的，有些调控是鼓励竞争的。而高校本科专业设置利益相关者共同治理模式希望能够建立一种鼓励竞争的机制。这就意味着政府需要从控制干预转变为监督和服务，给市场协调更多的空间，让利益相关者参与其中自己做决定，而不是受到严格的控制。

政府干预控制下的高校本科专业设置好比是设有红绿灯的十字路口①（如图6－1）。政府、高校、学生和社会在高校本科专业设置中行为都受“红绿灯”的控制。他们之间的联系只能是单向度的，缺乏共同参与决策的机会。在穿越十字路口的时候，还要时刻小心红绿灯颜色的变化，并且一旦通过，要想改变，就非常困难。政府是红绿灯颜色的控制者，其他三位利益相关者都在政府的规制下，不能随意穿过路口。

利益相关者共同治理模式的高校本科专业设置好比是没有红绿灯的环行路口（如图6－2）。在这个环行路口，政府不再需要编制复杂的交通灯控制程序，只需要确定一个简单的规则就能对来自四个方向的车辆进行有效的控制，从而保障交通的顺畅。以高校本科专业设置来说，在面对众多的利益相

① Van Asseldonk, Berger, Den Hartigh, 1999; Jongbloed, 2003A//佩德罗·泰克希拉，等. 理想还是现实——高等教育中的市场［M］. 胡咏梅，高玲，等，译. 北京：北京师范大学出版社，2008：106.

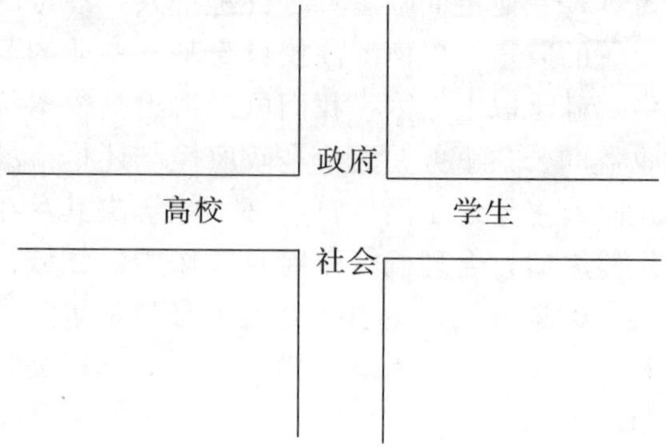

图6－1

关者时，政府想通过自己的干预满足利益相关者的需求是不可能的，唯一的选择是建立一种规则，让利益相关者通过相互作用建立高校本科专业设置的有效竞争机制，实现高校本科专业设置的共同治理。

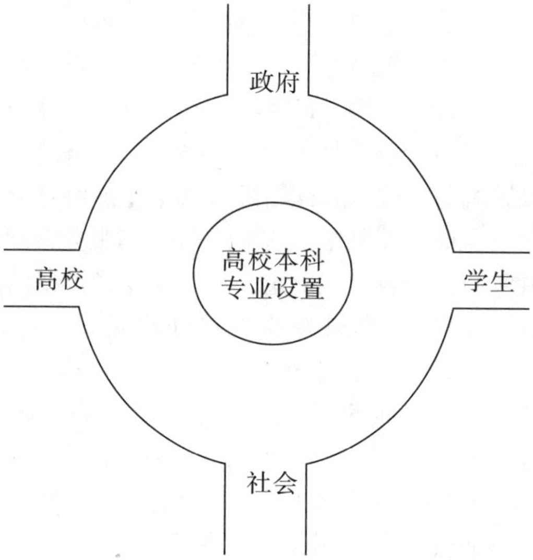

图6－2

（二）高校本科专业设置利益相关者共同治理模式的特征

1. 管理主体由过去单纯的政府变为由政府、高校、社会和学生各方有序参与的合作集体

在全能政府的归治下，我国公办高校还没有摆脱对政府的依赖，自我发展的能力还比较薄弱。由此导致我国大学与其他利益相关者的关系还很淡薄，社会参与大学治理的积极性不高。这主要表现在以下几方面：①作为一

个自治性组织，大学的管理多数情况下仍相对封闭，大学与其他社会组织之间还很难形成一种合作伙伴关系。②尽管大学生及其家庭支付的学费已经占到学校收入来源的20%以上，但学生在大学中的地位特别是大学生参与学校管理的途径和方式还很少。③校友和企事业单位对大学的捐资比例还很低。美国私立大学捐赠收入占大学总收入的比例一般为15%左右，公立大学捐赠收入占大学总收入的比例也达到5%左右，而我国公立大学捐赠收入占总收入的比例一般在2%以下，民办高校几乎没有捐赠收入。[①] 这种状况已经严重影响了我国高校的发展。

利益相关者共同治理模式是遵循新公共管理、公共服务理论以及治理理论“有限政府”的理念提出的，有利于去除政府作为唯一管制主体的传统桎梏，实现高校本科专业设置的共同治理。只有有限并且有效的政府才能保证其他利益相关者的自由，充分发挥他们在高校本科专业设置中的作用。正如1998年联合国教科文组织在巴黎召开的世界高等教育会议指出：高等教育本身正面临着巨大挑战，而且必须进行从未要求它实行过的最彻底的变革和革新，为了适应这一变革和解决所面临的问题，高等教育不仅需要各国政府和高等院校的积极参与，而且需要所有有关人士的积极参与，听取他们的要求和建议并接受他们的监督。[②] 为此，高等院校应做到以下几点：①高等院校应努力与家长、中小学、学生、社会经济界和社区建立积极的合作伙伴关系；②高等教育的管理和筹资要求高等院校和国家规划及协调机构之间在建立合作伙伴关系的基础上，提高必要的规划和政策分析能力和战略，以提高管理的效率和资源使用的成本效益；③考虑到高等教育重大改革和发展及其质量和针对性的加强，以及解决其面临的重大挑战，不仅需要各国政府和高等院校的积极参与，而且需要所有有关人士，包括大学生及其家庭、教师、商业界和企业界、公共和私营的经济部门、议会、传播媒介、社区、专业协会的积极参与，更需要高等院校为社会承担更多的义务，对公共和私人资金、国家或国家资金的使用负责。[③]

利益相关者共同治理模式可实现治理主体的多元化，也就是说高校本科专业设置既不是由政府说了算，也不是完全的“高校自治”。其治理主体主

---

① 李福华．大学治理的理论基础与组织架构［M］．北京：教育科学出版社，2008：214.

② 李福华．大学治理的理论基础与组织架构［M］．北京：教育科学出版社，2008：222.

③ 赵中建．21世纪世界高等教育的展望及其行动框架［J］．上海高教研究，1998（12）：5－6.

要包含来自于社会各个领域、各个层次的与高校本科专业设置有利益关系的主体。

2. 管理方式由单纯强调行政方式转变为法治、社会参与等方式的相互补充

在传统的高校本科专业设置中，政府处于权力的中心，对高校本科专业设置进行指令性的控制与管理。在管理方式上习惯于采取发号施令的行政指令方式，权力运行方向是自上而下的、不可逆的。这种方式为政府直接干预高校本科专业设置提供了畅通的渠道。在政府目标多元、行政能力有限的情况下，寄希望通过政府的行政力量管好庞大的高等教育系统基本是不可能的。实行多年的政府主导的高校本科教学质量评估并没有发挥保障本科教学质量的应有作用就是明证。利益相关者共同治理模式可以将政府的角色从高校本科专业设置的管理者转变为质量保障者和服务者的角色，给予其他高校更大的自主权，并且通过学生的选择和社会力量的参与对高校进行第三方约束。

所以，利益相关者共同治理模式意味着高校本科专业设置方式必须从单纯的行政控制方式向政府以法规制度、社会参与等方式转变。政府必须把指令、干预等方式转换为引导、协调等方式。政府要建立利益相关者共同参与治理的机制，为各利益主体沟通、交流、共同决策提供条件。

3. 管理目标从仅考虑行政效率转变为追求公平、民主和效率等并重的社会效应

在政府垄断管理的条件下，政府管理是传统的“命令与控制”类型，为了达到控制的统一效果，往往会强行制定各种标准和规则，从而影响了高校本科专业设置的灵活性和民主性。而在利益相关者共同治理模式下，来自社会各个方面的管理机构不断地向高等教育传递着社会各界的要求以及对高等教育活动的反馈信息，并通过法律的、行政的、经济的、舆论的等各种手段，对高等教育的质量、数量、发展方向进行调控。与此同时，它们还通过这些调控活动，向高等教育传递着更为间接的信息，如社会思潮、宗教观念、道德规范、企业文化等等。高等教育对这些来自于社会各个角落的“全息信息”进行选择、分析，或接受它或批判它，或者将其作为加工的原材料，从而实现高等教育发展与社会发展的“贴合”。此即“管理效能社会化”。高等教育管理效能社会化的过程，也就是高等教育与外界社会发生“全息”式信息、能量交换的过程，它超越了原本意义上的、行政性的高等教育管理范畴，并创造出高额的“管理附加值”①。

① 刘勤勇. 论美国立体式高等教育管理体制［J］. 高等教育研究，2000（2）：108.

基于以上分析，高校本科专业设置改革的关键不是管理权力属于谁、权力是否应该下放等问题，这些问题都停留在问题的表面。我们应该更深入地思考，高校本科专业设置中权力有哪些，应该由谁来实施的问题。如果仅在行政权力一元化的体系中思考权力属于谁的问题，高校本科专业设置的问题就永远都解决不了，因为现代社会政治、经济的多元化趋势表明，高校本科专业设置的权力应该是多元的、是社会化的。而利益相关者共同治理模式是推进高校本科专业设置管理社会化的重要途径。

四、高校本科专业设置利益相关者共同治理模式的实施策略

（一）利益相关者共同治理模式的实施需要保障利益各方能够平等博弈

通过利益相关者共同治理，“高校的治理目标就要满足多方面利益相关人的不同要求，关注高校所造成的社会和政治影响。从决策模式上看，就能尽量减少高校管理者的‘道德风险’。高校的决策不再仅仅由政府和管理者做出，而将会由多个利益相关人合力参与，共同形成高校的决策。高校利益相关人在这一组织中虽享有不同的权利，有着不同的利益。但由于高校的社会公益性，他们的利益指向是一致的”①。从高校本科专业设置来看，政府、高校、学生以及社会都有自己不同的利益追求。比如政府希望通过高校本科专业设置为国家政治、经济和社会发展培养人才，增加人才供给的有效性，为社会经济发展提供人力资源基础；高校希望通过高校本科专业设置形成自己的优势竞争力，在高等教育市场竞争中更好地生存发展；学生希望自己本科毕业后能够顺利就业，获得更好的投资回报；社会当然是希望能够获得符合自身需要的人才。从不同的主体来分析，他们的利益需求貌似是不一致的，而实际上如果提升到“整体利益”的层次，他们的利益需求在本质上并不矛盾。利益是人们能满足自身需要的物质财富和精神财富之和，以及其他需要的满足，而整体利益是指国家追求的主要好处、所得和受益点。反映这个国家全体国民及各种利益群体的需求和兴趣，具体表现为政治需求、经济需求、安全需求、文化需求等。② 从一定意义上来说，整体利益的达成有助于个人利益的满足；个人利益的追求也能够促进整体利益的达成。比如，高校本科专业设置的整体利益就是满足社会人才的有效需求，促进高校毕业生有效就业，为社会经济发展提供人力资源保障。如果这个整体利益达成了，

---

① 张忠平．履行公办高校教育产权建立现代高校法人治理结构［J］．四川经济管理学院学报，2005（1）：47－49．

② 朱鸣雄．整体利益论——关于国家为主体的利益关系研究［M］．上海：复旦大学出版社，2006：7－8．

高校、个人和社会的利益需求基本也能同时满足。反过来讲也是一样。当然，在高校本科专业设置的具体实践中，整体利益与个体利益也有可能出现矛盾。比如新中国成立初期，在高校本科专业设置中一味地强调国家利益，而忽视了学生等个体的利益；现在一些高校不顾及自身的培养能力，开设不具备培养条件的专业等都是整体利益与个体利益矛盾的表现。而导致这种矛盾产生的根本原因就是高校本科专业设置中利益相关者没有平等博弈的机会，导致掌握权力或拥有信息优势的一方在追逐自身利益时，弃其他利益相关方于不顾。

利益相关方平等博弈是实现高校本科专业设置整体利益的最优选择。通过集体博弈可以对个体的行为进行有效的约束，从而避免其中一方过于强调自身的利益。其实，博弈理论告诉我们，从个体最大利益出发的行为往往不能实现整体的最大利益，进而影响到个人利益的实现，甚至导致出现更差的结果。在高校本科专业设置中，我们也能够看到这种现象，比如政府主导的高校本科专业设置问题丛生，在管理机制没有调整的情况下，面对众多的问题，政府只有进一步强化自己的控制，而这导致更多的问题涌现出来，这似乎是一个悖论。要摆脱这个悖论，就是要让利益相关者在高校本科专业设置中平等博弈，在共同的利益追求中，实现高校本科专业设置的合理与有效。

（二）利益相关者共同治理模式的实施需明确各利益主体的角色区分

利益相关者共同治理模式面临的一个重要问题是共同治理有可能导致无人治理。为了避免这种现象的出现，利益相关者共同治理模式的顺利实施是以明确各利益主体的角色区分为前提的。整体来说，高校本科专业设置的实施者是高校，高校应该具有自主设置专业的权力，但要建立相应的约束机制；政府在高校本科专业设置中要扮演宏观调控和服务者的角色，包括制定竞争规则、专业质量认证、专业设置信息服务等职能；学生在高校本科专业设置中要具有选择权力，因为学生的选择是发挥高校本科专业设置市场机制的基础；社会在高校本科专业设置中要具有参与权力，社会的参与是促进高校人才培养与社会人才需求适应的重要机制。

1. 政府

当前，高等教育是一个国家综合国力的重要体现，是促进社会经济发展和科技进步的中坚力量。因此，各国政府都把高等教育发展置于国家发展的战略地位，希望通过高等教育的发展获得人力资源优势和科技优势，不断增强国家的综合实力。张民选教授指出国家是高等教育发展的最大利益获得者，国家在发展高等教育以满足社会和个人需求方面具有不可推卸的责任。高校本科专业设置作为高等教育发展中最重要的一环，直接关系到高校人才培养的数量、质量和结构以及学科专业发展的态势。因此，一方面各国政府总是以各种形式来影响高校本科专业设置，是重要的利益相关者之一。只不过发挥作用的方式各有不同，比如我国政府就以直接参与的方式主导高校本科专业设置，通过设置统一的高校本科专业设置目录，掌控高校本科专业设置审批权来实现其影响，试图使高校本科人才培养与社会人才需求相适应，为我国改革开放和社会经济发展提供充分的人力资源保障；而美国政府则是以间接参与的方式引导高校本科专业设置，通过每年采集发布高校本科专业设置目录，发布社会人才需求信息，专向经济资助计划等形式来实现其影响。另一方面，高校本科专业设置也需要政府政策和资金的支持。政府财政投入是高等教育发展资金的主要来源，即使是高度市场化的美国，在其私立大学办学经费中，也有五分之一至三分之二的收入来自于中央或州级政府。[①]我国公办高校的投入历来以政府财政投入为主，比如国家自然和社会科学基金每年都有数量庞大的资金去扶持一些高校的重点学科和重点实验室的建设，国家精品课程建设工程也能够促使各高校不断提高和优化学校课程体系。

综上所述，首先，政府为了实现国家的整体利益必然要对高校本科专业设置进行干预。当然，在政府与高校本科专业设置的关系上，政府必须从“无限政府”转变为“有限政府”，改变对高校本科专业设置的直接控制，多采取政策指引、信息提供、经济扶持等方式来发挥自己的影响。政府既不能对高校本科专业设置进行主宰和掌控，也不能不管不问，任其发展。其次，高校本科专业设置的发展需要政府的扶持和帮助。高校本科专业设置涉及人员、资金、场地等资源的投入，如果缺少了政府投入的支撑，高校本科专业设置的质量可能得不到有效的保障。比如，很多高校可能在高校本科专业设置中采取什么办学成本低办什么专业的策略，导致“一张嘴＋一支粉笔＋一块黑板”的专业越办越多，而真正需要大量前期投入的理工、技术类专业没有高校愿意去办。从最近几年高校专业增长的速度来看，管理类专业是布点增长最快的专业之一，而管理类专业的就业情况并不乐观，这种现象就反映了上述问题，最终导致的结果是高校培养的人才出现严重的结构性不对应，真正需要的人才没有培养出来，而已经饱和的没有市场需求的人才却源源不断地拥向就业市场。还有一些基础学科，对国家社会发展非常重要，但是与人才市场没有必然的联系，也需要政府的重点扶持。比如，哲学、政治学等学科。可见，政府在高校本科专业设置中发挥着重要的作用，是高校本科专业设置的重要主体。

---

① 德里克·博克. 走出象牙塔——现代大学的社会责任［M］. 徐小洲，陈军，译. 杭州：浙江教育出版社，2001：73.

从国外高校本科专业设置改革中政府的角色来看，政府在高校本科专业设置管理改革中一般要扮演关键的角色。①政府要建立完善的法律体系以保障高校本科专业设置市场的合理竞争，通过制定法规来规范高校的本科专业设置行为。②要建立社会参与的机制，通过推动高校法人治理改革改变目前高校管理封闭的状态，通过制度要求高校管理必须吸收社会人士的参与。③要为高校本科专业设置做好信息服务工作。政府要建立高校本科专业设置、社会人才需求、社会经济发展等方面的数据库，为高校本科专业设置提供信息支持。④政府要通过拨款等间接手段实现对高校本科专业设置的宏观调控。比如美国通过《赠地法案》引导高校设置应用技术类专业。⑤要开展专业质量的认证。专业质量认证并不是限制高校设置专业的自由，而是规范高校专业设置的程序，保障专业设置的质量。在美国，每所高校都有自主设置专业的权力，但是每个专业都要接受政府或社会专业认证机构的认定，通过认定是专业质量的重要标志。政府在开展专业质量认定时，应该培育社会专业认证机构，形成立体的专业质量认证机制，尤其要发挥各行业协会或专业委员会的作用。

2. 高校

放眼世界，高等教育管理体制改革的整体趋势就是放权，赋予高校自主办学的权力。无论是一直实行中央集权制度的法国，还是学习美国发展起来的日本，都把下放权力，让高校自主办学，鼓励高校之间的竞争，让高校承担更多的责任作为改革的目标。因为随着社会经济的发展，高等教育需求的多样化越来越明显，高校自主办学可以通过有效的竞争形成高等教育多样化、个性化、特色化发展的格局，从而回应多样化、个性化的教育需求。本科专业设置是高校自治的重要内容。在美国，学校自治一般包括学校基本自治权和学校程序自治权。基本自治权（substantive autonomy）是指大学或学院组织章程中明确规定的，大学或学院能自主决定其学校目标、项目的权力；程序自治权（procedural autonomy）是指大学或学院组织章程中明确规定的，由大学或学院自主决定其实现目标的手段和方法的权力。在这种分权体系中，高校享有包含制定组织条例和章程权、分配和使用经费权、自主招生权、聘用教师权、课程设置权和授予学位权等一系列权利。[①] 由于在美国专业是课程体系的不同组合，因此课程设置权就是自主专业设置权的重要体现。

根据前文的分析，我国高校在专业设置方面的情况比较特殊。一方面，在政府的干预下，我国高校自主设置专业的权力非常有限，一个专业设置目

① 杨晓波. 责任与自治：美国公立高校与政府的关系［J］. 高等教育研究，2003（3）.

录基本把我国高校专业设置的范围确定了，尽管可以设置目录外的专业，但是程序相当复杂。到目前为止，仅有有限的几所办学层次较高的大学获得了自主设置专业的权力。另一方面，由于信息的不对称，我国高校有限的一点专业设置权力缺乏有效的约束，存在滥用的现象。基于以上原因，本研究认为高校自主设置专业是大势所趋，但是高校的自我约束机制和外部调节和监督的力量也不能缺少。否则的话，就是权力从政府下放给了高校，高校本科专业设置的问题还是解决不了。

基于以上认识，高校在本科专业设置中要扮好以下角色：

（1）本科专业设置与调整发起者的角色。在高校获得自主设置专业的前提下，高校就不能像以前一样，在专业设置方面被动地应付政府的指令，而是应该面向市场主动设置和调整专业。高校本科专业设置的逻辑顺序是高校在社会力量的参与下设置专业，政府对专业质量进行认证，通过学生选择来验证专业设置的质量。要履行这个角色要做到以下几点：①进行内部管理体制改革，注重吸引社会力量参与高校本科专业设置的决策；②敢于突破传统的专业组织结构，建立以课程体系为基础的专业组织模式，把教师从具体的专业归属中解放出来，增强专业设置的活力；③发展专业特色，根据学校的条件确定优先发展的专业和人才培养的定位，避免同质竞争。

（2）信息提供与学生专业选择指导者的角色。高校要向政府、学生和社会提供与高校本科专业设置相关的重要信息。避免因信息不对称影响高校本科专业设置市场机制作用的发挥。在提供必要信息的同时，高校要加强学生专业选择方面的指导。当前，我国部分高校已经采取了入学不分专业，两年的基础学习后再分专业的方式。在这种情况下，专业选择指导更要提上议事日程。比如2007年8月法国议会两院通过了《大学自由与责任法》，该法案赋予大学一项新的使命：主动向高中提供分流定向咨询。大学要主动提供各个专业的详尽情况以便高中生选择更适合自己的方向（比如让他们了解要想成功修完某门专业课所需掌握的基本知识），特别是让他们知道学习某一专业的就业出路的情况。①

（3）自我约束者的角色。高校内部也建立高校本科专业设置机制，保障专业设置与调整的质量。①发挥学校学术委员会在专业设置方面的作用，根据本科专业设置的专业规律、学校发展规划和社会人才需求等情况对专业设置进行定期评议。②加强校际间约束组织的建设。美国从19世纪末20世纪初建立了良好的校际约束的民间机构，并且这些民间机构对美国的大学质量

---

① 刘敏. 解析法国高等教育改革趋向——综合大学迈向“自治”[J]. 比较教育研究，2009（9）：62.

鉴定和认可所做出的评价的权威性已日益被公众所普遍承认。①

3．社会

在共同治理理论的推动下，社会力量在高等教育管理领域发挥的作用越来越大。美国、法国、日本等国家在高校管理制度中都非常注重社会力量参与的保障。从高校本科专业设置的角度来说，社会参与是保障高校人才培养与社会人才需求相适应的重要机制。从我国高校本科专业设置的现状来看，社会参与的情况非常不乐观，高校本科专业设置基本还在一个封闭的圈子里进行，从各级政府的高校本科专业设置评议委员会人员构成来看，高校本科专业设置基本还是政府和高校的事情，好像不关社会的事情。社会参与程度的一个重要的体现是相关社会中介组织的发育程度，在发达国家，社会中介组织是高校本科专业设置中的一支重要力量，它们在专业质量认证、专业评估等方面发挥着重要的作用。而我国教育中介组织的发展还非常薄弱，在教育管理领域还没有发挥出应有的作用。造成这种状况的原因是多方面的，其一是政府承担着很多具体的社会管理职能，剥夺了中介组织的生存空间；其二是社会中介组织自身的发展不够规范，自身素质不高；其三是全能政府的观念影响了社会公众对社会中介组织的认识，中介组织缺乏合法性和权威性。现代管理制度中一个重要的方面就是社会参与，在高校本科专业设置中，我们要充分认识设置参与的重要价值，给予社会参与和监督机会。

首先，高校要改革治理结构。保障社会参与，就要求高校参照现代企业制度中的法人治理结构，建立科学化、规范化的组织管理制度。一般来说，需要建立学校董事会和学校事务监事会。学校董事会是由办学出资方（公立学校包括政府和其他集体组织）及包括社区代表、家长代表等其他利益相关人组成的学校最高权力机构；学校事务监事会是包括教育行政部门、社会中介组织、教师代表、社区代表、家庭代表、学生代表及其他学校利益相关人组成的代表各方利益并对董事会及其成员，包括学校校长在内的学校经营管理人员以及相应的学校事务进行监督的机构。② 可见，利益相关者的参与是现代高校组织管理的主要特征。高校本科专业设置作为高校组织管理的重要方面，为保障本科专业设置的社会适应性，社会参与是必然的选择。其次，社会要做好监督者的角色。高校本科专业设置既需要政府的监控，也需要社会的监督。如果没有社会监督，在高校资源主要来自政府投入的情况下，政

---

① 张智敏，唐昌海．进入 WTO 高等教育应做的必要改革——兼论高等教育改制问题［J］．建材高教理论与实践，2001（6）：6.

② 范国睿．政府·社会·学校——基于校本管理理念的现代学校制度设计［J］．教育发展研究，2005（1）：16.

府与高校很容易达成利益同盟。所以，社会力量也要扮演监督者的角色，在专业认证等方面发挥应有的作用。

4. 学生

保障学生的选择权是高校本科专业设置市场作用机制的重要前提。高校本科专业设置属于高等教育服务市场，夸张地说，一个专业能否办下去的关键原因并不在于培养的人才是否符合人才市场的需求，而在于是否有学生来读。尽管我国高等教育已经进入了大众化阶段，但是高等教育市场仍然是卖方市场，最直白的一个体现就是无论一个专业办得多差，都有学生来读。在学生没有选择权力的情况下，高校在专业设置与调整方面基于成本等方面的考虑是不会积极主动的。这是导致我国高校本科专业设置落后，课程体系陈旧的关键原因之一。当前，保障学生的选择权是激发高校竞争，增加高等教育市场活力的重要方向。在法国，即使学生仅需支付少量注册费就在公办大学完成学业，保障学生选择权都是最近一些年法国高等教育管理改革的重要目标。而在我国，高等教育成本分担机制已经大大强化了学生作为一个消费者的权威，赋予学生选择权应该是理所当然的事情。

基于以上分析，学生在我国高校本科专业设置中是作为一个高等教育消费者的身份出现的。因此，学生首先应该是专业选择者的角色。在满足基本的入学条件的前提下，学生应该有选择和调换专业的权力。根据前文的分析，我们知道，作为高等教育市场和人才市场的中介，学生对专业设置能否适应社会人才需求更为敏感。他们的选择在一定意义上代表着某一专业能否满足社会需求。当然学生在信息不完备的情况下，有可能做出错误的选择，这就要求在给予学生选择权的同时，要加强对学生的职业指导和就业服务。当然，有人可能会说，目前学生的就读专业也是学生选择的结果。因为很多高校在录取时就明确了专业，学生既然来读就要承担自己选择的结果。这种说法貌似有一定的道理，而实际上经不起推敲。首先在高等教育市场供给严重失衡的情况下，学生的选择往往都是被动的选择。比如，自己报考的专业没有录取，被调剂到其他专业。笔者在读本科的时候，班上近 40 位同学竟然全部是原报考高校或专业没有被录取而被调剂过来的。其次高中毕业生所处的人生阶段，根本不能预期一个专业能学到什么，他们只能靠父母或亲戚朋友的帮助来选择专业，在分析判断能力有限的情况下做出的选择往往存在一定的问题。因此，高校应该给予学生重新选择的机会。如果因为学生对专业没有兴趣而没有学习热情，就是对学生生命发展的不负责任也是对高等教育资源的浪费。

还有，学生在专业学习期间应该扮演专业调整参与者（课程选择）的角色。在我国高校，专业往往体现为固定的课程体系，学生选择一个专业，也就意味着选择了一个封闭的课程体系。尽管高校在不断扩大选修课的比例，但实际上学生的课程选择空间还是非常小的。这在一定程度上限制了学生的学习自主权，影响了学生的个性发展。所以高校应该实行真正的学分制，让学生在确定一定专业方面的前提下，能够自主选择课程，从而满足不同的学习需求。

（三）利益相关者共同治理模式的实施需要建立完全竞争机制

在不完全竞争的高等教育市场中，利益相关者共同治理模式很难实现。不完全竞争形成的原因主要有以下几个方面：①政府的干预。政府在高校本科专业设置管理中人为地设置各种充分竞争的障碍。比如，给予部分高校自主设置专业的权力，就把高校置于了不平等的竞争平台上。严格意义上来说，给予一般应用性本科院校自主设置专业权力的意义更大，因为这些本科院校的专业设置更需要关注人才市场的需求。②信息不透明。完全竞争和有效率市场假定市场交易是“透明的”，也就是厂商和消费者拥有关于产品或服务“完备的信息”。完备的信息包括关于价格的信息和关于产品或服务相关特征的信息，如质量。① 而实际上，高校本科专业设置中的信息不透明和不对称，导致消费者不知道或无法获得专业的信息，这种信息的不透明容易导致交易中不确定性，进而影响到市场机制发挥作用。③消费者权益没有保障，主要体现为没有教育选择权力。

基于以上分析，建立完全的竞争机制需要做以下努力：①政府要通过宏观调控激发市场竞争活力。首先要建立高校教育服务市场分层机制，做好高等教育结构调控，让每一类高等教育结构参与同一层次高校的竞争。法国、日本的高等教育发展模式告诉我们，各级各类高等教育机构各司其职，本科专业设置方面形成自己的优势是高等教育良性发展的关键。而当前我国本科院校层次不分明，恶性竞争比较严重。一般本科院校努力向研究型高校努力，而没有把基本的本科教学搞好；研究型大学参与各种层次的教育培训，挤占了其他教育机构生存的空间。政府在投入等方面也没有分层竞争的意识，导致研究型大学偏吃偏喝，而一般本科院校没有获得应有的重视。相差很大的不同层次本科院校在同一平台上竞争，根本不可能激发竞争活力，因此，政府应探索本科院校分层，激发竞争活力。其次政府要保障竞争秩序，通过立法等手段建立竞争规则。②要大力推进高校本科专业设置信息化建设，增加信息的透明度，保障市场竞争的有效性。③保障学生的专业选择权，通过消费者的选择激发竞争活力。

---

① 佩德罗·泰克希拉，等．理想还是现实——高等教育中的市场［M］．胡咏梅，高玲，等，译．北京：北京师范大学出版社，2008：69.

结　　语

高校本科专业设置是一个公共领域，只有建立利益相关者共同治理模式，才能走向良性发展之路。我国高校本科专业设置改革一直踌躇不前的原因就是没有认识到高校本科专业设置权力多元的基本属性以及高校本科专业设置市场的特殊性。基于以上认识，本研究主要从利益相关者共同治理的视角对高校本科专业设置进行系统的分析和研究，主要得出如下结论：

（1）高校本科专业设置必须从单元的权力属于谁的研究思路中解放出来，认真思考高校本科专业设置权力的来源是否只有一个。高校本科专业设置是一个关系众多利益主体的公共事件，如果固守权力一元的逻辑，高校本科专业设置的权力无论掌握在谁的手中，都有可能导致权力失衡，影响高校本科专业设置的发展。所以，打破政府的权力垄断，形成多元权力主体制衡机制应该是高校本科专业设置改革努力的方向。而不是把权力从政府下放给高校，形成新的高校权力垄断。

（2）高校本科专业设置必须从市场崇拜中走出来，认真思考高校本科专业设置市场的特殊性。不可否认，“只要竞争是充分的，又有法制的支持，购买者可以选择，有用脚投票的权利”①，市场机制可以发挥其应有的作用，改善高校本科专业设置机制。但是，我们不能忽视高校本科专业设置市场的特殊性。首先，与一般实物交换的市场不同，高校专业的质量信息往往是很难把握的，这种信息的不透明表明高校本科专业设置的市场是不完全竞争的市场。这种不完全的市场竞争机制无时无刻不在妨碍着高校在本科专业设置方面的竞争，进而影响到市场机制发挥应有的作用。其次，高校本科专业设置市场具有间接性。作为高等教育服务的重要构成内容，专业设置市场属于高等教育服务市场，其消费者是学生。学生通过本科学习毕业后，只有进入人才市场，才能检验本科学习的质量。学生在校期间很难判断专业的质量优劣。这种交换物品质量判断的间接性，也会影响市场作用的发挥。由此可见，把高校本科专业设置问题的改善寄托于市场也存在很大的问题。姑且不论高校本科专业设置市场的特殊性，在当前的社会发展环境中，市场机制也

① 熊培云．肥胖症有它的危险，但不是粮食造成的［N］．南方都市报，2010－02－07（AⅡ，02）．

在面临越来越大的挑战，市场危机正在显现。市场主体的唯利是图带来的社会发展风险已经是有目共睹。美国安然集团的倒闭、华尔街金融机构的贪婪导致的金融风暴、三聚氰胺毒奶粉对儿童健康的侵害等在昭示市场的危机。

（3）高校本科专业设置利益相关者共同治理是高校本科专业设置改革的理想选择。首先，利益相关者共同治理模式可以避免权力来源单一的情况，形成权力制衡机制，建构合理的高校本科专业设置权力结构，让主要的利益相关者的权力能够在高校本科专业设置中充分表达，有平等博弈的机会。其次，利益相关者共同治理可以推动市场机制的完善。市场机制发挥作用的前提是信息透明、平等参与、自主选择。利益主体共同治理模式有助于这些前提的达成。

（4）高校本科专业设置的主要利益相关者包括政府、高校、社会和学生。其中政府不能再把自己作为高校本科专业设置权力的唯一来源，要根据新公共管理的基本原则实现职能转换，实现从“无限无效”到“有限有效”的转变。在下放高校本科专业设置权力的同时，充分利用法律、财政等间接手段做好宏观调控工作。高校在履行本科专业设置自主权的同时，要加强自我约束机制建设，保证本科专业设置质量。社会应该有参与高校本科专业设置的机会，加强高校人才培养与社会人才需求的联系。大学生专业选择权作为大学生的一项基本权利也应该越来越受重视。赋予大学生专业选择权既可以保障学生作为大学生、消费者、契约主体的基本权利，也可以促使高校提高本科教学质量、增加专业设置活力，进而保障学生学习质量。

附　录

附录一　访谈案例

访谈案例一：广州某重点大学，生物工程专业2007届毕业生，小李。还没有找到稳定的工作，靠做家教和打散工维持生活。

访谈者：你感觉学校重要还是专业重要？

小李：以我现在的情况，我感觉专业更重要。

访谈者：高考填报志愿时，为什么选择了生物工程这个专业？

小李：当时，媒体都在讲生物工程是朝阳产业，前景光明，就选了。

访谈者：毕业时，好找工作吗？

小李：不好找，我的很多同学不是出国就是直升读硕士了。可能这个专业有点超前了。

访谈者：你没想过读硕士或出国吗？

小李：我的人生轨迹本来是按照这个路子发展的，参与教师的课题，天天待在实验室做实验，然后获得读硕士的资格或被教师推荐出国。但是，大二那年一次社会实践活动改变我的人生。我突然厌恶了实验室中瓶瓶罐罐的生活。想改变一下。

访谈者：你当时是怎么想的？

小李：在那次社会实践活动中，我接触了一些团康导师，感觉他们的生活非常有意思。后来，我又听了余世纬等人的培训讲座。于是，想学管理学，我很羡慕一些管理培训大师的生活。

访谈者：怎么改变呢？

小李：我思考了很久，最后我下定决心退出了教师的课题组。

访谈者：那么你的想法好实现吗？

小李：本来想调专业，可学校每年调换专业的名额非常少，并且条件非常苛刻。于是就想通过考研究生来实现。接下来，我每天复习，准备考管理学院的研究生。

访谈者：跨专业考，有点难度。

小李：是呀，毕业那年失败了。我没有选择就业，就在学校附近租了房子，一边打散工，一边继续考。

访谈者：你很有毅力，祝你成功。

访谈案例二：广东某“211 工程”大学，管理科学专业大二学生，小王。

访谈者：你当时为什么选择这个专业？

小王：当时，感觉这个专业比较新，就报了，没考虑其他的。还有就是当时对管理的认识比较模糊，不是很清楚学了这个专业能做什么，当时以为毕业能做管理者。呵呵，当时有点幼稚。

访谈者：学习了一年多这个专业，感觉符合自己的期望吗？

小王：有点失望。

访谈者：为什么？

小王：感觉没学到什么实用的东西。

访谈者：实用的东西，比如什么？

小王：从以往毕业的师兄、师姐来看，很多人从事证券行业。我很想学这方面的知识，可基本没这方面的课程。

访谈者：那你怎么办呢？

小王：主要靠自学。

访谈者：有没有想过调一下专业？

小王：没想过，可能比较难。另外，这是自己选择的结果。

访谈者：有考虑毕业后的打算吗？

小王：其实学这个专业毕业后，也不可能做管理者。所以，我打算向金融证券方面努力，希望毕业后，从事这方面的工作。

访谈案例三：广东某普通本科院校，旅游管理专业 2008 届毕业生，小颜。两年时间内，她已经换了几个职业。现在在保利地产台山一商业地产项目做咨客。

访谈者：毕业后有没有从事与所学专业相关的职业？

小颜：2008 年毕业那年进入了一家旅行社，应该是与专业比较接近的职业。

访谈者：感觉怎么样？

小颜：进入这个行业才知道，在这个行业内有很多“潜规则”是在大学的专业学习里根本不可能涉及的。比如，做导游的收入主要是靠“忽悠”游客购物等得来，我感觉做不来。

访谈者：所学的与所需要的不是很对口？

小颜：是呀。其实这倒没什么，关键是我们学了这个专业所从事的工作，高中生都能做，我们一点专业优势都没有。

访谈者：那你怎么调整自己呢？

小颜：离开，找一个体现自己学历价值的工作。

访谈者：顺利吗？

小颜：比较难。最后进入了一家房地产公司。

访谈者：这次的工作能发挥你的专业特长吗？

小颜：很难说。不过，我现在有点明白了，大学学习最重要的是素质和能力的提升，工作所需要的技能可能需要在工作中慢慢习得。

访谈者：心态是不是比以前好多了？

小颜：基本上，不过有时候也后悔自己没有去选择一个技术性比较强的专业，比如会计专业。

访谈者：为什么？

小颜：作为一个女孩子，有时也为自己以后的生活担忧。因为我现在从事的工作可替代性很强，随着年龄的增长，可能会失去优势。

访谈案例四：广东某“211工程”大学，国际贸易专业2009届毕业生，小杜。毕业后找到了一个与自己专业相关的工作——外贸跟单员。但是，由于自己的外语口语不是很好，工作压力比较大，就辞去了工作，现在在招商银行做前台接待（实习）。

访谈者：你认为专业对就业有影响吗？

小杜：有。但不是很大。

访谈者：能具体谈一下吗？

小杜：比如，我的第一份工作：外贸跟单员，就与我学的专业密切相关。

访谈者：很多毕业生都想找到一份与自己专业对口的职业，你怎么辞掉了第一份工作呢？

小杜：外贸跟单员的工作比较辛苦，当然，最重要的是我的英语口语不是很好，工作起来不是很顺心，有压力。

访谈者：本科学习期间，学校没有针对这个专业强化商务英语的口语教学与训练吗？

小杜：有，但不是很充分。开设了商务英语课程，但教学方式还比较落后，不是很注重听说能力的训练。

访谈者：喜欢现在的工作吗？

小杜：喜欢。与以前的工作相比，这个工作能接触到更多的人，我喜欢与人交流。

访谈者：感觉自己的知识和能力能应付这个工作吗？

小杜：金融和会计方面的课程在本科学习期间也开过，现在再自学一些，感觉还可以。

访谈者：以后有什么打算？

小杜：希望能够顺利通过实习，入职招商银行。

访谈者：祝你成功。

访谈案例五：广东某普通本科高校大二学生，应用心理专业，小梁。从小对美术感兴趣，可家里没有条件让他学习，高中时自己找师傅学习了一段时间，希望读美术专业。可到报考时，因为美术专业的学费比一般专业要高很多，又放弃了，最后读了应用心理专业。进大学后，一直感觉很后悔，但是调整专业是不可能的，因为没有术科成绩。于是在本科专业学习的同时，还自学美术，希望实现自己的美术梦想。

访谈者：你现在所学的专业是什么？喜欢吗？

小梁：应用心理专业。不喜欢，我喜欢美术，对其他没什么兴趣。

访谈者：那高考时为什么不报考美术专业？

小梁：小时候，家里没条件学美术，因此，没有系统地学习过美术，报考心里没底。还有就是美术专业的学费太贵了，读不起。

访谈者：不喜欢现在的专业，怎么办？

小梁：专业学习能通过考试，不影响正常毕业就OK了。其他时间学习美术，经过努力，在美术方面有了很大的进步。为了自己的兴趣，把平时做家教等攒下来的钱，都用来报班、旅游写生了。现在，有比较欣赏我的师傅，愿意带我学习了。

访谈者：有没有尝试过调换专业？

小梁：尝试过。刚入校时，提出了转专业的申请，因为没有高考美术科成绩不能转。学习一年后，又提出了申请，不过没有批准，因为成绩没能进入所学专业的前10%。

访谈者：调换专业都有条件？

小梁：是呀。有些条件给人的感觉就是限制学生转专业。

访谈者：可能学校怕条件放开，不好控制。

小梁：可能吧。不过我感觉学生的学习兴趣很重要。不喜欢的专业，不可能学得很好。

访谈案例六：某医学院，护理本科2005届毕业生，小苏。刚毕业到一家三级甲等医院做护士，不过是临工（与正式工一样工作，不过收入要少一些）。尽管收入还可以，但工作忙并且压力大，另外做同样的工作，拿的比正式工少，心里感觉不是很舒服。于是在2007年就跳槽去了一家美容机构，从事美容手术护理工作。

访谈者：你感觉学习护理专业怎么样？

小苏：从我自己的情况来看，如果再给我一次选择的机会，我坚决不选这个专业。第一做护士这个工作太辛苦了；第二就是毕业后找工作基本被限定死了。在报考这个专业时，根本不知道护士的工作状态是什么样的。

访谈者：你当时毕业时，工作好找吗？

小苏：不难。因为比较辛苦，这个职业的流失率很高。所以，当时毕业时很容易就找到了工作，去了一家三级甲等医院做护士，不过是临时工。

访谈者：收入怎么样？

小苏：还可以。不过与正式工相比，就少一些。做着同样的工作，收入不一样，心里感觉不是很舒服，并且当时的政策转为正式工的机会很少，于是2007年的时候就去了一家美容院。

访谈者：去了后，感觉怎么样，专业知识有用吗？

小苏：基本能用，还算可以。不过，我走后没多久，原先工作的那家医院就同工同酬了。我的运气一向不好。

访谈者：继续努力。运气很快就会光顾你了。

附录二 调查问卷

高校本科专业设置的主体关系研究问卷调查（大学生卷）

尊敬的同学，您好：

感谢您在百忙中回答本问卷！本问卷主要目的是了解我国高校本科专业设置的一些情况，为研究高校本科专业设置主体关系问题提供现实依据。本问卷采取不记名的方式，所提供材料只为课题研究所用，敬请如实填写，谢谢您的支持和参与！

"高校专业设置机制研究"课题组

2009 年 10 月

一、您的基本情况（请根据实际情况在相应选项前面的"□"内打"√"）

您的个人情况：

（1）性别 □男 □女

（2）年级 □大一 □大二 □大三 □大四

（3）所学专业________

（4）家庭所在地 □城镇 □农村

二、问卷调查内容

1. 高考填报专业时，您通过什么途径了解专业信息？

□高校网站 □向亲朋好友打听

□一些机构发布的专业排行榜 □高校招生宣传资料

□其他

2. 您了解现在所学的专业吗？

□非常了解 □了解 □不很了解 □非常不了解

3. 本题目想了解您对专业选择的一些看法，共有 7 个小项，请在每个小项后面 1 至 5 的数字中圈出一个符合自己实际感受程度的数字，1 代表很不重要，3 代表没有特别感受，5 代表很重要。

项目	很不重要————			很重要
（1）高校所在地	1	2	3	4	5
（2）就业前景	1	2	3	4	5
（3）父母的建议	1	2	3	4	5
（4）高校的层次（声誉）	1	2	3	4	5

(5) 学科专业的实力	1	2	3	4	5
(6) 专业是否新颖	1	2	3	4	5
(7) 是否符合自己的职业规划	1	2	3	4	5

4. 您满意现在学的专业吗?

□非常满意　□满意　□不很满意　□非常不满意

5. 本题目想了解您对现学专业的一些看法，共有6个小项，请在每个小项后面1至5的数字中圈出一个符合自己实际感受程度的数字，1代表很不重要，3代表没有特别感受，5代表很重要。

项目	很不重要————				很重要
(1) 就业前景	1	2	3	4	5
(2) 符合自己的兴趣、爱好	1	2	3	4	5
(3) 教学水平	1	2	3	4	5
(4) 课程设置	1	2	3	4	5
(5) 实践（实习）机会	1	2	3	4	5
(6) 所学习到的知识技能	1	2	3	4	5

6. 如果对现学专业不满意，您如何打算?

□努力调换专业

□自学感兴趣的知识和技能

□选修自己感兴趣的课程

□混毕业

□辅修双学位

□其他:

7. 据您了解，在你们学校有调换专业成功的同学吗?

□有　□没有　□不清楚

8. 如果有调换专业的机会，您会选择调换专业吗?

□会　□不会　□拿不准

9. 您认为学校在专业设置方面存在的问题有哪些?（限选3项，请在相应项目前的空格打√或将另选的因素写在下画线上）

□不考虑学生的就业

□不考虑自身的办学条件

□必修课程太多

□教学水平参差不齐

□课程质量有待提高

□进校后学生缺乏更换专业的自由

□其他（请写出）____________________

10．本题目想了解您对学校新设专业条件的一些看法。共有5个小项，请在每个小项后面1至5的数字中圈出一个符合自己实际感受程度的数字，1代表很不重要，3代表没有特别感受，5代表很重要。

项目	很不重要————				很重要
（1）优良的师资队伍	1	2	3	4	5
（2）社会人才需求	1	2	3	4	5
（3）充足的办学资源	1	2	3	4	5
（4）宽厚的学科基础	1	2	3	4	5
（5）与其他高校相同专业的差异优势	1	2	3	4	5

11．您认为下列选项对就业的影响程度如何。共有4个小项，请在每个小项后面1至5的数字中圈出一个符合自己实际感受程度的数字，1代表很不重要，3代表没有特别感受，5代表很重要。

项目	很不重要————				很重要
（1）高校层次（声誉）	1	2	3	4	5
（2）所学专业	1	2	3	4	5
（3）个人的综合素质与能力	1	2	3	4	5
（4）社会关系	1	2	3	4	5

12．从专业内部来看，您认为下列选项对于就业的影响程度如何。共有4个小项，请在每个小项后面1至5的数字中圈出一个符合自己实际感受程度的数字，1代表很不重要，3代表没有特别感受，5代表很重要。

项目	很不重要————				很重要
（1）课程开设情况	1	2	3	4	5
（2）学生完成专业学习情况	1	2	3	4	5
（3）实习锻炼机会	1	2	3	4	5
（4）专业名称	1	2	3	4	5

13．您认为大学本科专业的培养目标应该是什么？

□提升人的综合素质，培养研究、创新型人才

□培育人的职业技能，培养应用、技术性型人才

□其他（请写出）______________________

14．您对高校本科专业设置的其他建议（请写出）。

____

____

____

再次感谢您的支持。

高校本科专业设置的主体关系研究问卷调查（高校教师卷）

尊敬的老师，您好：

感谢您在百忙中回答本问卷！本问卷主要目的是了解我国高校本科专业设置的一些情况，为研究高校本科专业设置主体关系问题提供现实依据。本问卷采取不记名的方式，问题没有正确错误之分，除了耽误您一点宝贵时间外，不会给您造成任何不良影响。请根据您的判断填答有关问题便可。非常谢谢您的支持。

“高校专业设置机制研究”课题组

2009 年 10 月

一、您的基本情况（请根据实际情况在相应选项前面的“□”内打“√”）

1. 您的情况：

（1）性别：□男，□女；

（2）职称：□高级，□中级，□初级，□其他；

（3）教龄____年；

（4）任教的学科类别：□文科类，□理科类，□工科类，□文理综合类。

2. 您所在学校的基本情况：

（1）学校属于：□“985”高校，□“211”高校，□一般本科院校，□其他；

（2）学校的学位授予层次：□博士，□硕士，□学士。

二、问卷调查内容

1. 学校本科专业设置工作的概况。

（1）您参与过学校的本科专业申报吗?

□有　　　　□没有

（2）学校近年来有召开学科专业发展研讨会吗?

□有　　　　□没有

（3）学校近年来有做过人才培养改革规划吗?

□有　　　　□没有

（4）学校近年来有专门召开本科教学质量研讨会吗?

□有　　　　□没有

（5）学校是否允许学生入学后转（其他）专业?

□有　　　　□没有

（6）学校近年来有到用人单位调研人才需求的情况吗？

□有　　　　　□没有

（7）学校有没有省级或国家级名牌（特色）专业？

□有　　　　　□没有

（8）学校有没有省级或国家级精品课程？

□有　　　　　□没有

（9）学校近年来有没有停止招生的本科专业？

□有　　　　　□没有

（10）在学校专业申报过程中，您有没有被其他学科专业作为师资申报的经历？

□有　　　　　□没有

（11）学校近年来有没有因为就业率低而停止招生的专业？

□有　　　　　□没有

2．您认为大学本科专业的首要培养目标应该是什么？（单选）

□提升人的综合素质，培养研究、创新型人才

□培育人的职业技能，培养应用、技术性型人才

□其他（请写出）＿＿＿＿＿＿＿＿＿＿＿＿＿＿＿＿

3．所在学校专业申报的组织者是谁？

□教务处　　□院系

□教研室　　□其他（请写出）＿＿＿＿＿＿＿＿＿＿＿＿＿＿＿＿

4．学校判断专业优劣的标准是什么？（多选）

□专业招生情况　　□毕业生就业率

□专业师资队伍　　□专业教学条件

□其他（请写出）＿＿＿＿＿＿＿＿＿＿＿＿＿＿＿＿

5．您认为高校本科专业设置应优先考虑（限选 3 项，请在相应项目前的“□”内打“√”或将其他因素写在横线上）：

□学科专业发展的规律

□办学的经济效益

□学生的就业前景

□社会的人才需求

□人才素质与发展

□学校的发展规划

□其他：＿＿＿＿＿＿＿＿＿＿＿＿＿＿＿＿

6．您认为影响高校本科专业设置的主体有（多选）：

□政府　　　　　　□高校

□学生　　　　　　　　□社会（用人单位）
□社会中介评估机构　　□其他（请写出）

7. 本题目想了解您对自己所在学校本科专业设置情况的感受，共有10个小项，请在每个小项后面1至5的数字中圈出一个符合自己实际感受程度的数字，1代表很不重要，3代表没有特别感受，5代表很重要。

项目	很不重要	————			很重要
（1）本科专业设置的总体情况	1	2	3	4	5
（2）学科建设的情况	1	2	3	4	5
（3）专业课程的教学质量	1	2	3	4	5
（4）可利用的专业教学资源	1	2	3	4	5
（5）专业设置满足学生学习需要	1	2	3	4	5
（6）专业与市场人才需求的对接	1	2	3	4	5
（7）学校自主设置专业的情况	1	2	3	4	5
（8）学生的学习状态	1	2	3	4	5
（9）学生的就业指导工作	1	2	3	4	5
（10）新设专业的程序	1	2	3	4	5

8. 本题目想了解您关于以下因素对新设本科专业影响的看法，共有7个小项，请在每个小项后面1至5的数字中圈出一个符合自己实际感受程度的数字，1代表很不重要，3代表没有特别感受，5代表很重要。

项目	很不重要	————			很重要
（1）有相应的师资队伍	1	2	3	4	5
（2）有学科基础	1	2	3	4	5
（3）有社会人才需求	1	2	3	4	5
（4）有相应的专业教学资源	1	2	3	4	5
（5）有实习基地	1	2	3	4	5
（6）有完备的课程体系	1	2	3	4	5
（7）有明确的培养目标	1	2	3	4	5

9. 您认为，当前高校本科专业设置存在的最大问题是（限选3项，请在相应项目前的“□”内打“√”或将其他因素写在横线上）：

□不考虑自身的办学条件
□不考虑社会人才需求
□高校缺乏专业设置权力
□其他利益主体没有参与专业设置的机会
□专业设置囿于院系内部，不能整合学校的力量
□ 课程质量不高

□其他：________________________________

10. 您认为，学校改善高校本科专业设置最关键的因素是（限选 3 项，请在相应项目前的“□”内打“√”或将其他因素写在横线上）：

□高校自主设置专业

□赋予学生专业选择的权力

□政府统筹规划专业设置

□吸引社会机构代表参与专业设置

□淡化专业，强化课程体系建设

□其他：________________________________

11. 您认为，高校自主设置专业能解决高校本科专业设置的问题吗？

□能　　　　□不能　　　　□不清楚

12. 您对高校本科专业设置的其他想法或建议。

____

____

____

再次感谢您的支持，祝您健康、快乐、幸福！

附录三　访谈提纲

高校教师

1. 您觉得我国高校本科专业设置存在的最大问题是什么?
2. 您认为政府主导的高校本科专业设置的利与弊是什么?
3. 您认为高校自主设置专业，能否解决当前高校本科专业设置的问题?
4. 您有没有参与过院系的专业申报研讨? 大家讨论的焦点问题是什么?
5. 学校在进行本科专业设置调整时，有没有做社会人才需求的调研?
6. 学校是否允许学生调整专业? 为什么?
7. 您对高校本科专业设置改革的其他建议。

大学生

1. 您现在所学的专业是什么? 高考填报志愿时，为什么选择这个专业?
2. 对现在所学的专业满意吗? 为什么?
3. 如果不满意现在所学的专业，怎么办?
4. 学校和专业，哪一个更重要一些?
5. 学校允许你们调换专业吗? 有没有同学或朋友在大学学习过程成功调换了专业?
6. 有没有什么渠道了解所学专业的就业信息?
7. 您对高校本科专业设置的其他建议。

参考文献

一、著作类

1. 潘懋元，王伟廉. 高等教育学［M］. 福州：福建教育出版社，1995.

2. 王承绪. 高等教育新论——多学科的研究［M］. 杭州：浙江教育出版社，1998.

3. 黄崴. 教育管理学——概念与原理［M］. 广州：广东高等教育出版社，2003.

4. 黄崴. 校本管理——理论、研究、实践［M］. 广州：广东高等教育出版社，2007.

5. 郝克明，汪永铨. 中国高等教育结构研究［M］. 北京：人民教育出版社，1988.

6. 黄崴. 教育法学［M］. 北京：高等教育出版社，2006.

7. 卢晓中. 当代世界高等教育理念及对中国的影响［M］. 上海：上海教育出版社，2001.

8. 汪晓村. 论高校学科专业设置的理念与机制［M］. 北京：科学出版社，2008.

9. 教育部高等教育司. 普通高等学校经济学、工商管理类本科人才社会需求和培养现状调研报告［M］. 北京：中国人民大学出版社，2005.

10. 曾湘泉，等. 变革中的就业环境与中国大学生就业［M］. 北京：中国人民大学出版社，2004.

11. 王伟廉，等. 高等学校教学改革的理论研究［M］. 昆明：云南教育出版社，1993.

12. 卡尔·J. 达尔曼，让-艾立克·奥波特，等. 中国与知识经济：把握21世纪［M］. 北京：北京大学出版社，2000.

13. 马永霞. 冲突与整合：高等教育供求主体利益分析［M］. 北京：高等教育出版社，2006.

14. 闵维方. 高等教育运行机制研究［M］. 北京：人民教育出版社，2002.

15. 陈昌贵，余群英. 走进大众化——21世纪初广州市高等教育发展研究［M］．广州：暨南大学出版社，2005.

16．德里克·博克．走出象牙塔——现代大学的社会责任［M］．徐小洲，陈军，译．杭州：浙江教育出版社，2001.

17．郝克明．当代中国教育结构体系研究［M］．广州：广东教育出版社，2001.

18．杨志坚．中国本科教育培养目标研究［M］．北京：高等教育出版社，2005.

19．胡建华．现代中国大学制度的原点：50年代初的大学改革［M］．南京：南京师范大学出版社，2001.

20．纪宝成．中国大学学科专业设置研究［M］．北京：中国人民大学出版社，2006.

21．阳荣威．高等学校专业设置与调控探究［M］．长沙：湖南大学出版社，2007.

22．中央教育科学研究所．中华人民共和国教育大事记（1949—1982）［M］．北京：教育科学出版社，1983.

23．曾冬梅．建国以来我国高校本科专业结构调整的历史演进［A］//高等教育的改革与发展［M］．南宁：广西教育出版社，2004.

24．伯顿·克拉克．高等教育系统——学术组织的跨国研究［M］．王承绪，等，译．杭州：杭州大学出版社，1994.

25．刘少雪．高等学校本科专业结构、设置及管理机制研究［M］．北京：高等教育出版社，2009.

26．陈振明．公共管理学——一种不同于传统行政学的研究途径［M］．2版．北京：中国人民大学出版社，2003.

27．查尔斯·沃尔夫．市场或政府：权衡两种不完善的选择［M］．谢旭，译．北京：中国发展出版社，1994.

28．袁韶莹．当代日本高等教育［M］．长春：吉林教育出版社，1994.

29．贺国庆．外国高等教育史［M］．北京：人民教育出版社，2003.

30．王承绪．学术权力［M］．杭州：浙江教育出版社，1986.

31．弗兰斯·F. 范富格特．国际高等教育政策比较研究［M］．王承绪，等，译．杭州：浙江教育出版社，2001.

32．许庆豫，葛学敏．国别高等教育制度研究［M］．徐州：中国矿业大学出版社，2004.

33．袁明．美国文化与社会十五讲［M］．北京：北京大学出版社，2003.

34．舸昕．从哈佛到斯坦福［M］．北京：东方出版社，1999.

35．王英杰．美国高等教育的改革与发展［M］．北京：人民教育出版社，2002.

36. 张维平，马立武. 美国教育法研究［M］. 北京：中国法制出版社，2005.

37. 王廷芳. 美国高等教育史［M］. 福州：福建教育出版社，1995.

38. 谢作栩. 中国高等教育大众化发展道路的研究［M］. 福州：福建教育出版社，2001.

39. 薛天样. 高等教育学［M］. 桂林：广西师范大学出版社，2001.

40. 周奉年，熊志翔，王金兴，等. 中国高等教育运行机制研究［M］. 广州：广东高等教育出版社，1994.

41. 埃里克·阿什比. 科技发达时代的大学教育［M］. 滕大春，滕大生，译. 北京：人民教育出版社，1983.

42. 睦依凡. 大学校长的教育理念与治校［M］. 北京：人民教育出版社，2001.

43. 胡建华. 战后日本大学史［M］. 南京：南京大学出版社，2001.

44. 夏子贵，罗洪铁. 专业变革：跨世纪人才培养的宏伟工程［M］. 成都：四川教育出版社，1997.

45. 联合国教科文组织. 发展中国家的高等教育：危机与出路［M］. 北京：教育科学出版社，2001.

46. 约翰·S. 布鲁贝克. 高等教育哲学［M］. 王承绪，等，译. 杭州：浙江教育出版社，1998.

47. 孙莱祥. 研究型大学的课程改革与教育创新［M］. 北京：高等教育出版社，2005.

48. 程样国，韩艺. 国际新公共管理理论与行政改革［M］. 北京：人民出版社，2006.

49. 戴维·H. 罗森布鲁姆，罗伯特·S. 克拉夫丘克，理查德·M. 克勒肯. 公共行政学：管理、政治和法律的途径［M］. 张成福，等，译. 北京：中国人民大学出版社，2002.

50. 欧文·E. 休斯. 公共管理导论［M］. 张成福，等，译. 北京：中国人民大学出版社，2002.

51. 珍妮特·V. 登哈特，罗伯特·B. 登哈特. 新公共服务：服务，而不是掌舵［M］. 丁煌，译. 北京：中国人民大学出版社，2004.

52. 詹姆斯·罗西瑙. 没有政府统治的治理［M］. 伦敦：剑桥大学出版社，1995.

53. J. 库伊曼. 管理公共组织［M］. 加利福尼亚：萨吉出版公司，1993.

54. 戴维·奥斯本，特德·盖布勒. 改革政府——企业家精神如何改革着公共部门［M］. 周敦仁，等，译. 上海：上海译文出版社，1996.

55. 王向华，颜丙峰. 高等教育的生成与变革［M］. 济南：山东教育出版社，2008.

56. 冯大鸣. 美、英、澳教育管理前沿图景［M］. 北京：教育科学出版社，2004.

57. 加里·沃塞曼. 美国政治基础［M］. 陆震纶，等，译. 北京：中国社会科学出版社，1994.

58. 李福华. 大学治理的理论基础与组织架构［M］. 北京：教育科学出版社，2008.

59. 陈洪捷. 德国古典大学观及其对中国大学的影响［M］. 北京：北京大学出版社，2002.

60. 威廉·冯·洪堡. 论柏林高等学术机构的内外组织［M］//洪堡文集：第四卷. 斯图加特，1982.

61. 德里克·博克. 美国高等教育［M］. 乔佳义，译. 北京：北京师范大学出版社，1991.

62. 陈学飞. 美国、德国、法国、日本当代高等教育思想研究［M］. 上海：上海教育出版社，1998.

63. 蔡元培. 教育独立议［R］//高平叔. 蔡元培教育文选［M］. 北京：人民教育出版社，1980.

64. 刘述礼，黄延复. 梅贻琦教育论著选［M］. 北京：人民教育出版社，1993.

65. 周志宏. 学术自由与大学法［M］. 台北：尉理法律出版社，1989.

66. 陈列. 市场经济与高等教育——一个世界性的课题［M］. 北京：人民教育出版社，1998.

67. 丁小浩. 中国高等学校规模效益的实证研究［M］. 北京：教育科学出版社，2000.

68. 陈学飞. 美国高等教育发展史［M］. 成都：四川大学出版社，1989.

69. 戴维·波普诺. 社会学［M］. 10 版. 李强，等，译. 北京：中国人民大学出版社，1999.

70. 奥尔特加·加塞特. 大学的使命［M］. 徐小洲，陈军，译. 杭州：浙江教育出版社，2001.

71. 唐纳德·肯尼迪. 学术责任［M］. 阎凤桥，等，译. 北京：新华出版社，2002.

72. 王择鉴. 民法学说与举例研究：第 3 册［M］. 北京：法律出版

社，1996.

73. 张静. 学生权利及其司法保护［M］. 北京：中国检察出版社，2004.

74. 曼瑟尔·奥尔森. 集体行动的逻辑［M］. 陈郁，等，译. 上海：上海人民出版社，1995.

75. 罗纳德·伊兰伯格，罗伯特·史密斯. 现代劳动经济学：理论与公共政策［M］. 潘功胜，刘昕，等，译. 北京：中国人民大学出版社，1999.

76. 程方平. 中国教育问题报告［M］. 北京：中国社会科学出版社，2002.

77. 张宝泉. 高等学校管理比较［M］. 长春：东北师范大学出版社，1998.

78. 约翰·范德格拉夫，等. 学术权力——七国高等教育管理体制比较［M］. 王承绪，等，译. 杭州：浙江教育出版社，1989.

79. 乔治·蓬皮杜. 恢复事实真相——蓬皮杜回忆录［M］. 龚元兴，译. 北京：世界知识出版社，1984.

80. 吕达，周满生. 当代外国教育改革著名文献：德国、法国卷［M］. 北京：人民教育出版社，2004.

81. 瞿葆奎，张人杰. 法国教育改革［M］. 北京：人民教育出版社，1994.

82. 邢克超. 法国战后教育研究［M］. 南昌：江西教育出版社，1993.

83. 大久保利谦. 日本的大学［M］. 东京：玉川大学出版部，1997.

84. 刘铁. 中国高等教育办学体制研究［M］. 广州：广东高等教育出版社，2006.

85. 细谷俊夫，等. 新教育学大事典：7［M］. 东京：第一法规出版株式会社，1990.

86. 全国教育调查研究协会. 战后30年学校教育统计总览［M］. 东京：行政株式会社，1980.

87. 田火田茂二郎，等. 战后历史与基本法规［M］. 东京：有信堂发行所，1970.

88. 朱新秤，潘东明. 现代高校教学评估与督导［M］. 广州：广东高等教育出版社，2006.

89. 佩德罗·泰克希拉，等，主编. 理想还是现实——高等教育中的市场［M］. 胡咏梅，高玲，等，译. 北京：北京师范大学出版社，2008.

90. 朱鸣雄. 整体利益论——关于国家为主体的利益关系研究［M］. 上海：复旦大学出版社，2006.

91. 高林. 应用性本科教育导论［M］. 北京：科学出版社，2006.

92. 冯增俊. 现代高等教育模式论［M］. 广州：广东高等教育出版社，1993.

93. 日本文部省. 文部统计要览［M］. 东京：大藏省印刷局，2000.

94. 杨瑞龙. 企业的利益相关者理论以及应用［M］. 北京：经济科学出版社，2001.

95. Boud D, Solomon N. Work-based Learning: A New Higher Education? Buckingham: SRHE and Open University Press, 2001.

96. Hinchliffe K. Education and the Labor Market [M] //Carnoy M (ed.). International Encyclopedia of Economics of Education. Oxford: Pergaman, 1995.

97. Levin, Henry M. Work and Education [M]. International Encyclopedia of Economics of Education, 1995.

98. Blaug M, Layard R, Woodhall M. The Causes of Graduate Unemployment in India [M]. London: Allen Lane, 1969.

99. Carnoy C. Education and Employment: A Critical Appraisal [M]. Paris: International Institute for Educational Planning, 1977.

100. Johnes, Geraint. The Economics of Education [M]. New York: St. Martin's Press, 1993.

101. Freeman R E. Strategic Management: A Stakeholder Approach. Boston MA: Pitman, 1984.

102. Sanders J B. Evolution of Accreditation [M] // Blauch L E (ed.). Accreditation in Higher Education. New York: Greenwood Press, 1969.

103. Lawton. Ethical Management for the Public Services (Managing the Public Services) [M]. Buckingham: Open University Press, 1998.

104. Kant, Immanuel. The Conflict of the Faculties [M]. Translated by Mary J. Gregor. New York: Abaris Books, 1979.

105. Jaspers, Karl, Deutsch, Karl W. Reiche HAT. The Idea of the University [M]. Boston: Beacon Press, 1959.

106. Flexner, Abrabam. Universities: American, English, German [M]. New York: Oxford Niversity Press, 1930.

107. Ashby E and Anderson M. Universities: British, Indian, African—A Study in the Ecology of Higher Education [M]. Cambridge and Massa Chusetts: Harvard University Press, 1966.

108. Kaiser F, Florax R, J Koelman JBJ, et al. Public Expenditure on Higher: A Comparative Study in the Member States of the European Community [M]. London: Jessica Kingsley Publishers, 1992.

109. Gayle, Dennis Jone Tewarie, Bhoendradatt. Governance in the Twenty-First-Century University: Approaches to Effective Leadership and Strategic Management [M]. San Francisco: Jossey-Bass, 2003.

二、论文类

1. 黄崴，贾汇亮. 高校自主创新能力保障机制与建设策略 [J]. 教育发展研究，2007 (10).

2. 黄达人，黄崴. 引领社会发展全球网络化时代大学的使命 [J]. 高教探索，2007 (1).

3. 黄崴. 公办高校法人治理结构及其建设 [J]. 高等教育研究，2008 (8).

4. 赵文华. 论作为一种专业组织的高等教育系统 [J]. 高等教育研究，2000 (3).

5. 文东茅. 我国高校扩招对毕业生就业影响的实证分析 [J]. 高等教育研究，2005 (4).

6. 卢晓东. 中美大学本科专业设置比较 [J]. 比较教育研究，2001 (2).

7. 陈平原. 我看“大学生就业难”[J]. 北京：北京大学教育评论，2004 (4).

8. 刘振天. 高校本科学科专业设置放权后的管理与发展 [J]. 高等学校信息与动态简报，2005 (1).

9. 岳昌君. 大学生就业选择的行业因素分析 [J]. 北京：北京大学教育评论，2004 (3).

10. 谢维和. 高等教育内部影响毕业生就业的因素分析 [J]. 中国高等教育，2004 (6).

11. 王义道，闵维方，史宁旭. 美国高等教育的现状与发展趋势——美国大学访问见闻与思考 [J]. 比较教育研究，1996 (1).

12. 田长霖. 21 世纪高等教育的改革与发展——美国伯克利大学校长田长霖博士在北京大学和“面向 21 世纪教育”国际学术报告会上的讲话（摘要）[J]. 世界教育信息，1997 (1).

13. 汪佩伟. 重点理工科大学文科发展思路刍议 [J]. 高等教育研究，1998 (3).

14. 赵婷婷，杜晓丽. 德国高职教育的专业设置 [J]. 机械职业教育，2005 (1).

15. 谢维和. 对口与适应——高校人才培养与劳动力市场的两种关系模式 [J]. 北京：北京大学教育评论，2004 (4).

16. 赵婷婷，吴蕾蕾，樊文强. 大学本科学科专业设置与就业的相关性分析——对本科毕业生的网上调查 [J]. 清华大学教育研究，2005 (1).

17. 刘大为. 对“十五”期间高校毕业生就业工作的回顾与思考［J］. 中国高等教育，2006（3/4）.

18. 王善迈. 劳动力市场与高等教育体制改革［J］. 上海高教研究，1997（2）.

19. 谢维和. 毕业生就业与高等教育发展：多学科的视野［J］. 北京：北京大学教育评论，2004（4）.

20. 文东茅. 我国高校扩招对毕业生就业影响的实证分析［J］. 高等教育研究，2005（4）.

21. 吕东伟. 从深层次新视角思考大学生就业问题——与亚洲开发银行驻华首席经济学家汤敏博士对话之二［J］. 高等教育研究，2003（4）.

22. 辜胜阻. 高等教育的结构失衡必须引起高度重视［J］. 中国高等教育，2001（4）.

23. 莫荣. 破解大学生就业难题［J］. 职业，2003（6）.

24. 方明. 安徽省高校学科专业结构调整研究与实践［J］. 高等农业教育，2005（7）.

25. 杨晓东，郭凤臣. 吉林省普通高校本科专业结构设置中的问题与思考［J］. 黑龙江高教研究，2007（7）.

26. 刘楚佳. 我国高校本科专业设置改革探讨［J］. 广州城市职业学院学报，2007（8）.

27. 陈晓宇. 中国高等教育成本补偿［D］. 北京：北京大学，1998.

28. 汪晓村，等. 我国大学本科专业设置与调整的历史演变和现实思考［J］. 高等教育研究，2006（11）.

29. 赵文华. 论作为一种专业组织的高等教育系统［J］. 高等教育研究，2000（3）.

30. 陈桂生. “职业教育”辨析［J］. 江西教育科研，2005（10）.

31. 周川. 专业散论［J］. 高等教育研究，1992（1）.

32. 刘思达. 职业自主性与国家干预——西方职业社会学研究述评［J］. 社会学研究，2006（1）.

33. 曾淑惠. 评鉴专业化的概念与发展对我国教育评鉴专业化的启示［J］. 台北：教育研究与发展期刊，2006，2（3）.

34. 陈向明. 对通识教育有关概念的辨析［J］. 高等教育研究，2006（3）.

35. 王沛民. 研究和开发“专业学位”刍议［J］. 高等教育研究，1999（2）.

36. 谢霓泓. 利益相关者研究的回顾与思考［J］. 会计之友，2009（4）.

37. 洪彩真. 利益相关者理论及其在高等教育中的应用之展望［J］. 广东工业大学学报：社会科学版，2008（1）.

38. 付俊文，赵红. 利益相关者理论综述［J］. 首都经济贸易大学学报，2006（2）.

39. 刘佳. 利益相关者：现代大学服务功能的延伸［J］. 继续教育研究，2009（11）.

40. 孙晓. 利益相关者理论综述［J］. 经济研究导刊，2009（2）.

41. 李心合. 面向可持续发展的利益相关者管理［J］. 当代财经，2001（1）.

42. 陈宏辉. 企业的利益相关者理论与实证研究［D］. 杭州：浙江大学，2003.

43. 张旺. 试论高等院校战略管理中的利益相关者管理［J］. 复旦教育论坛，2008（3）.

44. 邬大光，等. 也谈高等教育的功能和高等学校的职能［J］. 高等教育研究，1995（3）.

45. 阳荣威. 高校本科专业设置与调控研究［D］. 上海：华东师范大学，2006.

46. 胡赤弟. 高等教育中的利益相关者分析［J］. 教育研究，2005（3）.

47. 周光. 浅析我国公立高校的利益相关者［J］. 金卡工程·经济与法，2009（12）.

48. 陈宏辉，贾生华. 利益相关者理论与企业伦理管理的新发展［J］. 社会科学，2002（6）.

49. 王连森. 利益相关者与大学的责任、制度、资源［J］. 宁波大学学报：教育科学版，2006（6）.

50. 李福华. 利益相关者视野中大学的责任［J］. 高等教育研究，2007（1）.

51. 林蕙青. 高等学校学科专业结构调整研究［D］. 厦门：厦门大学，2006.

52. 张宝蓉. 台湾高等学校专业设置与调整研究［D］. 厦门：厦门大学，2007.

53. 饶燕婷. 利益相关者视野中高等教育质量保障多元主体探析［J］. 大学研究评价，2009（7/8）.

54. 赵中建. 21 世纪世界高等教育的展望及其行动框架［J］. 上海高教研究，1998（12）.

55. 胡子祥. 高校利益相关者治理模式初探［J］. 西南交通大学学报：社会科学版，2007（1）.

56. 马越彻. 日本高等教育改革：回顾与展望［J］. 胡建华，译. 高等教育研究，2002（1）.

57. 钟秋明，文东茅. 高校毕业生就业地域失衡及其对策［J］. 求索，

2007（9）.

58. 罗丹. 规模扩张以来高校专业机构变化研究［D］. 厦门：厦门大学，2008.

59. 范惠莹. 新中国成立后我国高等教育管理体制演变综述［J］. 高等农业教育，2002（1）.

60. 鲍嵘. 从“计划供给”到“市场匹配”：高校学科专业管理范式的更迭［J］. 浙江师范大学学报：社会科学版，2007（2）.

61. 周亚夫. 普通高校本科专业设置问题探讨［J］. 西南民族大学学报：人文社科版，2005（11）.

62. 王汤清. 试论专业设置的原则［J］. 中国培训，2001（4）.

63. 吴红英. 高校专业设置面临的若干问题探讨［J］. 中国高教研究，2000（4）.

64. 周光礼. 学术自由与大学办学自主权［J］. 科技导报，2002（6）.

65. 袁韶莹. 当代日本高等教育结构与市场经济的关系［J］. 吉林教育科学，1994（1）.

66. 龙翔. 战后日本高等教育人才培养的市场观［J］. 湛江师范学院学报：哲学社会科学版，2000（3）.

67. 徐国兴. 日本高等教育质量保障体系的多样化、多元化和一体化［J］. 高等教育研究，2009（5）.

68. 戚业国，姜学海. 美国高等教育管理体制的形成、发展及其启示［J］. 机械工业高教研究，1999（3）.

69. 刘念才，程莹，刘少雪. 美国高等院校学科专业的设置与借鉴［J］. 世界教育信息，2003（1－2）.

70. 杨荣昌. 中美大学本科专业建设的比较及思考［J］. 南阳师范学院学报：社会科学版，2004（7）：89.

71. 陈学飞. 美国高等教育的调节机制［J］. 高等教育研究，1990（4）.

72. 陈田初. 美国高教管理体制及管理特点考察［J］. 中国高教研究，2000（2）.

73. 王昕红. 美国高等教育认可制度的演变、结构及权力［J］. 清华大学教育研究，2008（6）.

74. 董秀华. 专业认证：高等教育质量保障的重要方法［J］. 复旦教育论坛，2008（6）.

75. 卢乃桂，徐岚. 法国高等教育管理体制变革中的教师学术职业［J］. 高等教育研究，2008（1）.

76. 刘敏. 解析法国高等教育改革趋向——综合大学迈向“自治”［J］.

比较教育研究，2009（9）.

77. 王勇. 法国、日本高等教育立法历史沿革的比较研究及对我国的启示［J］. 机械工业高教研究，2001（4）.

78. 黄建如，李晓. 战后法国大学内部管理体制改革［J］. 大学教育科学，2006（3）.

79. 范国睿. 政府·社会·学校——基于校本管理理念的现代学校制度设计［J］. 教育发展研究，2005（1）.

80. 胡保利. 教育立法与美国高等教育的两次跨越式发展［J］. 高等教育研究，2008（6）.

81. 高英彤，陈昕.《国防教育法》对美国高等教育发展的影响与启示［J］. 河北师范大学学报：教育科学版，2006（3）.

82. 秦珊. 一九五八年美国国防教育法述评［J］. 广西师范学院学报：哲学社会科学版，1994（4）.

83. 高英兰. 美国联邦政府对高等教育的引导机制及对我国高教体制改革的启示［J］. 宁夏社会科学，2001（3）.

84. 旋天颖. 美国州高等教育委员会对大学专业设置的管理［J］. 中国高教研究，2006（9）.

85. 刘文江，黄作良. 美国高等教育体制与本科教育特点［J］. 天津商学院学报，2003（2）.

86. 卢晓东，陈孝戴. 高等学校“专业”内涵研究［J］. 教育研究，2002（7）.

87. 石火学. 美国高等教育适应就业市场需求的探讨［J］. 高等教育研究，1995（1）.

88. 孔国庆，陈凌云. 英国高等教育管理体制研究及启示［J］. 湖北第二师范学院学报，2008（9）.

89. 朱玉山. 美国高等教育管理体制中的社会参与及借鉴［J］. 医学教育探索，2006（7）.

90. 刘承波. 中国公立高校治理中的社会参与［J］. 大学教育科学，2008（5）.

91. 邓岳敏. 改革开放以来中国高校人才培养与劳动力市场的对接问题研究［D］. 厦门：厦门大学，2007.

92. 任丽清，刘剑虹. 论大学生专业选择权［J］. 教育发展研究，2009（17）.

93. 王德军. 美国大学生的专业选择制度及其启示［J］. 河南教育，2007（1）.

94. 吴志功. 国外大学决策机构设计趋势分析［J］. 比较教育研究，

1995（4）.

95. 兰冰译. 世界高等教育宣言（节选）[J]. 云南广播电视大学学报，1999（4）.

96. 卞菲. 论政府职能定位——以新公共管理为视角 [J]. 法制与社会，2009（8 下）.

97. 於莉. 新公共服务与新公共管理：分道扬镳还是殊途同归？[J]. 中山大学研究生学刊：社会科学版，2006（4）.

98. 俞可平. 治理和善治引论 [J]. 马克思主义与现实，1999（5）.

99. 鲍勃·杰索普. 治理的兴起及其失败的风险：以经济发展为例的论述 [J]. 国际社会科学杂志：中文版，1999（2）.

100. 俞可平. 全球治理引论 [J]. 马克思主义与现实，2002（1）.

101. 罗茨. 新的治理 [J]. 政治研究，1996（154）.

102. 格里·斯托克. 作为理论的治理：五个论点 [J]. 国际社会科学杂志：中文版，1999（2）.

103. 弗朗索瓦－格扎维尔·梅理安. 治理问题与现代福利国家 [J]. 国际社会科学杂志：中文版，1999（2）.

104. 许杰. 教育分权：公共教育体制范式的转变 [J]. 教育研究，2004（2）.

105. 龙献忠. 论高等教育治理视野下的政府角色转变 [J]. 现代大学教育，2004（1）.

106. 王光营. 论新公共管理理论及对中国行政改革的影响 [D]. 长春：山东大学，2009.

107. 喻岳青. 政府对高等教育宏观管理的职能：调控与服务 [J]. 辽宁高等教育研究，1995（6）.

108. 周川. 高校与政府关系的几点思考 [J]. 高等教育研究，1995（1）.

109. 张智敏，唐昌海. 进入 WTO 高等教育应做的必要改革——兼论高等教育改制问题 [J]. 建材高教理论与实践，2001（6）.

110. 于大水. 略论《高等教育法》中规定的高校办学自主权 [J]. 烟台师范学院学报：哲学社会科学版，2000（6）.

111. 张岂之，谢阳举. 西方近现代大学理念评析 [J]. 高等教育研究，2003（4）.

112. 孙周兴. 威廉姆·洪堡的大学理念 [J]. 同济大学学报：社会科学版，2007（2）.

113. 陈洪捷. 什么洪堡的大学思想？[J]. 中国大学教学，2003（6）.

114. 肖海涛. 一种经典的大学理念——洪堡的大学理念考察 [J]. 深

圳大学学报：人文社会科学版，2000（4）.

115. 曹汉斌. 我国高校办学自主权研究的历史、现状与问题［J］. 内蒙古民族大学学报：社会科学版，2005（1）.

116. 常小勇. 我国高校办学自主权的现状及其迫切性分析［J］. 教育与现代化，2004（3）.

117. 马廷奇. 论大学教学自主与教学责任［J］. 中国高等教育，2008（11）.

118. 杨晓波. 责任与自治：美国公立高校与政府的关系［J］. 高等教育研究，2003（3）.

119. 郭海. 劳动力市场特征和高等教育的多样化［J］. 高等教育研究，2005（4）.

120. 谢维和. 中国大学生就业体制的分析［J］. 中国大学生就业，2003（10）.

121. 刘振天. 西方国家教育管理体制中的社会参与［J］. 比较教育研究，1996（3）.

122. 刘兴. 社会力量参与高校管理探析［J］. 北京邮电大学学报：社会科学版，2003（3）.

123. 徐强胜. 公司相关利益人理论的法学述评［J］. 中共中央党校学报，2001（4）.

124. 赵松平，等. 大学生选择权的现实状况及实现途径［J］. 辽宁教育研究，2004（8）.

125. 孟大虎. 拥有专业选择权对大学生就业质量的影响［J］. 现代大学教育，2005（5）.

126. 章维慧. 存在、缺失与实现——当代大学生权力现状分析［J］. 扬州大学学报：高教研究版，2009（5）.

127. 陈玉琨，戚业国. 论我国高校内部管理的权力机制［J］. 高等教育研究，1999（3）.

128. 尹力. 试论学校与学生的法律关系［J］. 北京师范大学学报：人文社会科学版，2002（2）.

129. 郭为禄. 试论高等教育契约关系与教育消费选择权［J］. 上海：华东师范大学学报：哲学社会科学版，2005（3）.

130. 吴克明. 高校专业设置滞后的多元分析［J］. 河北师范大学学报：教育科学版，2005（3）.

131. 郝永书，苑喜军. 学生的选择权与学分制［J］. 石油教育，2005（5）.

132. 邓宏宝，菲尔·贝尼斯. 国外职业指导的两难与中国的抉择［J］. 外国教育研究，2005（4）.

133. 杨波. 德、法两国教育体制及就业机制考察与分析——赴德国、法国考察报告（一）［J］. 华北工学院学报：社会科学版，2001（2）.

134. 陈通，任明，宫立新. 法国大学治理模式及对我国的启示［J］. 西安电子科技大学学报：社会科学版，2006（4）.

135. 陆华. 建立“新大学”：法国高等教育改革的逻辑［J］. 复旦教育论坛，2009（3）.

136. 廖萍. 法国“五月风暴”及其对高等教育影响的历史考察［D］. 苏州：苏州大学，2005.

137. 邢克超. 大学发展的一个新阶段——法国高等教育管理十年改革简析［J］. 比较教育研究，2001（7）.

138. 陈田初. 日本的高等教育管理［J］. 中国高等教育，1991（11）.

139. 胡建华. 百年回顾：20 世纪的日本高等教育［J］. 南京大学学报：哲学·人文科学·社会科学，2001（4）.

140. 袁本涛. 教育新生：面向未来的日本高等教育改革［J］. 清华大学教育研究，2002（2）.

141. 黄崴. 关于政府与学校关系模式问题［J］. 华南师范大学学报：哲学社会科学版，1998（6）.

142. 李盛兵. 高等教育市场化［J］. 高等教育研究，2000（4）.

143. 杨瑞龙. 西方发达国家企业治理结构及对我国企业改革的启示［J］. 山东财政学院学报，2001（1）.

144. 刘大可. 股份公司所有权安排理论回顾与评析［J］. 东岳论丛，2005（3）.

145. 刘勤勇. 论美国立体式高等教育管理体制［J］. 高等教育研究，2000（2）.

146. 张忠平. 履行公办高校教育产权建立现代高校法人治理结构［J］. 四川经济管理学院学报，2005（1）.

147. Jerry Gray，Richard Chapman. Conflicting Signals：The Labor Market for College-Educated Workers［J］. Journal of Economic Issues，1999（3）.

148. Halaby，Charles. Overeducation and Skill Mismatch［J］. Sociology of Education，1994（6）.

149. Teichler U. New Perspectives of the Relationship between Higher Education and Employment［J］. Tertiary Education and Management，2000（6）.

150. Katkin W. The Boyer Commission Report and its Impact on Undergraduate Research［J］. New Directions for the Teaching and Learning，2003（93）.

151. Pryor F，Schaffer D. Wages and the University Educated：A Paradox

Resolved [J]. Monthly Labor Review, 1997, 120 (7).

152. Gray J, Chapman R. Conflicting Signals: The Labor Market for College Educated Workers [J]. Journal of Economic Issues, 1999, 33 (9).

153. Minnis M, John-Steiner V. The Challenge of Integration in Interdisciplinary Education [J]. New Directions for Teaching and Learning, 2005, 102.

154. Sternberg, Elaine. The Defects of Stakeholder Theory [J]. Scholarly Research and Theory Papers, 1997, 5 (1).

155. Clarke T. The Stakeholder Corporation: A Business Philosophy for the Information Age [J]. Long Range Planning, 1998, 31 (2).

156. Clarkson M A. Stakeholder Framework for Analyzing and Evaluating Corporate Social Performance [J]. The Academy of Management Review, 1995, 20 (1).

157. Wheeler D, Sillanpaa M. Including the Stakeholders the Business Case [J]. Long Range Planning, 1998, 31 (2).

158. Mitchell R, Bradley A, Wood D. Toward a Theory of Stakeholder Identification and Salience: Defining the Principle of Whom and What Really Counts [J]. The Academy of Management Review, 1997, 22 (4).

159. Lenn M P. The Role and Value of Accreditation for Professional Programs, Qualification Assessment and Registration for Professional Engineers and Quality Assurance in Higher Education [J]. Seminar Report, 1994.

160. Musselin C. France [A] //Forest J J F, Altbach P G (eds.). International Handbook of Higher Education. Part Two, Regions and Countries [C]. Netherlands: Springer, 2006.

161. Rudduck Jean, Flutter Julia. Pupil Participation and Pupil Perspective: Carving a New Order of Experience [J]. Cambridge Journal of Education, 2000 (30).

162. Dowding K, John P, Mergoupis T, et al. Exit, Voice and Loyalty: Analytic and Empirical Developments [J]. European Journal of Political Research, 2000 (37).

163. Altonji, Joseph G. The Demand for and Return to Education When Education Outcomes Are Uncertain [J]. Journal of Labor Economics, 1993 (11).

164. James C, Hearn, Sarah A, Bunton, "The Effects of Students" Fields of Study on Their Earnings and Other Outcomes of Postsecondary Education, Policy Brief 01 – 02 [J]. Postsecondary Education Policy Studies Center, 2001 (12).

165. Department for Education and Employment. Connexions: The Best Start in Life for Every Young Person [R]. Nottingham: DFEE, 2000.

166. Musselin, Christine, Paradeise, Catherine. France: From Incremental Transitions to Institutional Change [J]. Higher Education Dynamics, 2009 (25).

167. Johnson, Paul. 1968: The New Spectre Haunting Europe [J]. New Statesman, 1999, 12 (6).

三、其他

1. 商伟，刘世昕. 大学生“新失业群体”：我们没有稳定工作 [EB/OL]. 中国青年报，2005-08-23 (B01).

2. 大学生毕业后再读技校，扬言“大学白读了” [EB/OL]. [2009-10-21]. http://kids.youth.cn/xzbb/jskx/200909/t20090914_1022673.htm.

3. 中国校友会网大学评价课题组每年都会推出推荐报考专业 [EB/OL]. [2009-11-23]. http://bbs.fuyang.com/thread-164082-1-1.html.

4. 安徽大学率先公布高招方案，高分考生可调换专业 [EB/OL]. [2009-12-28]. http://www.ahradio.com.cn/news/system/2009/04/09/00011 7953.shtml.

5. 取消调换专业条件，北京科技大学招办主任韩经访谈实录 [EB/OL]. [2010-01-05]. http://edu.qq.com/a/20050428/000179_2.htm.

6. 甘肃联合大学招生期间新生调换专业的处理办法 [EB/OL]. [2010-01-06]. http://gaokao.chsi.com.cn/sch/schoolInfo--schId-856,categoryId-397471,mindex-5.Dhtml.

7. 广东省副省长反驳“就业难源于高校扩招” [N]. 南方都市报，2010-01-21 (A5).

8. 高思. “质量工程”：提高高校本科教学质量重大举措 [N]. 中国教育报，2007-01-26 (3).

9. 熊培云. 肥胖症有它的危险，但不是粮食造成的 [N]. 南方都市报，2010-02-07 (A II, 02).

10. 宋金绪. 职业规划是一个不断调整的过程 [N]. 南方都市报，2010-03-02 (C19).

11. 杨广现，李明德. 探访全国首个大学生村官课堂——河南农业大学开设了专门培养“村官”的“农村发展与管理”专业 [EB/OL]. [2009-05-04]. http://wanzhen2003czx.blog.163.com/blog/static/117858532008113110571495O/.

12. 沈阳大学“信访班”创办始末：机制改革凸显人才需求 [EB/OL]. [2009-06-02]. http://news.xinhuanet.com/local/2009-06/08/content_11504937_2.htm.

13. 郑拓. 萨科齐亲自再造法国大学体制 [N]. 东方早报，2007-06-28 (A20).

14. 徐贲. 有所不为的美国教育部 [N]. 南方周末, 2009－04－02 (E30).

15. 日本高等教育发展特点及其启示 [EB/OL]. [2010－02－10]. http://www.drcnet.com.cn/DRCnet.common.web/DocView.aspx?ChnID=35&LeafID=106&DocID=281565.

16. 蔡克勇. 21世纪我国高等教育办学和管理体制改革的走向 [EB/OL]. [2009－12－28]. http://www.hie.edu.cn/fzqs/news.asp?new=1246.

17. 于阳. 论"新公共管理运动"的兴起 [EB/OL]. [2009－12－28]. http://paupc.bokee.com/3168119.html.

18. 任剑涛. 过度市场化与公众知情权 [N]. 南方周末, 2003－06－26 (评论版).

19. 上海四位高校负责人呼吁: 给高等学校一点自主权 [N]. 人民日报, 1979－12－06.

20. 国家教委进一步转变职能, 扩大直属高校办学自主权 [N]. 中国教育报, 1992－08－22.

21. 叶小明. 职校谋求与企业无缝式衔接 [N]. 南方都市报, 2008－12－16 (C19).

22. 熊丙奇. 强制消费的卡与学生的教育选择权 [N]. 南方都市报, 2009－08－10 (A23).

23. 中国毕业生将向耶鲁大学捐款近900万美元 [EB/OL]. [2010－01－06]. http://news.sina.com.cn/w/2010－01－08/193619429669.shtml.

24. 熊丙奇. 教育的差距 [EB/OL]. [2010－01－30]. http://xiongbingqi.blog.sohu.com/141906877.html.

25. 郭德红. 合同制成法国高等教育重要管理工具 [N]. 科学时报, 2008－01－15 (B03).

26. 郑拓. 萨科齐亲自再造法国大学体制 [N]. 东方早报, 2007－06－28 (A20).

27. Nouvelle Université. Pourquoi la réforme de l´université [EB/OL]. [2009－06－18]. http://www.nouvelleuniversite.gouv.fr/-pourquoi-la-reforme-de-l-universite-.html.

28. GS Fields. Educational Expansion and Labor Market [J]. 1995: 104.

29. The World Conference on Higher-Education. World Declaration on Higher Education in the Twenty-first Century: Vision and Action. Adopted by the World Conference on Higher Education [EB/OL]. [2008－05－02]. http://www.unesco.org/education/educprog/wche/declaration_eng.htm.

后　　记

本书是我在中山大学读博士期间参与导师黄崴教授主持的教育部财政部教育质量工程重大项目“高等学校本科专业设置预测系统项目”的研究成果。本书的顺利完成和出版，首先要感谢恩师黄崴教授。自2001年踏上广州的土地，就一直追随黄老师，先生严谨的治学精神、深博的学识底蕴、仁厚的待人之道都时刻影响着我，鼓励着我，使我在学术、人生的历程中少走了不少弯路。2007年，我追随黄老师来到中山大学攻读博士学位，主要从事这个项目的研究工作，博士毕业后，我作为课题组成员继续参与了项目研究。我自己也非常享受这段充满挑战的研究生活。本书的出版是对这段研究生活的最好总结。

在共同研究的过程中，黄老师对本书的框架结构、研究思路、逻辑顺序、行文语法进行了耐心细致的指导，多次组织学术沙龙专门讨论本书的研究主题，并为我的调研提供各种便利条件。在与黄老师研讨的过程中，经常有茅塞顿开、恍然大悟的幸福感；也有自己学识不足，不能达到先生要求的愧疚感；更有在学术沙龙上，畅所欲言的畅快感。今天，本书能够顺利出版主要得益于黄老师的指导和鞭策。

为了顺利完成“高等学校本科专业设置预测系统项目”研究，黄老师主持成立了一个由多学科专家组成的科研团队。因此，本书的写作得到了中山大学郭清顺教授、姚正安教授的直接指导，同时得到了项目组徐敏、姚瑶、王蓓、李俊衡、肖利民、柳蕴桐、詹仲全、郝燕、陈小娟、于慧、陈武林等各位同仁的帮助。在数年中，本项目召开了40多次研讨会，我参加了几乎所有的研讨会议。这些讨论使我受益良多。

参与项目研究的过程中，中山大学教育科学研究所及政务学院的各位老师言传身教，精心授业，使我获益良多。在此向夏书章教授、马俊教授、陈瑞莲教授、陈昌贵教授、冯增俊教授、蔡立辉教授、刘铁博士、牛端博士、刘亚平博士等诸位老师表达诚挚的敬意和感谢；向给予我诸多指导的钟明华教授、陈昌贵教授、冯增俊教授、蔡立辉教授表达崇高的敬意；向曾经给我诸多帮助和启迪的孟卫青师姐、王世伟博士后、苏启敏博士后表达真诚的谢意。

同学之间的互助也是本书得以顺利完成的重要条件。苏娜为人周详，凡事可托，让人信任；龙耀思维活跃，常有独到见解；晓婷为人婉约、开朗内敛兼有，经常激励我，让我平添了不少自信。还有其他同学，谢蓉、朱雪梅、韦惠惠、翁丽霞，他们或含蓄，或活泼，或婉约，或豁达，在与他们共同学习、相互讨论的过程中收获颇多，也结下了深厚的友谊。

广东第二师范学院教育学院各位领导和同事的支持和照顾，为我全身心投入项目研究提供了条件。王小棉教授、周峰教授、龚孝华教授、熊焰教授、郭凯教授以及其他同事都为我安心研究提供了诸多便利。梁运华老师在问卷统计与处理方面给了我莫大的帮助，使得问卷统计与分析避免了很多缺憾。正是他们的帮助与支持，可以让我全力投入到本书的写作中去。

本书的顺利完成，离不开家人的大力支持。2007 年入学参与该项目研究时，我儿东霖不足一岁，正是需要人费心尽力照顾的时候，妻子颜丽梅及岳母为照看孩子付出了很多心血，为我潜心研究提供了很好的条件。我深知父母的陪伴对孩子成长的意义。作为一个父亲，在孩子成长的关键期，没有多少时间陪伴自己的孩子，多少有一些遗憾，希望以后能够弥补。如今，本书的完成及出版是对家人支持的最大安慰。

中山大学以其博大的胸怀、典雅的环境、浓厚的学术氛围，为我们的学习研究提供了优厚的环境，赋予了我们灵感。

总之，感激之情难以用有限的语言表达，唯有继续努力，以回报大家的帮扶和厚爱。

本书是我对高校本科专业设置研究领域的初步探索，由于能力所限，书中难免存在舛误，恳请专家、读者不吝赐教。

贾汇亮

2015 年 3 月 8 日